本书获江汉大学学术著作出版资助
湖北省社科基金一般项目"人口城市化与汉口社会研究（1861-1936）"
（立项号：2017039）的研究成果

人口城市化与
汉口社会
1861—1936

罗翠芳 ◎ 著

中国社会科学出版社

图书在版编目（CIP）数据

人口城市化与汉口社会：1861－1936 / 罗翠芳著 . —北京：
中国社会科学出版社，2018.5
ISBN 978－7－5203－0727－7

Ⅰ.①人… Ⅱ.①罗… Ⅲ.①城市人口—研究—
武汉—1861－1936 Ⅳ.①C924.256.31

中国版本图书馆 CIP 数据核字（2017）第 162074 号

出 版 人　赵剑英
责任编辑　吴丽平
责任校对　王　龙
责任印制　李寡寡

出　　　版　中国社会科学出版社
社　　　址　北京鼓楼西大街甲 158 号
邮　　　编　100720
网　　　址　http://www.csspw.cn
发 行 部　010－84083685
门 市 部　010－84029450
经　　　销　新华书店及其他书店

印　　　刷　北京明恒达印务有限公司
装　　　订　廊坊市广阳区广增装订厂
版　　　次　2018 年 5 月第 1 版
印　　　次　2018 年 5 月第 1 次印刷

开　　　本　710×1000　1/16
印　　　张　18.75
字　　　数　270 千字
定　　　价　78.00 元

目　录

导　言*

一　问题的提出

　　"五百年前一荒洲，五百年后楼外楼"，这是对汉口近代崛起的一个较为形象的写照。"汉口之商业——为中部之重要集散市场……一九一○至一九一七年中，其贸易纯额仅亚于上海"，① 因此，20 世纪上半期的汉口，被时人誉为"东方芝加哥"。

　　城市经济快速发展，城市人口自是迅猛增长。1861 年开埠前，汉口人口不到 10 万人，至 1935 年 1 月城市人口总数则高达 81 万之多。②汉口人口增长动力主要来自外部。19 世纪 60 年代开始，外国列强资本进入汉口，随之而来的是一些以买办身份进入汉口的中国沿海商人，如广东商人、宁波商人等，他们助洋行洋商发展内地贸易，大肆收购土货，创办土货加工厂，如茶厂、蛋厂、油厂、打包厂等，于是汉口周边农民开始源源不断地进入这些工厂做工，到轮船码头驮货，或是到那些携带资本进入汉口的外来人员家里做帮佣，等等。在城市经济发展之下，还有那些心怀美好愿景的农民，或因农村天灾人祸而遭殃的农民开始大量进入城市，此后有些人长期留在了城市。在这样或那样的原因之下，汉口城市的人口逐渐增多起来，这就是人口城市化现象。

　　在中国史的范围来看，同为开埠通商的移民城市，汉口人口的发

---

　　* 本书是本人 2017 年度湖北省社科基金一般项目"人口城市化与汉口社会研究（1861—1936）"（立项号：2017039）的研究成果。

　　① 张克明：《汉口金融市场概要》，1933 年 1 月抄本，第 8—9 页。

　　② 根据《新汉口》，《汉口市政概况》等原始文献中的数据合成的。

展与同一时期上海、天津等中国其他通商大埠人口的发展有着颇多相似之处。从世界史的角度来看，近代汉口人口城市化与发达国家的早期城市化、与欠发达国家或发展中国家的人口城市化，尤其是与20世纪拉美人口城市化（"城市病"）也有较多相同之处。不得不感叹：历史真是奇妙！

1861—1936年，汉口人口增长到底是怎样的一个历史镜像呢？目前还不是十分了解，需要进行一个长时段的追踪考察，才能对汉口人口增长过程有一个全景式的、系统而深入的研究，才能探究汉口人口增长的一些特点，并在此基础上对同一国家内不同地域中的城市人口增长（如汉口与上海），不同国家中的城市人口增长（如19世纪的汉口与16世纪的安特卫普、与17世纪的阿姆斯特丹、① 与英国城市、与拉美城市等）进行对比考察，才能了解同一转型时期不同地域之间的人口城市化的异同，了解"后发型"② 与"先发型"人口城市化之间的异同。

二 国内外研究现状述评

本书研究是在国内外相关学术研究成果的基础上进行的。这些研究或是宏观范式的架构，或是微观细致的考察，都给予本书新的灵感，新的思路，新的启示。通过对相关研究成果的学术梳理，也许更能清晰地思考本书所需要的研究空间。

1949年新中国成立前、1978年改革开放前，学术界有关近代中国人口城市化的研究较少。然而，随着当下中国城市化进程和城市社会发展的加速，现代城市人口问题，越来越成为人们热切关注的焦点问题。或是受其启发，近代中国大城市人口问题，也在逐渐成为学术界所关注的话题。目前，学术界研究较多的是上海与天津，相对说

---

① 安特卫普，现比利时境内；阿姆斯特丹，现荷兰境内，在16、17世纪这两个城市先后成为西欧近代早期最大的转运贸易中心、金融中心。

② "后发型"与"先发型"，主要是根据在现代化进程中时间的先后来分类，发达国家的城市现代化是属于"先发型"的，欠发达国家或发展中国家城市的现代化就是"后发型"的。

来，对汉口城市人口的研究，颇为欠缺与不足。如果梳理与本书研究相关的文献，综合起来大致可分为以下三类：一是有关近代中国城市化的论著；二是有关近代上海、北京等地城市人口的论著；三是与汉口人口相关的论著。

第一类，有关近代中国城市化的研究。

（一）人口城市化的界定

什么是城市化？什么是人口城市化？两者之间有怎样的关系？对于城市化，不同学科给出了不同的界定，人口学意义上的城市化是指农村人口变成城市人口，即人口由农村向城市集中的过程；地理学意义上的城市化是指农村地域向城市地域的变化，即地域中城市性因素逐渐扩大的过程；经济学意义上的城市化强调农村经济向城市经济转化的过程和结果；社会学对城市化的研究，不仅仅从人口角度、经济角度，也不仅仅从地域景观角度，而是从城市与社会的相互作用中探讨人口集中、地域转化的深层社会原因。[1] 从上面界定来看，城市化包含着人口城市化、空间城市化、生产城市化与生活方式城市化等诸多内容，而本书所说的人口城市化，主要是人口学意义上的城市化，即指某一大的区域内农村人口向城市集中的过程。

（二）近代中国城市化研究的相关疑惑

综览中国城市化研究成果时发现：国内学术界有关近代中国城市化的专题性论著非常有限，而国外学术界有关这一时期中国城市化的专题性研究也尚未见到。换句话说，国内外学术界对近代中国城市化研究甚少。不仅如此，除了少数历史学者以外，当下国内外研究中国城市化的多数学者，很少提及甚或不愿提及"近代中国城市化"一词。原因何在？难道是因为近代中国根本不存在城市化现象？或者说那一时期中国城乡之间的人口流动根本不能称为"城市化"？如果以上的答案是肯定的，那么，学术界以前有关近代中国城市化的研究成果好像都是"伪科学"了，而以后所有有关近代中国城市化的学术

---

[1] 向德平：《城市社会学》，武汉大学出版社 2002 年版。

研究好像也没有必要进行下去了。然而，以上问题的答案都是否定的。不过，需要进行详细的说明，以正视听，唯其如此，才能使相关研究得以"名正言顺"地深入下去。

即使是历史学者，对于1949年之前的中国城市化，也存在着很大的争议，其观点大体可划归为三类。一部分学者认为，中国近代以前就存在城市化，如唐宋元明清，尤其是南宋末年中国城市化达到顶峰（22%）。[①] 一部分学者是从现有西方城市化标准来判断的，对1949年以前中国是否存在城市化现象表示怀疑，所以，他们在涉及近代中国城乡之间人口流动时，基本上不用"城市化"一词，或者用其他术语来代替，甚或反对把"城市化"一词用于近代城市研究之中，认为有"泛化"之嫌。这部分学者的观点与研究现当代中国城市化学者的观点类似。还有一部分学者认为，中国城市化即开启于近代。目前国内学术界有关近代中国城市化的论著，多是后一派学者的研究成果，其代表人物如何一民教授。

对于前一种看法，何一民教授认为："唐宋时代，中国城市人口比重虽然很高，但是城市人口的聚集是以封建的自然经济为基础，城市的性质，发展内容都未发生质的变化。中国城市质的变化是在19世纪中叶随着工业化的起步才开始出现的，城市发展的动力也在此发生了变化，如果说城市化是工业化的产物，那么近代中国的城市化就是与外国资本主义的冲击相联系，与中国工业化的起步相联系的。"[②] 的确，那些认为中国近代以前就存在着城市化的观念，确是把城市化概念泛化了，有"过右"之嫌。因为，城市化是具有特定的近代意义的，尤其与近代工业化紧密相连。[③]

---

① 赵冈：《中国城市发展史论集》，新星出版社2006年版，第85页。
② 何一民主编：《近代中国城市发展与社会变迁（1840~1949）》，科学出版社2004年版，第124—125页。
③ 这里"城市化与工业化紧密相连"，不仅是指近代中国城市化与国内刚刚起步的工业化有联系，更是指中国近代城市化与世界资本主义经济体系中心区的工业化紧密相连，中国近代城市化大体说来是"非内生性城市化"，具有明显的"外力推动"的特点，即"外源性城市化"。

对于研究现当代中国城市化的学者为什么不愿提及近代中国城市化，何一民教授的解释是这样的：因为他们大多数人把"中国城市化的起点定于1950年以后，即以1949年后中华人民共和国成立为中国城市化的开始。他们最重要的一个依据就是西方城市化的标准……将城市人口占总人口的10%作为城市化的起点，而1949年中国城市化水平仅为10.6%，因而……多数研究中国城市化学者一般都不涉及1949年以前中国城市化的发展过程"。对于如此做法，何教授认为"是值得商榷的"。他进一步说："判断城市化的起点不应仅以城市化水平是否达到10%为标准……而应根据各自的国情，根据工业化是否开始为标准。"① 对此观点，笔者是赞同的。如果笼统地以西方10%为标准来界定中国城市化的起点，进而不提及1949年之前中国城市化，这种做法有"过左"之嫌，是不符合近代中国实情的。在近代中国，工业化已经启动，而且在工商业发达的中国沿海沿江区域，确实存在着城市化的现象，而这不能以城市人口与全国总人口之比②是否达到10%的城市化率来界定。因为，近代中国各个区域之间城市人口发展的差别是很大的，换句话说，在研究近代中国城市发展时，是有必要进行区域界定的。

施坚雅在研究19世纪中国城市化时，曾提出过"分区"的概念。他认为中国地区之间的差别很大，如果把中国当成一个整体来研究其城市化，是没有多大意义的，应该把中国分成几个大的区域来研究。③可以说，施坚雅的这个方法是一个符合中国国情、值得借鉴的研究方法。在研究近代尤其是20世纪上半期中国城市化时，更需要划分区域来研究。因为，不同区域之间城市发展的差别较大，以下是近代中国东西部之间城市人口发展的数据，可以具体证明这一点。

自近代开埠通商之后，中国东西部区域之间的城市发展出现了较

---

① 何一民主编：《近代中国城市发展与社会变迁（1840~1949）》，第124页。
② 目前，城市化率的计算公式就是用城市人口除以全国总人口。
③ ［美］施坚雅主编：《中华帝国晚期的城市》，叶光庭等译，中华书局2000年版，第242—251页。

大差距，而到 20 世纪上半期时，因东部沿海沿江工业化的启动，这种差距就更为突出了。一方面是沿海沿江城市，因工商业发展犹如一块块磁铁，吸引着全国各地的，尤其是城市周边的移民前来此地，而使城市人口急剧增加。这些特定区域内城市人口的增长，假定以当时全国人口总数作为参考系数从横向来看，似乎可以忽略不计。但是，假定以某一特定城市为中心从纵向来考察，那么，这种人口城市化的浪潮就不可小视，且其发展速度可谓相当之快。例如，1895 年上海人口不到 50 万人，然而到第一次世界大战期间，其人口激增到 200 万人以上；[1] 再如，天津人口，从 1901 年的不足 30 万人增加到 1927 年的 100 多万人。[2] 1936 年时，中国主要开放城市的人口是：上海 330 万人，天津 130 万人，汉口 120 万人[3]，广州 95 万人，南京 65 万人，福州 50 万人。[4] 而另一方面，因近代经济从前近代内陆型转向近代沿海型之后，中国广大内陆因地理位置的边缘化，其城市也逐渐暗淡下去。如 1937 年，太原城市人口为 13.9 万人，兰州为 10.6 万人，贵阳为 11.7 万人，都与 1843 年相差不多。至于西部少数民族地区的城市，则基本上没有什么发展，1937 年西宁人口为 16.4 万人，拉萨为 12.6 万人，迪化（今乌鲁木齐）为 9 万人，归绥（今呼和浩特）为 8.4 万人，这些城市在近代百余年间城市人口变化不大。更有甚者，如古都西安却在近代衰落下去。据统计，1937 年西安城市人口为 15.5 万人，与 1843 年时相比，城市人口减少了近一半。[5]

　　由此可见，近代中国东西部城市发展差距如此之大。如果不顾及中国的具体国情，不考虑地区之间的实际差异，就会因近代城市人口

---

① ［美］罗兹·墨菲：《上海——现代中国的钥匙》，上海人民出版社 1986 年版，第 82 页。

② 罗芙芸：《卫生与城市现代性：1900—1928 年的天津》，《城市史研究》第 15—16 辑，天津社会科学院出版社 1998 年版，第 157 页。

③ 这里是引用罗兹·墨菲《上海——现代中国的钥匙》中的数据，然而据笔者的考察，这一时期汉口人口总量在 70 万—80 万人。

④ ［美］罗兹·墨菲：《上海——现代中国的钥匙》，第 65—66 页。

⑤ 何一民：《试析近代中国大城市崛起的主要条件》，《西南民族学院学报·哲学社会科学版》1998 年第 6 期。

与全国总人口之比率，没有达到西方所界定的 10% 的起步点，进而否定近代中国东部地区存在过的城市化现象，如此，是不符合历史现实的，也会严重影响或阻碍学术界对近代中国特定区域内城市化的研究。事实上，不论近代中国整体城市化率是多少，在中国特定区域内，尤其沿海沿江地区，的确存在过非常明显的城市化现象，这一点是不容置疑的。

目前国外学术界有关近代中国城市人口研究（没有提及"城市化"这个概念）成果屈指可数，而且真正直接研究那一时期中国城市人口的成果更是凤毛麟角。常见的是，一些与 20 世纪上半期中国城市化有一定相关性的内容散见于其他专题研究之中，且往往也只是一笔带过或只言片语。这是为什么呢？难道他们也认为近代中国不存在城市化现象？就此问题，笔者专门请教了长期研究中国城市化的美国著名华裔地理学者马润潮先生。

马润潮先生认为："在开放的经济体系中，城镇化是通则，但有地区、速度及时间上的不同。20 世纪上半期，中国存在城镇化，特别是沿海地区及通商口岸地带。但相对于巨大的农村人口及其成长率，城镇化的总体效益彰显不出来。而且，因没有完善的数据，该时期的中国城镇化率不能确定，但我猜想应该是在 10%—15% 徘徊。"可见，马先生认为，近代中国是存在着城市化现象的，其起点是近代开埠通商之后，而不是 1949 年之后。

第二个问题是："外国研究中国城市化的学者，以及国内研究中国城市化的学者，为什么很少言及近代中国城市化，甚至大多数学者不研究或不提及这一时期中国城市化？难道他们认为 1949 年之前中国不存在城市化？"

马润潮先生说："为什么美国学者的研究成果不多（其实中国学者的成果也极为有限）。主要是国家动乱太多。除了 1928—1937 年略为安定外，我国内乱外患不断，导致仅有极少数的美国学者能到中国来做短期停留。时局长期不安定也影响到该时期我国学术的发展，留学者多习理工。动乱也使得人口普查不得进行，缺乏城镇数据。而中

国的学者对城市的研究也不多，所留下的文献有限，这也使得西人找
不到二手研究材料。"

由是观之，并不是因为 1949 年之前中国不存在城市化的历史现
象，其主要原因是近代中国长期处于动荡状态，内忧外患，使得城市
人口、城市数量的相关统计很少，非常缺乏，而这对于特别重视城市
人口统计数据的城市化学者来说，造成了很大的障碍，所以，他们对
于这一时期中国城市化的研究很少，但不能因此否认近代中国曾经存
在过的城市化现象。

（三）近代中国城市化相关论著的梳理

1. 国外有关近代中国城市人口的相关论著

在目前国外文献中与近代中国城市人口有直接关系的论文当推
特里瓦萨一文：《中国城市：数量与分布》[①]，该文回顾了中外学术
界对 20 世纪上半期中国城市数量的研究成果，并在此基础上，非
常详细地罗列出中国 216 个城市名称以及城市人口数量的变化。不
过，国内学术界在罗列 20 世纪上半期中国城市数量与城市人口时，
往往较多引用的是铂金斯《中国农业的发展（1368—1968）》一
书，虽然该书主旨与 20 世纪上半期中国城市化关联不大，不过其
附录 5 中有中国城市人口统计（1900—1958 年）表，这对于了解
20 世纪上半期中国城市数量与人口变化具有重要参考价值。在表附
5 - 1 城市人口资料（1900—1958）中，作者列出了在 1900—1910
年、20 世纪 20 年代初、1938 年、1953 年等多个时间段或时间点
上，中国多个城市人口统计数量，从该表中大致可以看出 20 世纪
上半期中国同一城市的人口变化轨迹。[②] 当然，这两个文献都曾提
及汉口的人口数量。

再有，有关近代中国城市史论著中，偶尔也会看到国外学术界对

---

① Glenn T. Trewartha, *Chinese Cities: Numbers and Distribution Annals of the Association of A-merican Geographers*, Volume 41, Issue 4 December 1951, pages 331 - 334.

② ［美］德·希·铂金斯：《中国农业的发展（1368—1968）》，宋海文等译，上海译
文出版社 1984 年版，第 388—395 页。

近代中国城市人口的数据有所提及。例如,罗兹·墨菲在《上海——现代中国的钥匙》中罗列:1936 年上海人口 330 万人,北京 140 万人,天津 130 万人,汉口 120 万人,广州 95 万人等。[①] 但是追溯一下就会发现,国外学术界有关近代中国城市人口数据,大多数都是引用邹依仁《旧上海人口变迁的研究》中的城市人口数据。[②]

2. 有关近代中国城市化或人口城市化的宏观研究

主要论著有:宫玉松《中国近代人口城市化研究》[③]、行龙《略论中国近代的人口城市化问题》[④]、《近代中国城市化特征》[⑤]、《人口城市化与中国的近代化》[⑥],乐正《开埠通商与近代中国的城市化问题(1840—1911)》[⑦]、《近代城市发展的主题与中国模式》[⑧] 等,这些都是较早对近代中国城市化或人口城市化现象进行研究的论著,也是较早把城市人口增长的这种现象称之为"近代中国城市化"的论著,因而非常难能可贵。它们对近代中国城市化或人口城市化的概况、城市化的特点、城市化的原因(推力—拉力模式)、城市化的问题等较多方面进行了多维度的考察,提出了中国城市化不同于西方发达国家城市化。

3. 近代中国农民离村问题与城乡关系的专题研究

对近代尤其是 20 世纪二三十年代农民离村或进城研究的论著,

① [美] 罗兹·墨菲:《上海——现代中国的钥匙》,上海人民出版社 1986 年版,卷首第 3 页。

② 例如 [美] 裴宜理《上海罢工——中国工人政治研究》(江苏人民出版社 2001 年版)中第 19—20 页,[美] 韩起澜著、卢明华译的《苏北人在上海,1850—1980》(上海古籍出版社 2004 年版)第 16 页,[美] 顾德曼的《家乡、城市和国家——上海的地缘网络与认同,1853—1937》(上海古籍出版社 2004 年版)第 161 页,等等,他们所列出的城市人口数,基本是引用邹依仁《旧上海人口变迁的研究》(上海人民出版社 1980 年版)中的数据。

③ 宫玉松:《中国近代人口城市化研究》,《中国人口科学》1989 年第 6 期。

④ 行龙:《略论中国近代的人口城市化问题》,《近代史研究》1989 年第 1 期。

⑤ 行龙:《近代中国城市化特征》,《清史研究》1999 年第 4 期。

⑥ 行龙:《人口城市化与中国的近代化》,《高校社会科学》1989 年第 5 期。

⑦ 乐正:《开埠通商与近代中国的城市化问题(1840—1911)》,《中山大学学报·社会科学版》1991 年第 1 期。

⑧ 乐正:《近代城市发展的主题与中国模式》,《天津社会科学》1992 年第 2 期。

主要有彭南生《近代农民离村与城市社会问题》①、赵英兰《农民离村与近代中国社会》②、池子华《农民"离村"的社会经济效应——以20世纪二三十年代为背景》③ 等，从中可以看到近代中国沿海沿江的农村人口涌入大城市的浪潮而引发大城市人口快速增长，以及因农民进城所引发的农村或城市的一系列问题。

4. 近代流民或近代"农民工"研究

池子华对这一方面的问题多有研究，而且还提出近代"农民工"④ 一词。如《中国流民史：近代卷》⑤《流民问题与社会控制》⑥《农民工与近代社会变迁》⑦《中国"民工潮"的历史考察》⑧ 等，大体上都论及农民或流民进城的诸多动因，以及给城市带来无业或失业、治安恶化等众多负面的影响。

第二类，主要以北京、上海等城市人口以及外来人口为专题的研究。

北京城市人口研究的论著，主要有王均《1900—1937年北京城市人口研究》⑨、袁熹《近代北京城市人口研究》⑩ 等，这些论著对北京城市人口规模、人口结构（经济结构、职业结构、年龄结构、教育结构等）、贫富差距等均有较为详细的考察，对本书写作思路有一定的启发。

相比较而言，目前学术界对近代上海城市人口或外来人口关注更多。例如，邹依仁《旧上海人口变迁的研究》⑪，该书对近代上海人口

---

① 彭南生：《近代农民离村与城市社会问题》，《史学月刊》1999年第6期。
② 赵英兰：《农民离村与近代中国社会》，《史学集刊》2001年第3期。
③ 池子华：《农民"离村"的社会经济效应——以20世纪二三十年代为背景》，《中国农史》2002年第4期。
④ 近代中国农民进城做工，就是近代中国城市的"农民工"。
⑤ 池子华：《中国流民史·近代卷》，安徽人民出版社2001年版。
⑥ 池子华：《流民问题与社会控制》，广西人民出版社2001年版。
⑦ 池子华：《农民工与近代社会变迁》，安徽人民出版社2006年版。
⑧ 池子华：《中国"民工潮"的历史考察》，《社会学研究》1998年第4期。
⑨ 王均：《1900—1937年北京城市人口研究》，《地域研究与开发》1996年第1期。
⑩ 袁熹：《近代北京城市人口研究》，《人口研究》2003年第5期。
⑪ 邹依仁：《旧上海人口变迁的研究》，上海人民出版社1980年版。

的地区分布、人口密度、职业结构、籍贯构成、性别结构、年龄结构、婚姻状况、人口出生率与死亡率等多个方面，有过详细而深入的数据统计，参考价值极大，对近代中国城市人口相关方面的研究大有裨益。还有一些论著从其他维度对近代上海人口或外来人口进行了论述，例如，樊卫国《晚清移民与上海近代城市经济的兴起》[①] 与《论开埠后上海人口的变动（1843—1911）》[②]、卢汉龙《上海解放前移民特征研究》[③] 等论著，对旧上海人口增加的数量、原因，及移民特点进行了较为详细的统计与分析。再有，一些有关上海移民群体如苏北人、宁波人等外来移民研究的论著，如韩起澜《苏北人在上海：1850—1980》[④]、顾德曼《家乡、城市和国家——上海的地缘网络与认同（1853—1937）》[⑤]、裴宜理《上海罢工——中国工人政治研究》[⑥]、邱国盛《城市化进程中上海市外来人口管理的历史演进》[⑦] 等，这些论著就上海人口或外来人口的籍贯、身份认同、同乡组织、职业结构、社会问题（贫穷，妓女，黑社会，棚户区等）以及社会管理等诸多方面有过较为全面、系统、深入的研究，其视野开阔，内容丰富，值得本书借鉴。

第三类，与汉口外来人口或汉口人口相关的研究。

1. 直接论及外来人口或汉口人口的论著

美国学者罗威廉是较早关注汉口外来人口的学者，在其《汉口：一个中国城市的商业和社会（1796—1889）》[⑧]《汉口：一个中国城市的

① 樊卫国：《晚清移民与上海近代城市经济的兴起》，《上海经济研究》1992 年第 2 期。

② 樊卫国：《论开埠后上海人口的变动（1843—1911）》，《档案与史学》1995 年第 6 期。

③ 卢汉龙：《上海解放前移民特征研究》，《上海社会科学院学术季刊》1995 年第 1 期。

④ ［美］韩起澜：《苏北人在上海，1850—1980》，上海古籍出版社 2004 年版。

⑤ ［美］顾德曼：《家乡、城市和国家——上海的地缘网络与认同，1853—1937》，上海古籍出版社 2004 年版。

⑥ ［美］裴宜理：《上海罢工——中国工人政治研究》，江苏人民出版社 2001 年版。

⑦ 邱国盛：《城市化进程中上海市外来人口管理的历史演进》，中国社会科学出版社 2010 年版。

⑧ ［美］罗威廉：《汉口：一个中国城市的商业和社会（1796—1889）》，中国人民大学出版社 2005 年版。

冲突和社区（1796—1895）》①两部专著中，曾对近代汉口移民的数量、来源、类型、组织及其对城市发展所产生影响等方面，有过一些精当的论述，不过其主要研究时间止于 19 世纪末。皮明庥的《近代武汉城市人口发展轨迹》②《近代武汉城市史》③等论著，曾对包括汉口在内的武汉人口有所研究，对其发展阶段、特点、增长的诸多因素，职业分布以及人口结构进行了考察。武汉地方志编纂委员会主编的《武汉市志·总类志》④，也论及包括汉口在内的武汉人口规模、人口结构、年龄、性别等，然而总体说来，该书对 1949 年之前汉口人口的相关统计不多，其主要是论述 1949 年之后的人口。目前直接研究近代汉口外来人口的论著仅有数篇。刘德政的硕士学位论文《外来人口与汉口城市化（1850—1911）》⑤，侧重于考察与研究外来人口对近代汉口发展所产生的影响，如对城市经济、城市管理、城市社会结构、城市规模、城市功能、市政管理、城市文化等多方面的作用或影响，非常遗憾的是，多是描述性或评论性的，少有具体数据考察或系统的实证研究，实难让人对那一时段汉口外来人口有一个清晰的"量"的把握，且主要研究时段限于晚清，较少涉及民国时期的汉口外来人口。李辉的硕士学位论文《近代汉口外来人口与汉口社会的变迁》⑥，就外来人口与汉口市区扩大、市政建设、文化教育等关系，以及外来人口之间关系等方面进行了论述，但没有对人口总量、人口结构等有过较多的论述。

2. 间接提及汉口外来人口的论著

如袁北星《客商与近代汉口社会经济发展》⑦、张启社《民国时

① ［美］罗威廉：《汉口：一个中国城市的冲突和社区（1796—1895）》，中国人民大学出版社 2008 年版。

② 皮明庥：《近代武汉城市人口发展轨迹》，《江汉论坛》1995 年第 4 期。

③ 皮明庥主编：《近代武汉城市史》，中国社会科学出版社 1993 年版。

④ 武汉地方志编纂委员会主编：《武汉市志·总类志》，武汉大学出版社 1998 年版。

⑤ 刘德政：《外来人口与汉口城市化（1850—1911）》，硕士学位论文，华中师范大学，2006 年。

⑥ 李辉：《近代汉口外来人口与汉口社会的变迁》，硕士学位论文，云南民族大学，2014 年。

⑦ 袁北星：《客商与近代汉口社会经济发展》，博士学位论文，华中师范大学，2008 年。

期的汉口商人与商人资本》①、汤黎《人口、空间与汉口的城市发展（1460—1930）》② 等一系列华中师范大学的硕博学位论文，对汉口外来的码头工人、外来商人、外来小贩等进行了深入的考察，都或多或少地涉及近代汉口外来人口的籍贯、职业等相关内容。

3. 以汉口为研究空间的其他专题

如以近代汉口商人、市政、警察、娱乐等为专题研究的论著或学位论文，在深入研究之前，或在背景介绍之中，大多都涉及近代汉口一些年份里的人口总量，或提及外来人口对汉口城市社会的影响等，如涂文学《城市早期现代化的黄金时代》③、邓晶《近代汉口总商会研究（1916—1931）》④ 等。

4. 以整个武汉为研究空间的其他专题

论著如武汉地方志编纂委员会主编的《武汉市志》其他系列丛书，苏长梅主编的《武汉人口》⑤ 等。其他硕博学位论文，如黎霞《负荷人生——民国时期武汉码头工人研究》⑥、周启明《论转型中的武汉公共卫生建设（1927—1937）》⑦、胡俊修《"东方芝加哥"：背后的庸常——民国中后期（1927—1949）武汉下层民众日常生活研究》⑧ 等。这些以整个武汉为研究空间的成果，都或多或少涉及近代汉口人口的相关方面。例如，有的对近代汉口一些年份中的人口总量

---

① 张启社：《民国时期的汉口商人与商人资本》，博士学位论文，华中师范大学，2009 年。

② 汤黎：《人口、空间与汉口的城市发展（1460—1930）》，中国社会科学出版社2010年版。

③ 涂文学：《城市早期现代化的黄金时代》，中国社会科学出版社 2009 年版。

④ 邓晶：《近代汉口总商会研究（1916—1931）》，硕士学位论文，华中师范大学，2012 年。

⑤ 苏长梅主编：《武汉人口》，武汉出版社 2000 年版。

⑥ 黎霞：《负荷人生——民国时期武汉码头工人研究》，博士学位论文，华中师范大学，2007 年。

⑦ 周启明：《论转型中的武汉公共卫生建设（1927—1937）》，硕士学位论文，华中师范大学，2006 年。

⑧ 胡俊修：《"东方芝加哥"：背后的庸常——民国中后期（1927—1949）武汉下层民众日常生活研究》，博士学位论文，华中师范大学，2007 年。

或结构，作了一些资料收集，有的对汉口的人口问题有过一些零散的提及。

三 研究空间

进行上述学术梳理之后，可以发现有如下几点遗憾。

1. 近代汉口城市人口规模与结构中诸多基础性的内容，目前还不清楚；而且，现存相关文献的统计中存在着较多的混乱，甚或本身就是错误的；即使是同一内容的统计数据，不同版本之间统计数据出入较大。

近代汉口人口，往往是研究同一时期武汉或汉口其他专题的基石，换句话说，许多研究的深入，是要建立在同一时期汉口人口相关数据的正确统计基础之上的，是要从这个基石上出发的。那么，近代汉口逐年的城市人口到底是多少呢？其人口的出生率与死亡率、迁入与迁出（如流动性），男女性别比例、人口职业构成，市民来源，教育程度等诸多基础性内容，是怎样的具体的历史图景呢？就此，姑且不论一部分文献的统计数据本身就存在着错误，还有一部分文献大抵只能看到一些比较零散的，几乎看不到连贯性的数据，而且，或许是因统计口径，或许其他原因，这些数据往往有着较大出入，因而在引用时，常常需要花费较多时间进行甄别或考证。

2. 对汉口城市人口增减的途径或原因，缺乏具体深入的考察，尤其是缺乏数据上量化性的、关联度上的实证研究。

比如，目前一些相关文献曾对近代武汉人口增长的原因有过简单的归纳，提出诸如商品经济发展、交通发展、郊区扩张、天灾人祸等，是引起近代武汉（包括汉口）人口增长的因素，不过，其论述仅仅到此为止。至于以上因素，对汉口人口的增减，到底有没有影响，或者说其影响力到底有多大？迄今为止，还没有文献对此做过较为细致深入的考察，尤其是没有从数据上进行量化考察，更没有从关联度上进行实证研究，这不能不说是一个遗憾。

此外，目前学术界在分析近代中国大城市人口增长原因时，大多偏重于对农村天灾人祸的解释。那么，天灾或人祸（比如战乱）之于同一时期汉口人口的增长，其推动力是否真的就很大，而汉口城市经济本身的吸引力，是否真的就可以简单带过呢？甚至可以不提呢？对此，需要进行深入考察才能弄清楚。

3. 作为移民城市的汉口政府当局，它是如何管理（包括救济）外来人口的，这是一个令人关注的话题，然而目前尚未出现深度研究。

近代汉口政府对外来人口是任其自由出入，还是有一定管制？或者说有着怎样的一个变化过程，为什么会如此？其影响如何？对此，需要做追踪性、系统性的深入研究。

4. 外来人口进入汉口，学术界谈及较多的是其负面影响，反而淡化了甚或忽视了其重要的正面作用。

在近代中国农民离开农村、进入城市的原因之中，除了农村天灾人祸的"推力"之外，不可否认一定程度上也有因城市本身发展需要所产生的"拉力"，这个"拉力"，就是近代城市不同于前近代城市的部分。所以，在注意农民进城的负面影响之余，还应重视其正面的作用。作为移民城市，近代"东方芝加哥"——汉口的繁荣与发展，主要是外地人促成的（上海、天津等近代通商大埠的发展也是如此），没有外地人，就没有"大汉口"（甚或没有"大武汉"）。外地人对汉口的贡献，目前仅有少量成果出现，如《汉口宁波帮》《清至民国时期徽商与汉口市镇的发展》等；而仅有成果也多偏重于成功人士的贡献，甚少提及普通外来民众之于汉口发展贡献，更不用说专题研究了。

5. 在人口激增之背景下，汉口城市有哪些重大民生问题或社会问题，政府是如何应对或解决的，值得深层关注。

虽然学术界对近代汉口城市民生问题与社会问题多有涉及，但仅仅只是涉及，近代汉口城市究竟有哪些重大民生问题与社会问题，目前还没有见到较为全面而细致的专题考察。在外来人口引起甚或加重城市社会问题之下，汉口政府设立了哪些管理机构，采取了哪些解决措施，其成效如何，有哪些值得借鉴？以上问题都需要进行实证考察与分析，才能让人清楚了解当时的历史面相。

以上遗憾，就是本书选题的由来，也是本书所要解决的问题。

四　研究时间与研究对象

（一）研究时间

本书研究时间为1861—1936年。虽然1861年开埠之前，汉口曾有一些外来人口，但总量不大。然而，开埠之后，进入汉口的外来人口的数量、速度等，都是此前所无法比拟的，故本书研究时间的起点设为1861年。为什么研究的终点设在1936年呢？这是因为1937年抗日战争爆发，北平、天津、上海、太原、南京等大城市相继沦陷，这些城市的难民涌进汉口，使得1937年城市人口急剧陡增，这一年的武汉或是汉口，是中国的实际首都，以及此后数年汉口的人口增减，基本上都属于"非正常状态"，而1936年前汉口的人口变化大体上可视为"常态"下的状态，故本书的研究时段设在1861—1936年。需要进一步说明的是，在1861—1936年的不同小时段内，汉口人口发展也有很大的不同，因而在研究过程中将会对重要时段有所偏重。

（二）研究对象

"汉口人口城市化"一词的借用说明：从逻辑上看，本书出现的"汉口人口城市化"一词似有不妥，因为在人口城市化过程中，某一城市只是农村人口迁移的目的地或一个点，准确地说应是"以汉口为集聚点的区域人口城市化"，然而，这种说法似乎又太啰唆，而且也不能确切表达本书意指。本书所研究的是在人口城市化过程之中，汉口人口增长及其所带来或加剧的问题。但是，目前确实找不到更为恰当的表述方法，只能借用或者尽量少用"汉口人口城市化"这一词。

在具体研究过程中，本书主要考察汉口"华界"中的中国人。因为近代汉口城市外来人口，主要是华人，且多落脚在"华界"①。

五 资料特色与研究特色

其一，倚重档案与原始文献。本书所用的档案文献，绝大部分是晚清民国夏口厅、夏口县、汉口秘书处、警察局、公安局、社会局、湖北省政府秘书处统计室以及民政厅等政府主管机关及其所属单位的年度报表或统计，以及汉口或湖北省府相关团体所创办的报纸、期刊等。

其二，突出计量与实证。目前与本书相关的研究成果，多采用举例描述性或定性的说明，缺乏的恰恰是相关的数据考察、量化分析或具体深入的考证。因此，本书在注重原始档案文献的基础上，将尽力进行实证性的计量分析，避免大而空的笼统描述，以相对可靠的数据和具体史料进行考察，使本书研究做到有根有据，力求有新的突破与创新。因而，据此想法，本书的考察与研究过程将具有一定的挑战性，因为近代中国战乱太多，如前所述，有关近代中国城市人口的统计数据极为残缺，而如汉口这样一个区域性城市的人口统计更是难求全面。所以，本书将不可避免地会有数据统计上的困难，尽管如此，还是将尽可能地用数据来说明问题。

其三，注重比较研究。如与同时代中国境内的上海、南京、天津等其他开埠通商城市做比较，同时也将放眼现代世界，与西方发达国家早期城市化、与欠发达国家城市化进行对比研究，希望能对中外近代早期城市化的异同有一个大体的了解，进而更客观地来认识近代汉口人口城市化过程。

六 主要内容

首先对汉口的人口规模、人口结构进行长时段的追踪考察，这是本书研究的基础，在此基础之上解释汉口人口增长的动因，并运用数

---

① 这个词也算借用上海的说法，在近代汉口研究中，较少使用"华界"一词。

据进行量化考察与分析，探究哪些因素或哪一个因素在城市人口增长的过程中更为重要？最后是对汉口民生问题与社会问题以及政府相应的对策进行考察与分析。具体说来，本书共分八章。

第一章汉口城市人口规模。对汉口人口数量、出生与死亡、迁入与迁出等内容，逐年或逐月追踪考察与对比分析，同时还将汉口人口与同一时期中国其他大城市人口的同类问题进行比较，以此弄清前者动态的变化特点或规律。

第二章汉口城市人口结构。对汉口人口的籍贯构成、年龄构成、男女性别比例、职业构成、教育程度等内容进行考察与对比，以此了解前者特点或规律。

第三章汉口城市人口增长原因。在前述考察基础之上，重点探讨汉口城市的发展，即城市吸引力，对与同一时期汉口人口的发展是否有影响？考察其影响到底有多大，能不能从数据上实证前者与后者之间的关联度。

与此同时，也将对影响汉口人口增长的外在因素进行考察，即农村天灾与城市人口、农村人祸（如几次大的"围剿"）与城市人口发展趋势之间的关联度。即从数据上实证天灾与人祸对汉口人口的增减的影响。

最后，进一步弄清楚：城市吸引力、农村天灾、农村人祸三个因素，对同一时期汉口人口增长过程中的重要程度。

第四章汉口城市政府之人口治理。首先考察汉口市政当局对外来人口尤其是外来农民的态度，是禁止其进入，还是任其出入，抑或是其他？其次探究城市政府之于外来人口，有哪些相应机构或具体措施，客观公正来看待这些措施或政策，是否具有"现代性"？

第五章外来人口与汉口城市发展。本章将会分不同地域——外省与本省、不同群体——商人与底层民众，来考察外来人口之于汉口经济发展的作用。着重考察外来普通"农民工"，尤其是来自汉口周边的普通农民之于汉口的贡献，因为目前学术界尚未对此有过专题研究。

第六章汉口城市民生问题与第七章汉口城市社会问题。大量外来人口涌进汉口城市,其生存状况如何?接纳他们的城市社会又是怎样的一个状况?这些都是令人关注的问题。虽然以往论著对此多有概述性或描述性的提及,但是具体怎样,还不得而知,可以说,这也是近代汉口城市史研究中的薄弱环节。因此,分两章考察。在这两章考察过程之中,将特别注重数据收集与量化分析,以期深入地了解当时汉口民生问题到底有哪些,城市社会状况如何?这些城市问题在当时中国其他城市中,是否具有普遍性?从而了解同一时期中国城市社会中的诸多深层问题。

第八章政府救济与城市建设。面对重大城市民生与社会问题时,不同时段的汉口城市政府有哪些解决措施或政策,这些措施或政策,有哪些是值得肯定或借鉴的?

在所有章节中,都会注重两个比较:一是与同一时期的中国其他开埠城市如上海、天津等城市进行比较,探究同一时期不同区域中的人口城市化的异同?二是与国外城市进行比较,探究同处近代转型时期,中外人口城市化进程有哪些异同?探究同一国家不同地域、不同国家的人口城市化进程中的共性与个性,这是本书的深层次任务。

第一章　汉口城市人口规模

人口城市化的核心内容是城市人口的增加，研究近代汉口人口城市化的基础就是考察其人口增长规模，这是本章的主要任务，也是本书的基础，只有对此详尽考察之后，后续研究才能做到有根有据，才能避免沦入"抽象"或"空洞"的窠臼。不同时段，汉口人口的发展是不一样的，所以需要分时段进行追踪。本章对汉口人口规模考察将分两大时段进行：晚清至民国前期、民国中期至抗战前。后者是本章考察重点。在各个大时段中，因城市人口发展情况不一，也将会分多个小时段进行考察，以时间为顺序，逐段进行细致入微的考察，比较烦琐或枯燥，需要极大的耐心去做，然而确是很有必要，因为目前尚未见到近代汉口人口规模诸多方面的细致考察，弥补这些遗憾是本书的重要任务。

第一节　晚清至民国前期汉口人口变化

在近代很长一段时间内，汉口城市没有具体系统的人口统计。虽然自开埠通商之后，汉口人口在不断增加，究竟增加了多少，并不是十分清楚，只能从描述性的文献中感知这一变化。如罗威廉在《汉口：一个中国城市的商业和社会》中曾转述英国领事金格尔在1863年的报道："汉口商业持续繁荣，规模日渐扩大。不同层次的中国人都大量涌向这个城市……为了他们能很容易找到工作。受到吸引来汉口的人几乎都是来自狭义的'长江中游大区'：湖北的中部和东部、湖南的北部和中部以及河南的西南部。但是，最多的还是来自附近的湖北诸县乡村。"① 继而他又引用了一个旅居汉口的传教士的话，"在我去年留居汉口的三个月的时间里，可以明显感到这个城市变得日渐拥挤"。10 年以后，一个教会医生说："城市中的空地布满了新近移居者的棚屋。"所以，罗威廉说："在大规模的强行勒索、外国资本侵入以及 19 世纪 90 年代的工业化运动等多重因素影响下，将汉口看作与上海相反的，如磁石般吸引周边农村人口的城市，已经完全没有根据了。"② 也有学者从其他方面来论述这一时期汉口外来人口增长迅速。例如在 17 世纪至 19 世纪前半期的两个多世纪里，汉口同乡会只有 17 个，而在 19 世纪下半期的半个世纪里，汉口新建同乡会却高达 20 多个。③ 因为外来人口的增多，作为联系同乡情谊的同乡会的数量在短时间内自然迅速增多。

虽然对晚清汉口人口增长没有翔实的统计数据，但目前有一个大致的而又被大多数学者引用的数据，具体如下：1853 年（咸丰三年）汉口镇人口约 10 万人。1888 年（光绪十四年），据"保甲册"所载，汉口市区人口有 18 万人。1908 年，清廷实施预备立宪，据全国普查，夏口厅（汉口）24 万多人。1911 年初（宣统三年），据《湖北武昌等十一属六十八州县城议事会议员姓名履历（清册）》记载，汉口人口为 59 万人。④ 也就是说，到 1911 年，汉口人口"较之 19 世纪 80 年代末，已增长了三倍以上。这不仅远远超过了此前三百余年汉口城市人口的增长速度，而且远远超过同一时期武昌（16 万人）和汉阳（7 万人）的人口数"。⑤

---

① ［美］罗威廉：《汉口：一个中国城市的商业和社会》，中国人民大学出版社 2005 年版，第 267 页。

② 同上书，第 269 页，这里是说汉口如同上海一样，吸引周边农村人口进城。

③ 刘德政：《外来人口与汉口城市化（1851—1911）》，硕士学位论文，华中师范大学，2006 年，第 16 页。

④ 皮明庥：《近代武汉城市人口发展轨迹》，《江汉论坛》1995 年第 4 期，第 53 页。

⑤ 王永年：《论晚清汉口城市的发展和演变》，《江汉论坛》1988 年第 4 期，第 78 页。

　　晚清汉口人口没有详尽的数据统计，民国前期亦是如此。
1912—1928 年北洋军阀执政期间，汉口的人口总量只有零星的数
据：《中华民国五年湖北汉口警务一览表》记载，1916 年汉口人口
25 万多人；[①] 据苏云峰考证，1917 年汉口人口 70 多万人[②]；武汉市
地方志编纂委员会编撰的《武汉市志·总类志》中记载：1913 年汉
口人口 22 万多人，1920 年 103 万多人，1923 年 85 万多人，1928
年 52 万多人。[③] 不过，1920 年的汉口人口居然达到 103 万人，是否
有点夸大？非常遗憾的是，《武汉市志·总类志》中的这个数据并
没有标明出处，即不知这个数据来源何处？皮明麻先生曾在《近代
武汉城市人口发展轨迹》中说：一股巨大的移民浪潮发生在 1920—
1921 年，这期间四川的战事吃紧，到处抓夫拉丁。"有些人离家乡
好几百英里，身无分文，四下飘零……"同时，北方各省普遍干旱，
粮食歉收，被迫逃到遥远的南方，暂避饥荒。"人们露宿于京汉铁路
沿线，靠政府和慈善机构接济维持生计，仅汉口周围散布的难民大
约有三万人，五六月间，当北方缓解，他们又乘北上列车返回老
家。"[④] 上述说法似乎与汉口 1920 年猛增至 103 万人的数据有一定
的契合度，然而还需要进一步挖掘史料，找到确切的资料来源，进
行考证。

第二节　1928—1936 年汉口城市人口
总量的相关统计

　　目前可以了解到较为完整的汉口城区逐年逐月人口总量变化的时
期，是南京国民政府时期，亦即 1928—1936 年，而此后的 1937—

---

　　① 湖北汉口警察厅编制：《中华民国五年湖北汉口警务一览表》，1916 年石印本。
　　② 苏云峰：《中国现代化的区域研究：湖北省（1860—1916）》，第 526 页。
　　③ 武汉市地方志编纂委员会编：《武汉市志·总类志》，武汉大学出版社 1998 年版，
第 126 页。
　　④ 皮明麻：《近代武汉城市人口发展轨迹》，《江汉论坛》1995 年第 4 期，第 55 页。

1949 年汉口人口的统计也是不完整的。在北洋军阀执政时期、抗日战争时期、解放战争时期，汉口这一华中重镇曾多次遭受战火的蹂躏，前有 1911 年冯国璋汉口纵火，"你方唱罢我登场"的北洋军阀混战，国民革命军北伐攻城，后有日军对武汉的狂轰滥炸，国共两党的决战等。在这几个时段中，汉口城市人口发展跌宕起伏，唯有在 1928—1936 年这个时段里，汉口城市基本上是没有经历过大规模战火的，因而其人口发展相对平稳，且稳中有升。从这一方面来看，1928—1936 年汉口城市人口的发展历程，在一定程度上代表着近代中国大城市人口发展的正常形态，因此，本章侧重考察 1928—1936 年汉口人口城市化。

1928—1936 年，汉口政府当局对城市人口进行了具有"现代性"的逐月逐年的统计，留下来一些可贵的历史资料，但是长期以来，这些史料并没有得到学术界多少关注。有关这一时期汉口人口许多基础性数据，目前可见的只是零散地夹杂在其他专题之中，如《武汉市志》系列丛书、《武汉通史》系列丛书，以及皮明庥先生主编和撰写的《近代武汉城市史》与《近代武汉城市人口发展轨迹》等，这些或以整个武汉为研究空间，或以整个近代为研究时段的成果，尽管或多或少涉及这一时期汉口人口相关方面，但很难看到具有连贯性的数据统计，而且还有一些数据或因统计口径不一而出入较大。

如前所述，城市人口相关数据，往往是研究同一时期城市其他专题的基石，许多相关研究的深入，常常需建立在同一时期人口较为准确的实证研究基础之上，然而，目前学界对这个基石的专题考察颇少，这不能不说是一个缺憾。

目前，对这一时期汉口城市人口总量逐年统计的文献主要有以下几种：一是孔赐安的《中国六大都市的人口及其增减》（见表 1 - 1）；二是《统计月刊》（见表 1 - 2）；三是《武汉市志·总类志》（见表 1 - 3），具体如下：

表 1 - 1① 　　　　　　　　　1928—1935 年汉口人口

年份	人数
1928	555910
1929	551366
1930	747445
1931	782765
1932	785652
1933	800562
1934	838612
1935	811761

　　资料来源：根据孔赐安《中国六大都市的人口及其增减》第 287 页的汉口人口统计数据制表而成。

表 1 - 2② 　　　　　　　　　1930—1937 年汉口人口总量

年份	人数
1930	661541
1931	782765
1932	755517
1933	745514
1934	771027
1935	797795
1936	748557
1937	803303

　　说明：二十年（1931）中系七个月的平均数。

　　资料来源：根据《统计月报》中《各大城市按月户口变动统计》第 11 期第 9 页数据与第 36 期第 140 页数据制表而成。

------

　　① 孔赐安：《中国六大都市的人口及其增减》，《科学》1937 年第 4 期，第 287 页。
　　② 引自《各大城市按月户口变动统计》，《统计月报》1936 年第 11 期第 9 页，与 1938 年第 36 期第 140 页。

表 1 - 3①   **1928—1937 年汉口人口总量**

年份	数量
1928	522669
1929	523038
1930	719206
1931	815958
1932	755517
1933	784247
1934	809215
1935	841124
1936	760437
1937	801205

资料来源：节录于《武汉市志·总类志》的"人口"篇中第 126 页的表 51。

由是观之，上述三个表格中数据，即使是在同一时间点上，有关汉口的人口统计数据基本上不一致，甚至有较大的出入。那么，上述统计数据，哪一个可信度更大一些呢？现在还无从回答。只是目前看来，学术界在涉及这一时期汉口人口统计数据时，较多地引用了表格 1 - 3（即《武汉市志·总类志》）中的数据。非常遗憾的是，表格 1 - 3 中的数据，在《武汉市志·总类志》"人口"篇中，并没有标明其出处，所以无法考证其数据真伪。

目前有关 1928—1936 年汉口人口总量，更为常见的是某一年份或一些年份的零散数据，散见于其他专题之中，相形之下，这些数据之间的出入更大，其数据来源更是无从知晓。

那么，抛开那些错误数据不论，目前不同版本有关这一时期汉口人口总量为什么总是不一致呢？其原因当然有多种，笔者认为其中有一个现象值得注意：那就是统计口径的不一致。在统计汉口人口时，

① 引自武汉地方志编纂委员会主编《武汉市志·总类志》，武汉大学出版社 1998 年版，第 126 页。

有的只是统计了汉口公安局辖区内的本国人口，而辖区内外国人口不计；有的统计了汉口公安局辖区内的本国与外国所有人口；有的除了统计本公安局辖区内的，还把特区及租界的人口也加了进去；更有甚者，除了统计本辖区内的，以及特区及租界的人口，还把汉口城市周边的农区人口也加进人口总量统计之中。另外，即使是同一版本，它的统计口径也在不断变化。例如，就上述第一个表格中汉口人口总量变化如此之大，孔赐安的解释是："据汉口市公安局的附注，说是民国十八年以前，汉市四郊农区户口……没有统计在内……从十九年起，四郊户口，统都一并计算进去……人口大大增加。又十九年的人口统计，法租界的人口没有算进去，二十年的数字，特三区及法日两租界的人口，也没有列入，以后各年人口数字，连各租界的人口均一并计算在内。"[①]

或许正是由于这样或那样的原因，使得目前有关这一时期汉口人口总量统计数据较为混乱。有鉴于此，本章拟对 1928—1936 年包括人口总量在内的汉口人口规模进行尝试性的考察与探究。在汉口人口规模的考察过程中，笔者注意了以下几点。

第一，尽量保持统计口径一致性。

例如，为了保持汉口人口统计数据口径的一致性，本章所考察的汉口人口，主要是汉口公安局或警察局所管辖的警署（或分局）的人口，而对特区暨租界的人口不予统计（这一部分人口较少）。需要说明的是，汉口公安局或警察局辖区内的人口统计中，既有城市市民，也有部分城郊的农民[②]；既有本国籍人数，也有外国籍人数。[③] 1930 年 6 月以前汉口人口规模相关统计数据，包括汉阳区的城市人口。[④]

---

① 孔赐安：《中国六大都市的人口及其增减》，《科学》1937 年第 4 期，第 287 页。

② 那一时期汉口一些警署的人口中，既有市民也有乡民的现象，与当今武汉市洪山区人口的构成有相似之处。

③ 参见湖北省档案馆：LSA2. 21 - 8，汉口市政府造报《民国二十三年度市政调查》（市政调查表式 第十号 近五年来户口统计）。

④ 1930 年 6 月前汉口管辖范围包括汉口与汉阳，6 月之后汉阳划出归湖北省管辖。

第二，尽量运用档案与原始文献。

本章考察与研究中所运用的文献，如《汉市市政公报》《新汉口市政公报》《新汉口》《汉口市警察局业务纪要》《汉口市公安局业务纪要》《汉口市政概况》等，这些大都是 20 世纪 20—30 年代，汉口市政府秘书处、社会局、公安局（后改称警察局）以及湖北省政府统计处等政府机构的调查报告或报表。与此同时，还将倚重当时由汉口市或湖北省政府机关所创办的《社会》《汉口中西报》《汉口市民日报》等期刊或报纸。根据当时的报告、刊物或报纸来追踪考察同一时期汉口城市人口，其可信度相对说来要大一些。然而，比较遗憾的是，这些民国时期的文献所提供的有关汉口城市人口的统计数据，一般是不连贯的。

第三，尽量再现统计数据的真实来源。

为了确保统计数据的准确性，尽可能再现人口数据的真实来源，基本上一个表格只有一种文献来源，那么，本章中就常常会出现一个表格只涉及 1928—1936 年中一个较小的时段。换句话说，如果前一个表格的时间段与后一个表格的时间段正好是相衔接，然而后一个表格如果来源于其他文献，本章也将会另列出来。如此这般烦琐，只是为了便于了解人口规模数据的来龙去脉。

第四，档案与原始文献也存在误差或纰漏，需要甄别。

笔者对现有档案或原始文献进行了研读，发现其统计数据本身存在着这样或那样的计算差错或纰漏，尽管此类问题较少，但还是存在，在考察或引用的过程中，将尽量特别注意。①

第三节　1928—1936 年汉口城市人口规模

对这一时段汉口城市人口规模的考察，是本章的重点。在本节

---

① 汉口市政府秘书处创办《新汉口市政公报》与《新汉口》实为同一刊物，前期名称为《新汉口市政公报》，后期在第 2 卷第 3 期时改称为《新汉口》。在这样一个官方刊物中，在诸如人口总量、出生与死亡、迁入与迁出等数据统计中，都曾出现过前后数据不一样的地方，不过误差比较小。

中，将把人口规模分解为三个主题：人口总量变化、人口出生数与死亡数变化、人口迁入数与迁出数变化。对这三个主题进行翔实、细致的考察，可能较为琐碎，在考察过程中，为尽量做到一目了然，会在每一个主题之后有一个小结。

一 1928—1936 年汉口城市人口总量之变化

在笔者所看到的档案或原始文献中，大多只有一个短时段中的汉口人口总量，即为 1928—1936 年汉口人口总量中的一个个更小的时段。

（一）1928 年 12 月至 1931 年 4 月汉口人口总量

对 1928—1931 年汉口人口总量的考察，主要是根据汉口市政府秘书处所创办的《新汉口市政公报》期刊而进行的。需要说明的是，1930 年 5 月之前，汉口人口数量的统计数包括汉口区与汉阳区，而从同年 6 月起，因汉阳区划归湖北省政府管辖，汉口减少了 4 个警署，即 16 个警署，所以该月汉口人口总量锐减；同年 10 月汉口又新加入 17、18、19 三个警署，[1] 由此该月人口总量增加，具体如下表：

表 1 - 4   1928 年 12 月至 1931 年 4 月间汉口人口逐月总量[2]

年月	人数	年月	人数	年月	人数
1928 年 12 月	572672				
1929 年 1 月	569414	1930 年 1 月	620531	1931 年 1 月	736529
2 月	567704	2 月	621794	2 月	738169
3 月	564714	3 月	627911	3 月	747691

---

① 《新汉口》第 2 卷第 5 期第 70 页的《汉口特别市逐月户口增减比较表》，与第 105 页的《汉市 10 月份之户口统计报告》的说明。

② 《新汉口》中的说明：汉口市警察第 17、18、19、20 各署系在汉阳区内，1930 年 5 月奉令自 6 月 1 日起，划归湖北省政府接管，故本表自 1929 年 7 月至 1930 年 5 月，系就 20 各警署统计，至 6 月份户口数目除去汉阳 4 区。

续表

年月	人数	年月	人数	年月	人数
4 月	562769	4 月	635224	4 月	762366
5 月	564692	5 月	641318		
6 月	608233	6 月	550169		
7 月	609281	7 月	656618		
8 月	609522	8 月	656571		
9 月	610501	9 月	661017		
10 月	610532	10 月	708106		
11 月	612015	11 月	719798		
12 月	617371	12 月	731570		

资料来源：对 1928—1931 年《新汉口市政公报》与《新汉口》中相关数据综合而成。

总体看来，1928 年至 1931 年，排除 1930 年 6 月汉阳区被划出去这一变动，汉口人口发展总体上处于上升的趋势，其人口从 50 多万人增至 70 多万人，即不到 3 年时间内人口增加近 19 万，其增加速度之快着实惊人。如下图 1 - 1 所示：

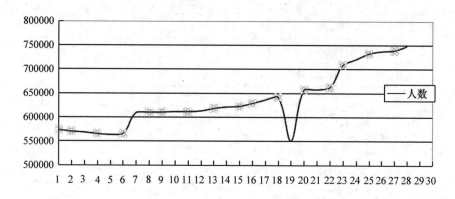

图 1 - 1　1928 年 12 月至 1931 年 4 月共 29 个月人口总量走势

其中第 19 个月人口下降，亦即是 1930 年 6 月，如前所述，这一月因汉阳区划分出去了，人口总量明显减少。

需要说明的是，1931 年汉口夏季大水，《新汉口》停刊，市政府相关部门的人口统计工作大都停止了，所以目前有关 1931 年 4 月至 12 月汉口人口逐月统计数据较为欠缺，只能看到 1931 年底汉口人口总数是 782765 人[①]。

（二）1932 年 1 月至 1934 年 12 月汉口人口总量

1932—1934 年汉口人口总量较为完备的统计，可参见 1934 年湖北省政府统计委员会编撰的《调查与统计》（见表 1－5），与 1935 年汉口公安局编撰的《汉口市公安局业务纪要》（见表 1－6）。

表 1－5　　　　1932 年 1 月至 1934 年 3 月间的逐月人口总数[②]

年月	人数	年月	人数	年月	人数
1932 年 1 月	787716	1933 年 1 月	756142	1934 年 1 月	771127
2 月	793461	2 月	753734	2 月	768788
3 月	771145	3 月	753447	3 月	770408
4 月	773930	4 月	749920		
5 月	770479	5 月	754514		
6 月	773208	6 月	743121		
7 月	773066	7 月	743297		
8 月	770367	8 月	742536		
9 月	772938	9 月	747020		
10 月	775762	10 月	752553		
11 月	786333	11 月	765969		
12 月	755517	12 月	770179		

---

① 湖北省档案馆藏：《民国二十三年度市政调查》，档号：LSA2.21－8。
② 湖北省政府统计委员会：《调查与统计》，1933 年，第 15 页。

表 1-6　　　汉口三年来户口指数（1932.1—1934.12）①

年别	1932		1933		1934	
数别	实数	指数	实数	指数	实数	指数
1	787716	100.00	756142	95.99	771127	97.89
2	793461	100.73	753734	95.69	768788	97.60
3	771145	97.90	753447	95.65	770408	97.80
4	773930	98.25	749920	95.20	774069	98.27
5	770479	97.81	745514	94.64	773417	98.18
6	773208	98.16	743121	94.34	773167	98.15
7	773066	98.14	743297	94.36	772834	98.11
8	770867	97.86	742536	94.26	776159	98.53
9	770820	97.86	747020	94.83	782883	99.39
10	775762	98.48	752553	95.54	794254	100.83
11	786333	99.82	765969	97.24	803001	10194
12	755517	95.91	770179	97.77	809215	102.73

　　虽然上述两个统计表分别是由两个不同部门编撰，然而在相同时间点上，其数据具有高度一致性，没有出现过以往那种因版本不同而统计数据有较大出入的现象，由此可见，由湖北省政府统计委员会编制的表 1-5 统计数据，具有相当大的可信度。

　　1932—1934 年，虽然有一些月份人口处于上升状态，但总体看来，人口发展趋势基本处于下滑状态。从 1932 年 2 月开始汉口人口总量下滑，其间偶有上扬，但直到 1934 年 10 月，人口总量才恢复到 1932 年 1 月水平。在这三年之中人口总量基本都在 81 万人至 74 万人之间徘徊。

　　（三）1935 年 1 月至 1936 年 12 月汉口人口总量

　　1935 年逐月的人口总量统计，到目前为止还没有看到完整的材料，只能两个文献有所统计，请先看 1933 年 12 月到 1935 年 6 月逐月人口总量统计：

————————————

　　①　武汉档案馆藏：《汉口市公安局业务纪要》，档号：bc16-0018，第 112 页。

表 1-7   汉口市逐月人口增减实数①

年月	人数	年月	人数
1933 年 12 月	770179	1934 年 10 月	794254
1934 年 1 月	771127	11 月	803001
2 月	768788	12 月	809215
3 月	770408	1935 年 1 月	816541
4 月	774069	2 月	812839
5 月	773417	3 月	812837
6 月	773167	4 月	810128
7 月	772834	5 月	803252
8 月	776159	6 月	796343
9 月	782883		

表 1-7 中，1933 年 12 月至 1934 年 12 月汉口人口数据，与表
1-6 中同一时间段的人口统计是相同的。就 1934 年 8 月至 1935 年 1
月来看，人口处于上升状态，增加了 4 万多人，而 1935 年 1—6 月又
基本处于下滑状态。

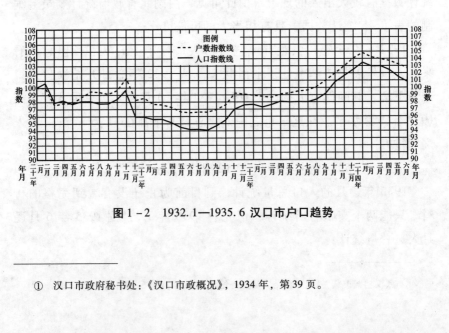

图 1-2   1932.1—1935.6 汉口市户口趋势

---

① 汉口市政府秘书处：《汉口市政概况》，1934 年，第 39 页。

1932 年 1 月至 1935 年 6 月间汉口人口发展变化趋势，在《汉口市政概况》中"汉口市户口趋势（21 年 1 月—24 年 6 月）"有所展现，请见图 1-2①。

图 1-2 显示：人口指数线从 1932 年 2、3 月间下滑，其间偶有上扬，但大多时是在指数 100 以下，直到 1934 年 9、10 月间才开始越过 100，此后人口曲线上升持续到 1935 年 1 月，同年 2 月人口又开始下滑，直至同年 6 月。

表 1-8 所统计的时间段是 1935.6—1936.12，其人口总量数据是：

表 1-8 汉口市逐月户口实数②

年月	人数	年月	人数
1935 年 6 月	796343	1936 年 4 月	752452
7 月	787833	5 月	744375
8 月	784117	6 月	737189
9 月	785548	7 月	733700
10 月	789950	8 月	728835
11 月	785630	9 月	727174
12 月	781514	10 月	733654
1936 年 1 月	781106	11 月	750495
2 月	770958	12 月	760437
3 月	762307		

表 1-8 表明，在 1935 年 7 月至 1936 年 6 月的 12 个月中，人口总数基本处于下滑状态，这一年之内汉口人口总量减少了 5 万多人，其下滑速度之快令人惊讶。

综上所述，1928—1936 年汉口人口总量发展变化有如下几个

---

① 汉口市政府秘书处：《汉口市政概况》，1934 年，第 40 页。
② 此表是根据《湖北省年鉴·第一回》第 120—121 页中内容合成的。不过《汉口市政概况》（武汉市档案馆藏，bB13—0004，民国 24 年至 25 年）第 33 页的内容与此相同。

特点。

其一，以年份计，1930 年是 1928—1936 年汉口人口增加最多的一年。这一年人口增加了 11 万多人。以下是以每年 12 月份为基点的汉口人口总量统计表：

表 1 - 9　　　　　　　　1928—1936 年汉口人口总量

年份	人数
1928	572672
1929	617371
1930	731570
1931	782765
1932	755517
1933	770179
1934	809215
1935	781514
1936	760437

从表 1 - 9 可以看出 1930 年是这一时期人口增长最快的一年。如果同时参见前述孔赐安的数据与《武汉市志·总类志》的数据也会发现，1930 年也是这一时期中人口增加最快的年份。

其二，1935 年 1 月是这一时期汉口人口总量发展的顶峰，该月汉口市警区内的人口总数为 816541 人，随后其总数缓慢下滑。这个结论与皮明庥先生在《近代武汉城市人口发展轨迹》所说的 1935 年为近代百年武汉人口总量发展的顶峰，[①] 似乎是不谋而合的。1935 年 1 月汉口人口总量为什么会成为这一时期人口发展顶峰的，其原因值得进一步探究。

其三，1928—1931 年，是 1928—1936 年汉口人口发展较为迅猛

---

① 皮明庥《近代武汉城市人口发展轨迹》（《江汉论坛》1995 年第 4 期）提到的数据，与苏长梅在《武汉人口》提到 1923 年汉口人口 85 万人的数据，似乎有点相左。

的时段。1928 年 12 月人口是 572672 人，1935 年 1 月是 816541 人，其间增加了 24 万多人，从表 1 - 4 中可看出，1928 年 12 月至 1931 年 4 月间，汉口人口早已增加将近 19 万人。其后，汉口人口在徘徊中前行。所以，总体看来，1928—1936 年汉口人口发展速度经历了一个逐渐放缓的过程。

二 1928—1936 年汉口城市人口出生数与死亡数之变化

（一）1929.7—1931.4 人口出生数与死亡数之比较

表 1 - 10　　　　1929.7—1931.4 人口出生数与死亡数

月份	全市出生数	全市死亡数	月份	全市出生数	全市死亡数	月份	全市出生数	全市死亡数
1929 年 7 月	159	467	1930 年 3 月	799	525	1930 年 11 月	850	747
8 月	139	570	4 月	452	397	12 月	1419	959
9 月	228	425	5 月	254	374	1931 年 1 月	870	1026
10 月	246	396	6 月	88	203	2 月	1119	1199
11 月	220	367	7 月	23	233	3 月	2294	2016
12 月	377	447	8 月	174	458	4 月	1154	1084
1930 年 1 月	331	430	9 月	429	587			
2 月	251	367	10 月	1071	1001			

资料来源：由汉口市政府秘书处主编的《新汉口市政公报》与《新汉口》相关数据统计综合而成。

从表 1 - 10 看来，除个别月份外，大多月份汉口人口都是死亡数大于出生数。如 1930 年 7 月，全市死亡数几乎是出生数的 10 倍，8 月份全市死亡数与出生数为 5∶2 左右，"若果属实，未免骇人听闻矣！"[1] 如果上表还不能让人对这一时段中汉口死亡率有一个较为清楚的了解，那么请看表 1 - 11：

---

[1]　汉口市政府秘书处：《新汉口》1930 年第 2 卷第 3 期，第 144 页。

表 1 - 11　　　　　　1929.7—1930.6 人口生死率统计①

月份	全市人口数	全市出生数	全市死亡数	每千人出生数（出生率）	每千人口死亡数（死亡率）
1929 年 7 月	609281	159	467	0.261	0.766
8 月	609522	139	570	0.228	0.935
9 月	610501	228	425	0.373	0.696
10 月	610532	246	396	0.403	0.648
11 月	612015	220	367	0.359	0.599
12 月	617371	377	447	0.611	0.724
1930 年 1 月	620531	331	430	0.533	0.693
2 月	621794	251	367	0.403	0.590
3 月	627911	799	525	0.272	0.524
4 月	635224	452	397	0.711	0.625
5 月	641318	254	374	0.396	0.583
6 月	550169	88	203	0.254	0.585
全年度平均生死率				0.484	0.664

　　由表 1 - 11 可知，这一时段中汉口死亡率很高。那么，究竟是什么原因造成的呢？汉口当局对此解释如下：

　　第一，都市人口密居会产生诸多的不卫生。"都市常因具有政治、工商业、文化等机能，尽量吸收各方人士，为衣为食，为荣华富贵相继而来，是都市人口逐渐增加。至人口集中以后只特殊情形，即多数人之密居。密居之后，当然不能卫生。既不卫生，市民生命之危险生焉。故都市生活为最不健康之生活。英谚有云：'若居伦敦，家系无三代继续。'法国之学者且言：'田舍居民，移住都市，实为占肺结核而来'。以上二语，虽属过分之词，但都市生活之足以促进市民之死亡，可想而知矣。汉市之繁华，人口之稠密，虽不能与伦敦巴黎所可同日而语，但市区内人口之密集情形，恐有过之无不及，此种不卫

----

① 汉口市政府秘书处：《新汉口市政公报》1930 年第 2 卷第 2 期，第 136 页。

生不健康之生活，怎不能促短市民之寿命。是则汉市死亡率必每月超过出生率，乃必然之现象。"①

第二，市民中可能存在着出生数少报的现象。"汉市各月中统计所得之死亡数，常超过出生数倍以上，此或非尽属事实。此出生数所以较少于死亡数如是之巨者，实由于无法调查其确数耳。盖死亡者，因有其公开运柩之事实，易于调查确实，至若出生者，则对外毫无形迹，而出生者之父母，又必不明户口调查之意义，多不据实报告，于此遂使出生数远逊于死亡数了。"②"我国人民，多抱多子主义，'不孝有三，无后为大'之观念，尤深印于脑海之中，不但不因都市而节育，而且唯恐不生育。由是推论，可断言汉市之出生数，未必至于如是之少。而且苟全市人民能履行婴孩出生之报告时，恐此出生数，不但不少于死亡数，且将超过于死亡数也！至于8月份全市死亡数与出生数，几为5与2之比，若果属实，未免骇人听闻矣！因而造成死亡率过高的现象。"③

以上是汉口当局对这一时段人口高死亡率的解释或质疑。不过，在人口城市化早期阶段，死亡率高过出生率现象，在同一时期中国其他大城市中几乎是一种常态。

从史料来看，虽不能说整个南京国民政府时期，但是至少可以肯定的是，在南京政府执政初期，中国大多数城市的人口死亡率都是比较高的。这一点可以从同一时期中国各大城市《市政公报》的户口变动统计表中看出。时人张振之曾对1928年广州市出生数与死亡数进行考察：如9月1日至8日，出生数是230人，死亡数是327人。又如，南京1928年2月出生数是70人，死亡数是309人。再如，上海"华界"，1929年1月人口出生数是198人，死亡数是496人，2月出生数是332人，死亡数是625人，3月出生数是1027人，

① 《八月份全市死亡率又超过出生率》，《新汉口》1930年第2卷第3期，第143页。
② 同上。
③ 同上书，第144页。

死亡数是 1145 人，5 月出生数是 527 人，死亡数是 1099 人等。① 其实，整个 1929 年与 1930 年，上海"华界"人口死亡率都是超过出生率。② 诸如种种的对比，无不说明当时中国大城市人口死亡数之高，正因如此，张振之把"死亡率的激增"看作当时"中国社会的病态之一"。③

（二）1932.1—1934.12 人口出生数与死亡数之比较

目前还没有找到有关这一时段中完整的人口出生与死亡逐月的具体统计数据，只有逐年的总数，其统计如下：

表 1 - 12　　　　　1932—1934 年三年各种户口变动统计④

	1932 年	1933 年	1934 年
出生	9247	11530	13675
死亡	12420	4877	8315

从表 1 - 12 看出，1932 年死亡总数大于出生总数，而 1933 年和 1934 年中，出生总数大于死亡总数。这说明在这一时段中，汉口人口出生与死亡对比之趋势，开始出现变化。那么，这个变化发生在哪个月份里呢？请见图 1 - 3，它是一个有关 1932 年 1 月至 1934 年 12 月间逐月的出生率与死亡率的对比曲线。

这个图充分展现了 1932 年 1 月至 1934 年 12 月间汉口人口出生率与死亡率对比之变化：

第一，1932 年 1 月至 1932 年 10 月，死亡率高于出生率；

第二，1932 年 10 月至 1934 年 12 月，出生率高于死亡率，且从 1934 年 7 月至 1934 年 12 月，出生率一路攀升，死亡率一路下降。

---

① 邹依仁：《旧上海人口的变迁研究》，上海人民出版社 1980 年版，第 137 页。
② 同上书，第 62 页。
③ 张振之：《目前中国社会的病态》，上海民智书局 1929 年版，第 43—81 页。
④ 武汉市档案馆藏：《汉口市公安局业务纪要》，档号：bc16—0018，1932—1934 年，附注。

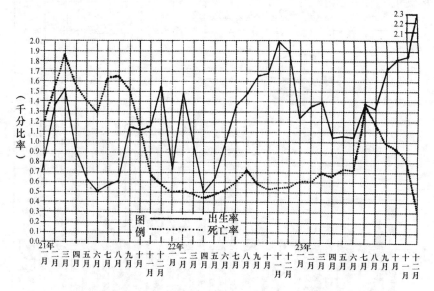

图 1-3　汉口市最近三年人口出生率与死亡率之升降比较①

　　图 1-4 同样展现了 1933 年汉口人口出生数与死亡数之间的对比。

　　其中出生人数比死亡人数多，死亡人数中男性占 53%、女性占 47%，出生人数中男性占 56%、女性占 44%，从该图还可以看出，下半年是出生的高峰期，也是死亡的高峰期，这一点与上海非常相似。邹依仁在总结上海人口出生与死亡的特点时说：季节性是非常明显的，人口出生在各年的冬季，包括 12 月、1 月是比较多的，人口的死亡亦然。② 可以说，邹依仁对上海人口特点总结也适合 1933 年汉口人口特点。

　　以下两则报道，则从数据上佐证了图 1-4 变化。1933 年 4 月 7 日《汉口中西报》报道：1933 年 2 月，汉口出生人数是 1128 人，

　　① 武汉市档案馆藏：《汉口市公安局业务纪要》，档号：bc16—0018，1932—1934 年，附注。
　　② 邹依仁：《旧上海人口的变迁研究》，第 62 页。

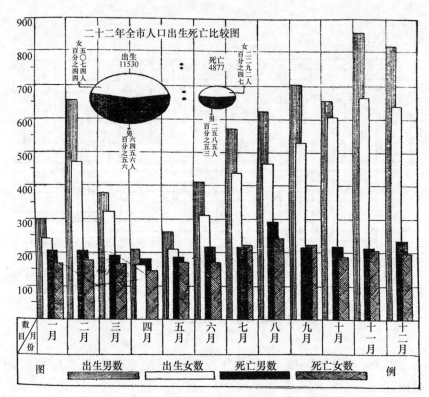

图 1 - 4①　1933 年全市人口出生死亡比较

死亡人数是 385 人②。1934 年《汉口市民日报》报道 1933 年 7 月至
1934 年 6 月汉口人口出生数与死亡数统计，具体如下：

表 1 - 13　　1933 年 7 月至 1934 年 6 月出生数与死亡数③

时间	出生	死亡
1933 年 7 月	1008	439
8 月	1093	533

---

①《汉口市政概况》，民国二十一年十月至二十二年十二月（1932.10—1933.12），第
39 页。
② 武汉图书馆地方史馆藏：《汉口中西报》1933 年 4 月 7 日。
③ 武汉图书馆地方史馆藏：《汉口市民日报》1934 年 8 月 9 日。

续表

时间	出生	死亡
9 月	1236	441
10 月	1266	408
11 月	1522	421
12 月	1461	435
1934 年 1 月	947	477
2 月	1036	471
3 月	1082	543
4 月	803	514
5 月	816	562
6 月	814	566
合计	13085	5310

表 1 - 13 显示，1933 月 7 月至 1934 年 6 月汉口每月人口出生数都是大于死亡数的。这一点与图 1 - 3 高度吻合。可以说，表 1 - 13 对图 1 - 3 的曲线进行了有力佐证，进一步从数据上说明了这一时段中汉口人口出生数与死亡数之对比已发生重大变化。另外，尽管图 1 - 3 与表 1 - 13 文献来源不同，但是如此吻合，足见这一图一表可信度之高。

（三）1935 年 1 月至 1936 年 12 月人口出生数与死亡数之比较

表 1 - 14　　　　　汉口市出生与死亡人口统计①

时间	出生	死亡	时间	出生	死亡
总计	30869	19502			
1935 全年 12 个月小计	16429	10615	1936 全年 12 个月小计	14440	8887
1935 年 1 月	1752	1055	1936 年 1 月	1119	671

① 武汉档案馆藏：《汉口市警察局业务纪要》，档号：bc16—0019，1935 年，第 105 页。

续表

时间	出生	死亡	时间	出生	死亡
2 月	1175	906	2 月	1499	716
3 月	1330	1054	3 月	1402	781
4 月	1250	1102	4 月	957	716
5 月	1016	1003	5 月	825	844
6 月	925	812	6 月	946	841
7 月	973	825	7 月	686	632
8 月	1478	962	8 月	819	728
9 月	1178	848	9 月	1727	805
10 月	1845	688	10 月	1441	730
11 月	1621	662	11 月	1753	635
12 月	1886	698	12 月	1266	788

表 1-14 显示，1935 年 1 月至 1936 年 12 月间汉口人口出生数远远大于死亡数，这说明从 1932—1934 年开始出现的出生数大于死亡数之转变，到此时已成为汉口人口发展中的一种常态了。

综上所述，1928—1936 年，汉口人口出生与死亡对比之变化情形如下：

其一，1929 年 7 月至 1931 年 4 月，人口的出生数基本上是小于死亡数的，在某些月份，死亡数是出生数的数倍。这一区间内月平均出生数是 588 人，月平均死亡数是 649 人，两者相差 61 人。

其二，1932 年 1 月至 1934 年 12 月，出生与死亡之对比是：1932 年 1 月至 1932 年 10 月，出生数小于死亡数；1932 年 10 月至 1934 年 12 月，却出现了出生数大于死亡数的现象。这一区间内月平均出生数是 1090 人，月平均死亡数是 442 人，两者相差 648 人。

其三，1935 年 1 月至 1936 年 12 月，出生数远远超过死亡数。这一区间月平均出生数是 1286 人，月平均死亡数是 812 人，两者相差 474 人。另外，这一时段不论是出生还是死亡的数值，都较前两个时段有了一定的增加。

　　上面是从月份来总结的，可能有些烦琐，下面从年份来看汉口人口出生数与死亡数对比之变化，可能会更简单清楚一些，请见表1－15：

表1－15　　　　　　　　　市民生死统计①

年别	出生数	死亡数	出生超过死亡数	死亡超过出生数
民国十九年	6123	6181		58
民国二十年	10283	10607		324
民国二十一年	9247	12420		3173
民国二十二年	11530	4877	6653	
民国二十三年	13675	8315	5360	

　　由上而知，这一时期汉口人口经历了一个从死亡数超过出生数，到出生数超过死亡数，最后是出生数远远超过死亡数的过程。这种转变的具体时间是：1929年7月至1932年10月，人口死亡数大于出生数，而1932年10月至1936年12月，人口出生数超过死亡数。同一时期，上海的"华界"人口也经历了这种类似的转变过程，只不过在转变时间上有所提前：1929年、1930年旧上海的"华界"人口的死亡数超过出生数，而从1930年11月开始转变为人口出生数超出死亡数，至1934年、1935年时，人口出生数总是超过死亡数。②

　　中国两大开埠通商城市的出生数与死亡数的对比转变有助于我们改变一个误解，那就是长期以来人们认为，南京国民政府时期城市政府在城市环境卫生、市民健康等方面的无能。与此同时，这一变化过程也折射出近代中国上海、汉口等城市现代化的前进步伐。这一变化之所以取得，从现存史料来看，城市政府在改善城市住房条件、发动

---

　　① 根据《汉口市政概况·公安》，二十一年十月至二十二年十二月（1932.10—1933.12），第36页，与武汉市档案馆藏．汉口市公安局业务纪要．档号：bc16—0018，民国21年至23年（1932—1934），附注，合并而成。
　　② 邹依仁：《旧上海人口的变迁研究》，第137页。

公共卫生运动、疫苗注射等方面，确实做了不少的努力。[①]

如穆和德在《近代武汉经济与社会——海关十年报告——汉口江汉关（1882—1931）》中谈到1922—1931年这十年时提到，预防天花的免费疫苗接种在汉口已实行好几年了，从1929年开始这种制度推广，到遭受洪水灾害的1931年差不多有11.1万人接受了疫苗接种，8.5万人在洪水救济委员会的监督下接受了免费疫苗接种。[②] 同一时期，如"市府预防天花，举行义务种痘——对各机关团体注射"[③] 这样的新闻屡见报端。1931年夏，洪水救济委员会为了避免大水灾之后疾病蔓延，对过往船只上的乘客进行了免疫检查与防疫注射，在这项活动中，大约有124680名过往乘客接受了疫苗接种。[④] 虽然这种疫苗接种对于当时城市的几十万人口来说，是远远不够的，但是不能否认城市政府为此所做出的努力，以及所产生的良好效果。当然，这一时期汉口人口出生数超过人口死亡数的还有一种可能，那就是民众对户籍的重视，改变了以前少报出生人数的现象。下面还有一种解释，可能也适合汉口的情况。

1934年，《汉口市民日报》刊登了1929—1934年武昌、汉阳人口出生率与死亡率数据，其发展趋势与汉口人口的出生率与人口死亡率趋势大体一致。调查者认为："五年来出生死亡率之增减，决定于生活条件之优劣，如社会安定、生活丰裕为人口自然增加率上升之主要条件。查湖北省历年来匪患灾荒迫逼交加，农村经济破产后，人民生活条件日益恶劣，故省会人民死亡之数竟比出生数大，处于自然减低趋势。但自二十二年来，转为激增趋势，此为两年来剿匪安定的结果。"[⑤]

① 这一点可从同一时期《汉口市政概况》的统计、《汉口市民日报》的报道等诸多文献中看出。

② ［英］穆和德：《近代武汉经济与社会——海关十年报告——汉口江汉关（1882—1931）》，李策译，（香港）天马图书有限公司1993年版，第178页。

③ 《汉口中西报》1933年3月31日新闻第8版。

④ ［英］穆和德：《近代武汉经济与社会——海关十年报告——汉口江汉关（1882—1931）》，李策译，第178页。

⑤ 《省会户口，五年来实数比较》，《汉口市民日报》1934年7月8日第8版。

的确，社会相对安定，也是出生数逐渐大于死亡数的一个重大原因。

不过，纵观这一时期汉口人口出生与死亡人数之差值，不论是前期死亡数多于出生数，还是后期的出生数多于死亡数，其差值都比较小，因而对同一时期汉口人口总量影响不是太大，可以看出，城市人口增长主要还是人口的迁入。

三　汉口城市人口迁入数与迁出数之变化
(一) 1929 年 7 月至 1931 年 4 月人口迁入数与迁出数之比较

表 1 - 16　　　　　1929.7—1931.4 人口迁入数与迁出数

年月	迁入	迁出
1929 年 7 月	2293	1155
8 月	2167	1926
9 月	2810	1617
10 月	2658	2377
11 月	3527	1896
12 月	12171	6744
1930 年 1 月	8760	3501
2 月	6354	4975
3 月	17860	12011
4 月	11304	4040
5 月	8540	2318
6 月	3558	3506
7 月上半月与下半月之和	1505	4295
8 月	7106	6860
9 月	12093	7483
10 月	29245	15198
11 月	25018	13503
12 月	31380	19954
1930 年总和	162723	97644
1931 年 1 月	18744	13599

续表

年月	迁入	迁出
2 月	24468	22740
3 月	63396	54130
4 月	59919	45296

资料来源：对《新汉口市政公报》与《新汉口》中相关统计数据综合而成。

从表 1 – 16 看，除 1930 年 7 月外，① 其他月份中人口迁入数都是大于迁出数的，这一时段，月平均迁入数是 15129 人，迁出数是 10393 人，月平均迁入与迁出相差 4736 人。这一时段中，迁入数与迁出数之差值超过万人的月份有：1930 年的 10、11、12 月，以及 1931 年的 4 月。除此以外，从上表还可以看出，从 1930 年 10 月开始，汉口人口的迁入数与迁出数的数值开始变大起来。这种变化可能与当时蒋介石在武汉附近发动大规模的"围剿"有着直接的关系。

1930 年中原大战结束之后，蒋介石于同年 10 月集结了近 10 万兵力，对鄂豫皖苏区发动了第一次"围剿"，其中就有夏斗寅的第十三师（驻武汉东南郊县）进攻黄陂（汉口近郊）。1931 年 3 月中旬，蒋介石调集 20 万军队，对鄂豫皖苏区②进行了第二次"围剿"。战火所到之处，农村顿时化为废墟，大量难民逃亡。这一时期的汉口就很有可能成为难民逃亡的主要目的地。

汉口当局对这一时间点城市人口激增的看法也正是如此："都市人口增加之数量，虽视其工商业发达与否为标准，但'都市生活的安全'不能不算一都市人口增加的重要原因。所以汉口市，在这匪共猖獗，正在痛剿期间，虽未有工商业发达之可言，而人口恰巧还每月整万的增加……本月人口（注：1930 年 11 月人口为 719798 人，上月

---

① 根据对《新汉口市政公报》1930 年第 2 卷第 2 期第 146—148 页中的两个"汉口市七月（上半月与下半月）户口变动统计表"的考察，以及与上月、下月的对比，笔者认为 1930 年的 7 月份迁入数据可能有问题，其迁入数不可能这么小。

② 鄂豫皖苏区主要包括湖北的红安、麻城、英山、罗田等，这些地方距离汉口较近。

人口为 708106 人）增加了 11602 人。此一万多人的增加之由来，并不在出生人数之增加，而是在于迁入人数较徙出人数多 1 万余人所致。"① 可以说，附近农村战乱可能是这一时段汉口人口激增最直接的原因。

不过，除此之外，城市相对完备的警察制度，日益完善的救济制度或保障制度，如不时开设的粥棚、贫民大工厂、妇孺救济院、职业介绍所、冬赈等，使得城市比农村更为安全，更容易"谋食"或谋生。在某种程度上可以说，这就是城市的吸引力，已成为周边难民逃亡汉口的重要因素。

（二）1932 年 1 月至 1934 年 12 月人口迁入数与迁出数之比较

目前，有关这一时段汉口人口迁入与迁出，还没有详细的逐月统计数据，只有逐年迁入总数与迁出总数统计，如表 1－17：

表 1－17　　　　　1932—1934 年各种户口变动统计②

类别	1932 年	1933 年	1934 年
迁入	493725	288075	296573
迁出	517634	279876	262666

从上表看出，1932 年人口迁入数小于迁出数，而 1933 年、1934 年，人口迁入数大于迁出数，尤其是 1934 年，迁入数比迁出数多出 3 万多人。这一时段中，月平均迁入数是 29954 人，月平均迁出数是 29449 人，两者相差 505 人。上表显示，1932 年迁入总数是 49 万多人，迁出总数是 51 万多人，相比后面的 1933 年与 1934 年而言，1932 年不论是迁入总数还是迁出总数都特别大，说明这一年汉口人口流动频繁，这可能与 1931 年大水灾、战乱等有关联。

---

① 汉口市政府秘书处：《汉市十一月份之户口统计报告》，《新汉口》1930 年第 2 卷第 6 期，第 121 页。

② 武汉档案馆藏：《汉口市公安局业务纪要》，档号：bc16—0018，1932，第 112 页，附注。

尽管在1932—1934的三年时间里，汉口人口的月平均迁入数还是大于迁出数的，但是在表1-17中1932年人口迁入与迁出之比说明，这一年开始出现了迁入数小于迁出数的现象。再如，尽管1933年全年的人口迁入总数是大于迁出总数的，但在这一年某些月份中已经出现迁入数小于迁出数的现象了。据《汉口中西报》载：1933年2月汉口迁入数28811人；迁出数31947人，迁出比迁入多出2136人。① 为什么会出现这种现象呢？可能与当时城市经济衰退有一定的关联。如1932年、1933年正是汉口经济极度衰退时期。

（三）1935年1月至1936年12月人口迁入数与迁出数之比较

表1-18　　　　　　　　汉口市户口迁徙统计②

年月	迁入	迁出	年月	迁入	迁出
1935年1月	27369	20712	1936年1月	15954	16789
2	15239	19194	2	21795	32706
3	32239	32137	3	26402	35664
4	32944	35777	4	23509	33590
5	27584	34449	5	25354	33395
6	21485	28492	6	23180	30452
7	20055	28689	7	16931	20435
8	27499	31709	8	15652	20.592
9	28069	26945	9	31797	34364
10	35462	32188	10	32363	26581
11	27558	32812	11	41762	26031
12	37975	43264	12	31066	21593
小计	333478	366728	小计	305765	332208
总计	639243	698938			

① 武汉图书馆藏：《汉口中西报》1933年4月7日。
② 武汉档案馆藏：《汉口市警察局业务纪要》，档号：bc16—0019，1935年，第104页。

观上表，多数月份中人口迁出数是大于迁入数的，从迁出总数与迁入总数来看，前者也是大于后者的。由上表还可以看出，随着时间的推移，至1935年1月—1936年12月汉口人口的迁出大于迁入，基本上已从第二小时段即1932年1月—1934年12月开始的转变，已成为汉口人口发展中的一种常态了。

1935年1月至1936年12月，月平均迁入数是53270人，迁出数是58244人，迁出与迁入月平均相差4974人。另外，相较于前两个时段，这一时段中月平均迁入数值、迁出数值基本上是最大的，此种现象说明这一时段是这一时期汉口人口流动颇为频繁的时段。

综上所述，1928—1936年汉口人口迁入数与迁出数对比之变化情形如下。

其一，1929年7月—1931年4月，迁入数往往大于迁出数，且两者差值较大，从月平均来看，迁入数与迁出数之差为4736人。这一时段中，迁入、迁出的数值相对较小。

其二，1932年1月—1934年12月，迁入数总体大于迁出数，不过，已开始出现迁入数小于迁出数的现象，在这一时间段内，月平均迁入数与迁出数相差不大，只有505人。这一时段中迁入、迁出的数值总量居中。

其三，1935年1月—1936年12月，迁入数基本小于迁出数，且两者差距较大，从月平均来看，迁出数与迁入数之差为4974人。相较于前两个时段而言，这一时段中的迁入数、迁出数都是最大，这就是说1935—1936年，是汉口人口流动颇为频繁的时段。

由上得知，汉口人口经历了一个由迁入数大于迁出数，转变为迁出数大于迁入数的过程。随着时间的推移，汉口外来人口的净流入量越来越小，1935年1月到1936年12月，城市人口出现了较大的净流出量。这种变化趋势与同一时期汉口人口总量发展趋势基本一致。同一时期的武昌与汉阳人口迁入与迁出的发展趋势也是如此。1934年《汉口市民日报》曾对1929—1934年这5年间武昌与汉阳人口进行了统计，发现民国二十年以前为入省人数增加，出省人数减少的趋势。民国二十年以后，为出境人数增加，入境人数减少趋势。看来同一时期，武汉三镇人口发展趋势大体一致。但是，为什么武汉三镇会在 1931 年后"出境人数增加"而"入境人数减少"？调查者说："十八年至二十年人口增加之原因，为受匪患水灾逃来省会人数增加，二十一年至现在，人口减少之原因，为匪靖灾平后人民回乡加多，但此为人数减少原因之一。"① 除此以外，是否还有别的原因呢？需要进一步探究。

相比之下，汉口人口迁入与迁出的发展趋势与同一时期上海人口迁入与迁出的发展趋势有一些差别。从邹依仁《旧上海人口的变迁研究》中的相关统计数据来看，在逐月的人口迁入数与迁出数的对比之中，基本上都是前者大于后者，在逐年的统计中，人口迁入数也总是大于迁出数的，而且除了 1935 年迁入总数与迁出总数相差 2 万多人外，其他年份中人口迁入总数与迁出总数的相差数量都比较大：1929 年为 12 万多人，1930 年为 10 万多人，1931 年为近 10 万人，1932 年为 27 万多人，1933 年为 15 万多人，1934 年近 10 万人，1936 年近 9 万人，② 这个差别说明，上海比汉口更有吸引力，同是在天灾人祸的混乱年间，上海可能在经济、财产、人身等方面更有安全感。

从上述所列的相关数据来看，尽管 1935、1936 年汉口人口迁入总数与迁出总数的数值比较大，但是，1932 年人口迁入总数与迁出总数相较更大，这意味着，1932 年可能是 1928—1936 年汉口人口流动最为频繁的一年。③ 之所以如此，如前所述，可能与同一时期天灾人祸（1930—1931 年战乱，1931 年大水）有着很大关系。④

---

① 《省会户口，五年来实数比较》，《汉口市民日报》1934 年 7 月 8 日第 8 版。
② 邹依仁：《旧上海人口的变迁研究》，第 118—121 页。
③ 需要说明的是，这里还不能肯定地说 1932 年是 1928—1936 年汉口人口流动最为频繁的一年，因为，目前还没有 1931 年全年的人口迁入总数与迁出总数，按理推测，1931 年因战乱、大水灾等，汉口人口迁入总数与迁出总数都应该比较大。
④ 罗翠芳：《1928—1936 年汉口人口规模实证研究——基于汉口市政府档案与原始材料的考察》，《江汉论坛》2015 年第 1 期，第 112 页。

第四节　1928—1936 年汉口城市
人口增长之途径

近代城市人口增加途径可能有多种，但汉口人口增加途径，从目前相关档案或原始史料来看，主要有如下几种。

一　汉口行政管辖区的扩大或汉口城区向郊区不断扩张

开埠前，汉口城区集中于汉水沿岸至大江口一带，即今中山大道东南，花楼街口至硚口的一片狭小地区，是一个面积约 11.2 平方里的"居民填溢，商贾辐辏"的繁盛之区。[①] 开埠后汉口不断地向外扩展，这一点可以从近代不同年份中的"最近汉口市全图"中看出。至1935 年，汉口市面积达 279.15 平方公里，人口为841124 人。[②] 随着市区不断扩展，郊区人口也在不断地并入城区人口总量之中。1930 年10 月，因汉口城区的扩展，汉口市新加入 17、18、19 三个警署，该月人口总量增至为 708106 人，比起 9 月人口总量的 661017 人多出了47089 人，而这其中就有 32993 人是新加入的三个警署人口的总和。

二　外来人口的流入

一般说来，城市出生人数增多，外来人口的涌入，都是城市人口增加的重要途径。然而，出生人数、外来人口数是否能真正引起人口总量的增加，还要看出生数与死亡数之差值、迁入数与迁出数之差值，只有其差值为正数，才能引起人口总量的增加，如为负数，就会引起人口总量的减少。那么，下面拟将把出生数与死亡数之差值，迁入数与迁出数之差值，与同一时段人口总量关联，来说明哪一个差值对同一时期人口总量的影响较大，进而说明出生数、外来人口数中，

---

① 王永年：《论晚清汉口城市的发展与演变》，《江汉论坛》1988 年第 4 期，第 78 页。
② 武汉地方编纂委员会主编：《武汉市志·总类志》，武汉大学出版社 1998 年版，第160—162 页。

哪一个是引起这一时期人口增加的重要变量。

例如，1929 年 7 月至 1931 年 4 月，汉口月平均死亡数与出生数之差只有 61 人，[1] 而月平均迁入数与迁出数之差则高达 4736 人，那么这一时段内，月平均人口增加了 4675 人。[2] 这种结果与 1929 年 7 月至 1931 年 4 月人口总量大幅攀升的趋势是一致的。

又如，1932 年 1 月至 1934 年 12 月，月平均出生数与死亡数之差只有 648 人，月平均迁入数与迁出数之差也只有 505 人。那么此时段内，月平均增加人数就只有 1153 人（注：648 + 505 = 1153）。此种结果与同时段内汉口人口增长缓慢，即螺旋式上升趋势是相一致的。

再如，1935 年 1 月至 1936 年 12 月，月平均出生数与死亡数之差只有 474 人，而月平均迁出数与迁入数之差高达 4974 人，那么同一时期，月平均人口减少数是 4500 人（注：4974 - 474 = 4500），此种结果与同一时期中汉口人口总量一路下滑是一致的。

综上得出，迁入与迁出差值之变化趋势，与同一时期汉口人口增减趋势是一致的：迁入与迁出差值大，即人口净流入量大，人口总量上升快；差值小，人口总量上升慢；差值为负值，人口总量下降。而出生与死亡之差值，对同一时期汉口人口总量发展趋势的影响却不大。也许上面分析还不足以看出外来人口的流入是怎样导致汉口人口总量增加的，下面将以表格的形式来做进一步说明。

表 1 - 19　　1930 年 10 月至 1931 年 4 月人口总量、出生与死亡、
迁入与迁出之比较

时间	总人口	出生数	死亡数	迁入数	迁出数
1930 年 10 月	708106	1071	1001	29245	15198

---

[1]　以下有关出生与死亡之差、迁入与迁出之差，俱可参见前面"出生与死亡"与"迁入与迁出"各自小结的数字。

[2]　月平均增加数 =（月平均迁入数 + 月平均出生数）-（月平均迁出数 + 月平均死亡数 + 失踪人数），失踪人数因数字小可忽略不计，那么这一时段月平均增加数 =（月平均迁入数 - 月平均迁出数）-（月平均死亡数 - 月平均出生数），即 4675 = 4736 - 61。以下计算方式相同。

续表

时间	总人口	出生数	死亡数	迁入数	迁出数
11 月	719798	850	747	25018	13503
12 月	731570	1419	959	31380	19954
1931 年 1 月	736529	870	1026	18744	13599
2 月	738169	1119	1199	24468	22740
3 月	747691	2294	2016	63396	54130
4 月	762366	1154	1084	59919	45296

表 1-19 中，1930 年 11 月比同年 10 月人口总量增加 11692 人，其人口净流入量为 11515 人；又如 12 月比 11 月人口增加 11772 人，该月人口净流入量为 11426 人；再如 1931 年 4 月比 3 月人口增加 14675 人，该月净流入量为 14623 人，如此等等，不难看出，以上每月人口总量增加中的绝大部分是来自外来人口的净流入量。从上表还可以看出，不论出生数与死亡数的差值为正数或为负数，对汉口每月人口增加总量而言，都没有同一时期迁入数与迁出数的差值影响大。所以外来人口涌入，才是汉口人口增加的重要途径。

同是移民城市，邹依仁在分析上海出生率与死亡率后得出同样的结论：上海地区人口的快速增加绝不是仅仅由于辖区的扩大以及人口的自然增加，而主要是由于人口从广大内地迁入的缘故。[①] 从前述考察得知，这个结论同样适合同一时期汉口人口增长情况。

小 结

通过相关档案与原始资料，本章着重对 1928—1936 年人口规模进行详细的考察，发现 1930 年是这一时期汉口城市人口增长最快的一年，1932 年可能是这一时期汉口城市人口流动最为频繁的一年。在 1928—1936 年，汉口人口死亡数并不总是高于人口出生数，相反，

① 邹依仁：《旧上海人口变迁的研究》，第 13 页。

　　随着时间的推移，城市人口出生数逐渐高于死亡数，这种变化从一个侧面折射了汉口现代化进程的可喜成就。同一时期，汉口人口的出生数与死亡数差值之变化，对同时期人口总量影响不大，所以，这一时期汉口城市人口的增加，绝不是城市人口内部的自然增加。但能不能说这一时期汉口城市人口的增加完全是机械增加（即外来人口的涌入）呢？好像也不能。因为目前现存的一些统计数据还不能较好地给予证明。尽管如此，从前述汉口迁入与迁出差值之变化趋势，与同一时期汉口人口总量发展趋势大体一致来看，可以肯定的是，外来人口的涌入，是这一时期汉口人口增加的重要因素。

　　外来人口不断地涌入汉口城市的过程，就是近代中国人口城市化的过程。可以看出，近代人口城市化进程在1928—1936年的汉口明显加快。在城市人口"量"上快速增加的同时，人口"质"上是否会有飞跃？这就是下一章的主要任务，即考察在城市化进程中，人口的"现代化"进程。

第二章 汉口城市人口结构

在人口城市化进程中，近代汉口城市人口的结构如何，目前尚未见到系统深入的研究。有鉴于此，本章拟运用原始数据资料，具体而微地考察近代汉口人口结构，对城市人口籍贯、年龄构成、男女比例、职业构成、教育水平等基础性内容进行探究，以期对那一时期汉口人口的"现代性"有一定程度的了解。

第一节 籍贯构成

一 多来自湖北省境内

近代以来，随着开埠通商，汉口人口增长颇快：1853 年汉口人口约 10 万人，1935 年有 81 万多人，即在 80 多年里，汉口人口增加 70 多万人。汉口人口的增加，如前所述主要是外来人口涌入所致。《汉口丛谈》中说："瓦尾竹楼千万户，本乡人少异乡多。"《海关十年报告》也说："汉口的人口不是纯粹的本地人，由于该港的诱惑，他们来自远近各地，居民成分复杂。"① 那么，近代汉口城市人口主要源自何地呢？

对于 19 世纪下半叶汉口的外来人口，罗威廉这样说，"吸引来汉口的人……最多的还是来自附近的湖北诸县乡村"②。时至民国中期

---

① 皮明庥：《近代武汉城市人口发展轨迹》，第 55 页。
② ［美］罗威廉：《汉口：一个中国城市的商业和社会》，第 267 页。

的汉口钱店调查，也可以佐证这一点："凡一百五十家左右，钱业店员，因籍贯之不同，可分本帮（本省人）、绍帮（绍兴人）、徽帮（安徽人）、西帮（山西人）、江西帮（江西人），其中以本帮人数为最多。"① 不过，以上只是描述性地说明汉口外来人口多是来自湖北省境内。下面将进行量化性考察与分析。

1929 年，汉口特别市政府暨所属各局职员籍贯统计表显示：汉口市政府、财政局、社会局、工务局、公安局、卫生局、教育局总人数是 1465 人，湖北 1034 人，占 70.64%；湖南 127 人，占 8.73%；广东 65 人，占 4.43%；江苏 54 人，占 3.68%；江西 38 人，占 2.65%；安徽 32 人，占 2.18%。② 1933 年市民籍贯统计数据可以进一步证明。请见表 2-1：

表 2-1　　　　　　　　1933 年汉口市民籍贯统计

籍贯	人数	籍贯	人数
湖北	541603	汉口	58808
安徽	13228	江西	14853
河南	18401	江苏	24056
浙江	24425	湖南	25704
陕西	515	四川	2573
云南	101	贵州	320
广西	123	广东	6665
福建	2179	上海	1884
南京	2937	天津	578
山东	2277	北平	1547
河北	3282	热河	1
察哈尔	12	甘肃	15
山西	589	吉林	16

---

① 黄既明：《钱业店员之生活状况（调查）》，《市声周报》1927 年第 6 卷第 5 期，第 14 页。

② 《汉口特别市市政统计年刊民国十八年度》，第 5 页。

续表

籍贯	人数	籍贯	人数
辽宁	121	籍贯不详	22039
黑龙江	7	合计	768859

资料来源：此表根据汉口市秘书处编《汉口市政概况·公安》（1932.10—1933.12）第41页的统计图制成的。

由表2-1数据可计算得知，本地人（表中为"汉口"）只占汉口总人口的7.64%，而来自湖北省境内的人数占总人口的70.44%，也就是说，汉口的大部分人口是来自湖北省境内的。表2-2是1934年8月的市民籍贯统计：

表2-2　　　　　　　　　1934年8月汉口市民籍贯统计

籍贯	人数	籍贯	人数
江苏	24423	黑龙江	18
浙江	26968	新疆	
安徽	13437	青海	
江西	14310	西康	
湖北	541793	宁夏	
湖南	26299	热河	9
四川	2636	察哈尔	3
福建	2302	绥远	
广东	6806	蒙古	
广西	160	西藏	
云南	166	南京	3007
贵州	422	上海	2073
河北	3451	天津	629
河南	18806	广州	58
山东	2300	北平	1715
山西	607	青岛	5
陕西	540	汉口	59550

续表

籍贯	人数	籍贯	人数
甘肃	18	共计	758774
辽宁	190	籍贯不详	22163
吉林	65	总计	774937

备注：一　本表所列口数系就本市辖境内者统计，余如特三区、日法租界概未列入。

二　本表外侨人口概未列入。

三　籍贯不详一栏系指公共处所人口。

资料来源：汉口市公安局第二科户籍股编制《汉口市户口统计》第 3 卷第 8 期，第 15 页。

　　同样，上表数据显示，汉口本地人只有 7.68%，而来自湖北省境内的有 70%。与此同时可以看出，上述两个表格中都没有来自新疆、内蒙古、西康、青海、宁夏、西藏的人数统计数据。

　　无须多言，近代汉口城市人口，绝大多数是来自湖北省境内。对 19 世纪汉口人口的来源，罗威廉有一个整体评价："（汉口）城市聚集最多的还是来自那些重要地区的人，首先是汉口所在的长江中游地区，其次是其他一些地理上并不临近，但人才输出方面较为突出的地区。"① 如观上述表 2 - 1 与表 2 - 2，汉口人口来源确是如此。汉口人口来源，首先是长江中游的湖北省，其次是附近省份湖南、江西、河南、安徽，再就是那些"人才输出重要地区"，即指开现代化风气之先的沿海省份，如江苏、浙江、广东等。

　　汉口人口的特点，与近代上海人口的特点颇为相似。近代汉口是"此地从来无土著，本乡人少异乡多"②，而近代上海也是"在沪之人多系客居，并无土著"③。1934 年上海"华界"中非上海籍占 75%，

---

① ［美］罗威廉：《汉口：一个中国城市的商业和社会（1796—1889）》，第 274 页。

② 徐明庭：《武汉竹枝词》，湖北人民出版社 1999 年版，第 30 页。

③ 何一民：《近代中国城市发展与社会变迁（1840—1949）》，科学出版社 2004 年版，第 431 页。

1936 年非上海籍占 76%。① 上海"华界"中这些非"上海籍"的人口来自何处呢? 1885 年,上海约有 20% 原籍广东②,40% 原籍浙江,37% 原籍江苏。到 1935 年,该市只有 4% 原籍广东,而 37% 来自浙江,53% 来自江苏。③ 因此同为移民城市的上海 (1910 年上海城市人口近 130 万人,其中 75% 以上是移民④),其市民也多是来自附近的江苏、浙江。可以说,在近代中国人口城市化中,不少通商口岸的人口,大多数来自本省或附近省份,这是一个普遍的现象。

随着时间推移,城市自身发展而对社会影响不断地扩散,来自城市周边的人口比重将会逐渐下降,而来自其他省份的人口会逐渐增加。上海如此,汉口亦是如此。然而,在城市化早期阶段,城市人口多来自本省或周边省份的这一现象不会有太大的改变。

进一步追问,汉口那些来自湖北省内的外来民众,具体又是来自哪些县市呢? 19 世纪汉口的居住者,用克瑞斯曼的话来讲,基本上都是些"外地人"……在 19 世纪时还有一个从周边农村地区向城市稳步加速的移民过程。⑤ 皮明麻先生在分析武汉移民来源时也说:"武汉本身周边州县农村人口向武汉的渗入",其中如汉阳县、江夏县的农村,在市区扩大时就转化为城市人口。汉阳城区附近的月湖堤一带和汉口后湖一带,为城市蔬菜供应、鱼鲜供应而出现越来越多的菜农和渔户,并不断转化为城里人。毗邻武汉市区的黄陂、孝感县的大量农民、手工业者流入武汉做生意,开作坊或做工役。汉口黄陂街

---

① 邹依仁:《旧上海人口变迁的研究》,第 112 页。

② 近代早期上海城市中广东人较多,这是因为开埠通商,列强外资进来,需要那些曾经在十三行有着丰富外贸经验又熟悉外语的商人充当经纪人或俗称的"买办",因而曾在 19 世纪下半期一段时间内,上海有很多来自广东香山的买办家族 (参见胡波《香山买办与近代中国》,广东人民出版社 2007 年版),如唐廷枢、徐润、郑观应等大商业买办家族。后来,尤其是 20 世纪早期,来自浙江宁波籍买办超过广东籍的买办,控制上海经济,故有上述之表达,特此说明。

③ 〔美〕裴宜理:《上海罢工——中国工人政治研究》,江苏人民出版社 2001 年版,第 20 页。

④ 樊卫国:《晚清移民与上海近代城市经济的兴起》,《上海经济研究》1992 年第 2 期,第 60 页。

⑤ 〔美〕罗威廉:《汉口:一个中国城市的商业和社会 (1796—1889)》,第 273 页。

上的黄陂人多经商、驾船和从事手工业。除黄陂街外，汉口还有沔阳街、咸宁码头等地名。① 其他如汉川、新洲、鄂州、黄冈等周边州县的人口，也源源被吸入武汉，尤其是天灾人祸，把大量游民驱入城市。② 汉口人口来源，确是诚如斯言：多来自汉口周边。

二 多来自汉口附近市县

20 世纪二三十年代，汉口当地报纸的新闻报道中，总有一个习惯，那就是在开篇就介绍新闻中的主角原籍是哪里的，现居住于汉口哪个地方。那么，先请看 1934 年《汉口市民日报》中的一些新闻：

> 7 月 7 日
>
> 《三元北里，王罗氏拐卖人口，先卖其子，后卖其母》——王罗氏，葛店人，向不务正业，以拐卖人口为生。
>
> 7 月 26 日
>
> 《永兴和山货行，殴伤人力车夫，何必太凶》——人力车夫何花子，年十八岁，沔阳人。
>
> 7 月 29 日
>
> 《火车轧毁人力车　车身轧成碎片，车夫乘客无恙》——车夫祝兴发，年四十三岁，天门人，住宝善堂燕山巷五号。
>
> 8 月 7 日
>
> 《两车夫 串骗车垫一块》——车夫朱国民，年二十，沔阳人，住中山路，车夫王再思，年十八，汉阳人。
>
> 《为两串钱，送一条人命》——本市单洞门外，第三十七号棚户住民晏祸棠，黄陂人，年三十二岁。
>
> 10 月 19 日
>
> 《婚姻纠纷》——陈行菊，二十八岁，黄陂人，住本市刘园

---

① 汉口城市中的沔阳街、咸宁码头等地名说明这些地方曾是沔阳人、咸宁人来汉口的主要落脚地。

② 皮明庥：《近代武汉城市人口发展轨迹》，第 55 页。

后街，以拉车营生。

又如，1935 年《汉口市民日报》登载的一些新闻：

1 月 13 日

《饥寒交迫下之苦力，车夫失足毙命，妻子儿女抱尸痛哭，路人亦为助泪酸鼻》——车夫罗和尚，年四十九岁，湖北江陵县人，住本市观音阁墩子上二十号。

1 月 15 日

《饥寒交迫之灾民，鬻妻卖女，善士慷慨解囊，一家重得团聚》——徐寿田，沔阳人，现年三十二岁，以受去年水灾原籍不能立足，乃携妻挈子，来汉另谋生活，来汉后，即在后湖一带，业小贸，无如家口浩繁，收入渐薄。

3 月 3 日

《当街大比武——只为铜元两串四》——田海山，年二十岁，沔阳人，住长墩子四九六号，陈咏南，年二十四岁，黄陂人，住中正路五三七号。

《姊妹花——既被奸污复被拐》——吕谭氏，年二十四，黄陂人，居于本市三义殿四号。

3 月 5 日

《女儿无下落——丈人控女婿图卖，警局送法院诉追》——孝感人，李柏雨，年五十七岁，在乡业农，现来汉住贤乐巷张洪发永山货行内，昨下午七时许，扭同其女婿瞿国卿，至七分局诉称……质之瞿国卿，据供年三十岁，孝感人，住中正路四七七号，耕田为生，民妻是民母领到汉口找人帮工……

《是何夫也，骗卖发妻为娼——岳氏不甘堕落，投警请求救济》——据该妇人供称，我名熊岳氏，年二十四岁，黄陂人，氏命多苦，嫁与熊顺善为妻，本年正月二十二日，氏夫熊顺善引氏来汉，言为佣工，不料伊不念夫妻之情，于二十五日将氏骗卖至厚生里乐户为娼。

3 月 8 日

《管不住的春色——童养媳甘做卖淫妇》——张筱连，年二十一岁，黄陂人，住本市太平街二一四号，以拉车为生。①

从如此等等的新闻报道中，大致可以看出汉口民众，多数来自黄陂、孝感、鄂城、沔阳等汉口附近郊县。"到武汉谋生已成为周边农村移民的底层生活样态。"② 汉口开埠后，"轮船和铁路相继出现，水运码头及铁路枢纽很快成为大批农村人的落脚点，人力车夫、码头工人、沿街小贩等成为很多人的栖息之业"。③

从近代汉口多个行业都能看出，其职员或店员多来自汉口周边。

近代汉口牛皮行业内部，分汉阳、青山、黄陂三个帮。④ 换句话说，从事牛皮行的人员基本上来自当时汉口近郊。据调查，武汉人力车夫 3 万人左右，"操拉车业者，以湖北黄陂、孝感、鄂城等县之失业贫民为多"⑤。汉口码头工头也多来自汉口周边。下面是 1934 年汉口市政府登记的《汉口市码头工头一览表》：

表 2 - 3　　　**汉口市码头工头籍贯一览（1934 年 3 月）**⑥

籍贯	人数	籍贯	人数	籍贯	人数
合计	328	孝感	6	阳逻	1
夏口	124	鄂城	9	江宁	1

---

① 以上都是 1935 年《汉口市民日报》第 2 张第 8 版的新闻。

② 胡俊修：《"东方芝加哥"背后的庸常——民国中后期（1927—1949）武汉下层民众日常生活研究》，博士学位论文，华中师范大学，2007 年，第 18 页。

③ 同上书，第 25 页。

④ 孙明清：《我所知道的汉口牛皮行业》，《武汉文史资料》1992 年第 2 辑《汉口忆旧》（续辑），第 31 页。

⑤ 《武汉之人力车夫》，《中外经济周刊》1927 年第 195 期，第 42 页。

⑥ 黎霞：《负荷人生：民国时期武汉码头工人研究》，博士学位论文，华中师范大学，2007 年，第 36 页。

续表

籍贯	人数	籍贯	人数	籍贯	人数
汉阳	72	黄冈	5	京山	1
汉口	56	汉川	2	黄州	1
武昌	2	咸宁	2	葛店	1
黄陂	41	滠口	1	麻城	1

上表中码头工头计有 328 名，其中夏口、汉阳、汉口、黄陂籍者占多数。从工头的来源可推断出，当时汉口码头工人也多来自上述地方。

这种推断是有一定根据的。近代中国城市劳动行业人员具有明显的地域特征。因为在近代中国多个行业中帮口制或把头制流行。把头制在武汉码头业、城市环卫业和人力车行业中比较盛行。① 这些行业的把头偏爱招纳家乡的工人。为什么呢？因为知根知底，好控制，好管理。这也是为什么大多数工厂主或工头愿意在自己家乡招募工人的原因。另外，对于离村或即将离村的农民来说，也十分愿意通过这种方式来获得工作。那一时期城市中职业介绍所不多，农民对此也多不信任。进城农民找工作更多的是通过亲朋好友介绍的，常常是一个人进城之后把村里大批人带出来做工，而且多在一个行业做事。② 万泽生，汉口总商会的会长，汉阳县大集乡的黄虎大队人，曾这样说过："黄陂乡里出来的学木匠、学打铁手艺的多，汉阳乡里出来的多半是学做生意，所以我们那个地方出的商人多。"③ 一个地方出来的农民多集中在某一个行业里工作。所以，毋庸多言，汉口码头工人也多来自夏口、汉阳、黄陂等周边的郊县。

---

① 皮明庥：《近代武汉城市史》，中国社会科学出版社 1993 年版，第 717 页。
② 其实这个现象在当今中国城市化中也是非常突出的，例如中国许多城市中的打印复印业多为湖南新化人所开设，参见北京大学社会学系博士生冯军旗论文《新化复印产业的生命史》，《中国市场》2010 年第 13 期。
③ 万生鼎：《回忆汉口总商会会长万泽生》，《武汉文史资料》2013 年第 1 期，第 39页。

这种现象在上海也非常普遍。① 上海丝织厂女工大多来自浙东、浙西、江苏等地。从 1937 年上海丝织业各区工会登记表来看，来自浙东的嵊县、东阳、新昌人数最多，其次为浙西的杭、绍、湖州，再次为浙东义乌、诸暨，以及江苏的苏州、常州，其他地区人数很少。上海缫丝厂女工多来自苏北，江北人占 60%，本地人占 30%，其他地方占 10%。② 再如，民国时期上海的许许多多小烟厂，其老板绝大多数是来自浙江的小商人，他们喜欢雇用家乡人当工人，故上海卷烟业工人有 45% 的来自宁波绍兴地区。上海南洋兄弟烟草公司由广东人创办经营，因而上海全市卷烟工人中有 5% 的来自广州地区。③

汉口理发工人也多来自周边。汉口理发业主要有汉口、武昌、湖南三帮。在汉口工作者，不分乡籍，一律称为汉帮。武昌府属之崇阳人，名为武帮。湖南人为南帮。汉帮以黄陂人为最多，在 2000 人以上，余如汉川、汉阳及旧黄州府属，不足 3000 人。④ 武帮千余人，南帮三百余人。⑤ 又如，汉口缝工，共有 9000 人左右，以黄陂、孝感人为最多，有四五千人；他如汉口、武昌、鄂城、黄州、汉阳次之。⑥ 汉口邮差的籍贯也多是周边黄陂、孝感、汉阳、夏口等地方的。⑦

武汉早期产业工人也是如此：普通工人主要来自武汉附近的农民。这一点可以从 1923 年"二七"惨案中汉口江岸死伤的 62 名铁路工人的籍贯中得到反映。武汉本地的只有 1 人，沿海省份的有 20 人，而来自附近农村的有 33 人，不明的有 8 人。⑧

综上所述，可以得出一个结论：一是近代中国城市的外来人口

① 参见［美］裴宜理《上海罢工——中国工人政治研究》；［美］韩起澜《苏北人在上海，1850—1980》，卢明华译，上海古籍出版社 2004 年版。
② 高晓玲：《近代上海产业女工研究 1861—1945》，硕士学位论文，上海师范大学，2008 年，第 10 页。
③ ［美］裴宜理：《上海罢工——中国工人政治研究》，第 197 页。
④ "汉川，汉阳，及旧黄州府属"，这些地方都是汉口郊县。
⑤ 黄既明：《汉口之理发工》，《市声周报》1926 年第 27 期，第 7—8 页。
⑥ 黄既明：《汉口缝工之生活状况》，《市声周报》1926 年第 46 期，第 13—14 页。
⑦ ［美］裴宜理：《上海罢工——中国工人政治研究》，第 197 页。
⑧ 皮明麻：《近代武汉城市史》，第 697 页。

多来自本省或周边省份，也可以进一步推论，外来人口多是来自城市周边。如上海英美烟草公司的许多人来自浙江（如"绍兴帮"），但更多的人来自江苏——以上海卷烟工人的总数而言，浦东人占25%，苏北人占15%，无锡、常州人占5%，[1] 而浦东就是当时上海的近郊。

其实，以上可以说是中西近代早期人口城市化进程中共有的现象。16世纪安特卫普与17世纪阿姆斯特丹[2]，其城市人口就是多来自周边。[3] 例如1554—1555年安特卫普居民来自近郊布拉邦特的占51%，来自远郊南尼德兰的占32%，来自北尼德兰的占8%，来自德国的占8%，来自意大利、法国与西班牙的共占1%。[4]

20世纪30年代，中国农村出现了大量农民离村现象，大多数离村农民基本上都是奔向附近的大城市。如武汉周边离村农民前往目的地多为汉口。这一现象可以从反向来证实城市人口多来自附近的市县。

下面是20世纪30年代湖北省立教育学院教育系学生对湖北武昌青山实验区农民离村所至目的地的一个调查，其统计如下：

表2-4　　　　　全区13个乡乡民离村所至地点百分比

目的地	人数	百分比（%）
武昌	1059	36.39
黄冈	39	1.348
汉口	1452	50.1
汉阳	109	3.665

---

① ［美］裴宜理：《上海罢工——中国工人政治研究》，第197页。
② 安特卫普与阿姆斯特丹，分别是西欧16世纪与17世纪最大的转运贸易中心，金融中心，在转运贸易的带动下，欧洲各地人口涌进这两个城市，因此这两个城市分别是西欧较早开启人口城市化进程的城市。
③ 参见 F. L. van Zanden, *The Rise and Decline of Holland's Economy*, Manchester University Press, 1993, p.53 表3.3。
④ Patrick O'Brien, Derek Keene, Marjolein't Hart, Herman van der Wee, *Urban Achievement in Early Modern Europe: Golden Ages in Antwerp, Amsterdam and London*, Cambridge University Press, 2001, p.58.

续表

目的地	人数	百分比（%）
上海	42	1.868
南京	8	0.276
湖南	35	1.209
河南	15	0.518
安徽	15	0.518
……	……	……
合计	2894	100

资料来源：根据湖北省立教育学院《湖北省武昌县青山实验区社会调查报告》（1936年）第131—137页的调查表格节录而成。

由上表可见，青山实验区13个乡的乡民离村所前往的地点，以汉口为最多，武昌、汉阳次之。可以说，青山实验区离村农民多数前往附近的武汉三镇，而在这武汉三镇中，前往汉口的人数居首，这可能与当时的汉口更为繁荣，对外来农民的吸引力更强有关。

无须再论，汉口民众大都来自周边市县。拉文斯坦移民规律认为，多数移民只倾向短途迁移。民国时期汉口的人口流动符合这个规律。除了底层普通民众之外，如果总览20世纪二三十年代汉口商界、政界、军界呼风唤雨的人物就会发现，"大人物"多数也是来自汉口的周边。[①]

青山实验区的离村农民多数愿意前往附近的武汉三镇，南京附近的尧化门农民也是如此。尧化门，距离南京约20里，为京沪铁道必经之地，镇上居民不及百户，附近村庄有10村220户1245人，农村离村投奔南京之人数占离村总数的74.02%，到达苏州的占1.30%，

————

① 近水楼台先得月，这些来自汉口周边地区的移民，在未进城之前，就有得风气之先的优势，耳濡目染，进城之后，要比一般人能更快地适应城市的游戏规则。例如地皮大王刘歆生，是汉阳县柏泉乡刘家嘴村（今武汉市东西湖区柏泉）人。辛亥革命元勋孙武，湖北夏口人（夏口厅，原管辖汉口市及周边地区，现基本被囊括在汉口市区之内了）。黎元洪，辛亥革命后被推为临时总统，现武汉黄陂人。翻看民国时期汉口报纸杂志书籍，或者是《武汉文史资料文库》（历史人物）第8卷中有许多类似的例子。

到达上海的占 18.19％，到达其他地方占 6.49％，"致其原因……毗邻南京，其次是上海，因工商业繁盛，交通发达，工作易求，农民乐于趋往"①。

上海更是周边市县离村农民的主要目的地。1931 年的无锡礼社镇，离村农民有 755 人，其中有 569 人到达上海。另据上海沪江大学调查该校附近的小洋浜村发现，全村 72 家，乃由江苏、安徽、浙江的农村而来。② 所以，邹依仁说，一般说来，距离上海地区的远近与其有关省份籍贯人口的多少是成正比的。亦即是距离上海越近的省份，迁入上海的人口越多，相反则越少。路近容易迁入，这是容易理解的。证之抗日战争前后上海人口籍贯资料，就可以充分说明这种情况。例如，1934 年上海"华界"人口中，除了本籍人口占总数的 25％以外，江苏省籍贯人口占 39％，浙江省籍贯人口占 19％，等等。旧上海公共租界也有类似的情况。抗日战争胜利以后，上海人口籍贯的构成依旧有类似的现象。③

农民离村之后的目的地主要是附近的大城市。也可以反过来说，近代中国大城市中的外来人口主要是附近市县的农民。那么，人们为什么倾向于短途迁移或流动呢？

一方面，可能与"路近或路远"——交通便利与否有关。正如青山实验区调查者所言："全区乡民离村所至地点，以本省为最多，而本省之中则又以汉口市为最多，武昌、汉阳、黄冈三县次之，盖因武汉三镇均与本区毗连，黄冈仅一江之隔，交通极其便利，故本区乡民前往贸易、作工或任其他工作者较多，往其他各县者随交通之便利与否逐渐减少。"④ 汉口总商会会长万泽生，是汉阳县大集乡⑤人，曾这样说过："这是个人多地少的位置，'三山六水一分田'，田地太窄

---

① 张复：《南京尧化门农民离村调查》，《农报》1935 年第 1 期，第 7 页。
② 吴百思：《中国农民离村》，《天籁》1936 年第 2 期，第 252 页。
③ 邹依仁：《旧上海人口变迁的研究》，第 42 页。
④ 湖北省立教育学院：《湖北省武昌县青山实验区户口与经济调查报告》，1936 年，第 137 页。
⑤ 大集乡，距离汉口非常近。

了。它的有利条件就是离武汉近，从晚清到民国，我们那里不说家家户户，也有百分之六七十的人家把后生伢送到汉口，托亲戚、找路子去当学徒。"①

除了"路近"以外，还可能与民众的一般心理有关：中国人历来安土重迁，不到万不得已，是不愿背井离乡的，即使是在 1931 年大水，民众也不太愿意远离家乡。下面是 1931 年大水之后，金陵大学农学院对湖北灾区流离人口的目的地所进行的调查：

表 2-5 1931 年湖北灾区流离人口调查

省名	流亡地点所占之百分比（%）		
	本县	外县	未详
湖 北	68	23	9

资料来源：根据金陵大学农业院编《中华民国二十年水灾区域之经济调查》（1932 年）中第 232 页第 21 表"人口之流离"制成的。

1931 年前所未有的大水造成湖北民众流离失所，但大多数人只是在本县这样一个近距离范围内流动，到外县的毕竟是少数。"大部分之人口，仍皆流连于灾区之周围"②，这是因为，大多数人待灾难过后还是要回到自己家乡的。

民众不愿意长途流动，除了前述交通不太便利之外，社会心理的认同感或归属感是其中一个不容忽视的因素。顾德曼说：原籍概念是传统中国个人身份必不可少的组成成分。苏珊·纳昆和伊芙林·罗斯基在他们有关 19 世纪中国历史著作中指出："同乡是离开故园到异乡客地从业的人们相依相助时作为根本手段最经常提及的。"③ 在近代甚至是现代中国城市中，往往会出现一块块外来人口的集中地，或一

---

① 万生鼎：《回忆汉口总商会会长万泽生》，《武汉文史资料》2013 年第 1 期，第 39 页。

② 金陵大学农业院：《中华民国二十年水灾区域之经济调查》，《金陵学报》1932 年第 1 期，第 215—216 页。

③ ［美］韩起澜：《苏北人在上海，1850—1980》，卢明华译，第 5 页。

条条移民街。近代汉口出现了黄陂街、咸宁码头、沔阳街等，近代上海"各色外侨的飞地——显然就是法、英、俄、日侨的居住区——成横列与来自中国特定地区的移民街区毗邻。例如，宁波人集中在法租界和黄浦江畔南市北区；广东人主要定居在虹口区或广东路沿线靠近大船坞，许多人受雇于此；苏北大多数人见诸外国租借边沿的棚户区"①。如今在国外出现的许多唐人街也是如此。

　　同一地域来的移民者，聚集在一起的一个不可忽视的因素那就是：在城市一定的空间内要寻找或拥有某种归属感或认同感，在一起寻求互相帮助，这种感觉或帮助在某种程度上说，是他们能在陌生城市里较好安定下来的心理基础。移民者在生活上不仅聚集在一起，工作也多集中在某一行业，也就是说其生活区域与工作行业具有强烈的地缘性，即都有原籍倾向。韩起澜提到："原籍构成了上海主要的社会和经济画面，而且其社会和经济关系在很大程度上由原籍来界定的。"② 其实，城市人口职业具有强烈的地缘性或原籍特点，不仅仅是近代中国人口城市化的特有现象，在 16 世纪的安特卫普，17 世纪的阿姆斯特丹，也是如此。例如，安特卫普的玻璃业与丝绸业工人几乎全部来自意大利，阿姆斯特丹制帽工人，丝绸业工人等多来自法国与比利时，航海人员多来自尼德兰与德国沿海，面包师、铁匠、裁缝、制鞋业工人等多来自尼德兰与德国的内陆。③ 地缘关系对于城市外来者非常重要，即使到现在，地缘关系仍在中外城市群体中发挥着重要作用。

　　为什么离村农民只愿意到距离家乡最近的大城市谋生呢？这也从一个侧面说明了他们有原籍依赖感，而且这种原籍依赖是其他城市所不能给予的。

　　附近的中心城市，其社会风俗、社会心理认同感、游戏规则等诸

---

① ［美］韩起澜：《苏北人在上海，1850—1980》，卢明华译，第 10 页。

② 同上书，第 9—10 页。

③ F. L. van Zanden, *The Rise and Decline of Holland's Economy*, Manchester University Press, 1993, pp. 52 – 53.

多方面，与自己家乡相差不大，或者说自己从小对此就比较熟悉，因而没有太多陌生感，相反归属感较强，在那里生活与工作的同乡人会特别多，如前所述，大城市人口主要来自城市周边，而且，由于城市距离家乡比较近，随时可以回家，农忙时回乡务农，农闲时到城里谋生，逢年过节回家也很方便，这种迁移或流动，至少在心理没有多少痛苦的适应过程。可以说，来自汉口周边的农民，所具有种种便利是那些远道而来的游子所无法比的。尤其在那个交通、通讯不太方便的年代，那些远离家乡的游子，对自己所身处的城市可能有着太多的陌生感、排斥感、无所适从感，甚或有种逃离感，有时即使在城市生活多年，好像还有生活在别处的感觉。① 这可能就是那一时期汉口民众中，没有多少移民是来自湖北省边远山区的原因之一吧。

追根溯源可以发现，目前汉口很多市民的先辈就是来自附近郊县黄陂、新洲、汉阳、孝感、汉川等地的乡民，他们所从事的职业具有很强的地域性，如汉口铁匠多是黄陂人，泥瓦匠多是孝感人，人力车夫多是鄂城人，他们居住在移民集中的地方，如黄陂街、沔阳街、咸宁码头、嘉鱼码头等。近代汉口流行一句俗语："奸黄陂，狡孝感，又奸又狡是汉川"，姑且不论这句话所表达的意思是否有失偏颇，但有一点可以说明，当时确有很多黄陂人、孝感人、汉川人在汉口工作或生活，才有如此这般对这些群体性格特点的概括。目前汉口方言、民风民俗、社会禁忌、饮食习惯等多个方面，与上述地域有着诸多相似性，或许正是因为它们之间有着太多交集，所以，现在很难说是上述地域来的移民塑造了汉口特色，还是汉口特色塑造了上述地域来的移民。

在人口城市化的早期阶段，城市移民或城市流动人口多是来自城市周边的乡村或市县，然而随着工业化，城市化发展，这种现象会逐渐改变，本书所研究的近代汉口人口城市化正是处在这个早期阶段。

---

① 即使时代发展了，当今较多农民工虽然在城市里工作与生活多年，但还是把在城市所积攒的钱拿回家，在家乡修建较好楼房，作为以后不打工了回家住的居所，其缘由之一是大多数民工总感觉城市不是他们的根本之所在。

罗威廉曾说，19世纪汉口是一个移民城市，其移民大多来自周边地区。民国时期的汉口亦是如此，其移民多来自周边，这个特点也并没有因为时代变迁而改变，唯一有所变化的只是移民数量增多而已，即人口城市化速度加快了。请见表2－6：

表2－6　　　　1908年、1928年、1935年汉口人口总量

县市别	光绪三十四年调查数	民国十七年调查数	民国二十四年调查数	平均每年增减口数	
				自光绪三十四年至民国十七年	自民国十七年至二十四年
汉口	244892	617909	841181	＋18651	＋31896

　　资料来源：根据湖北省政府秘书处统计室编的《湖北人口统计》中第119页的表30"湖北省各县市人口总数比较表"节录而成的。

　　由表2－6得知，尽管近代中国政局动荡不安，然而随着时间的推移，汉口人口城市化在不断加速，如果不是抗日战争的爆发，汉口人口城市化进程还将继续，其速度或许将会更快。

第二节　年龄结构

　　一般来说，移民城市因为有很多年轻人而被认为是年轻型城市。这一时期汉口城市人口特点是否如此呢？请看1929年12月底汉口民众年龄统计：

表2－7①　　　　1929年12月汉口市民年龄统计

年龄别（岁）	口数	年龄别（岁）	口数
1—5	42041	61—65	7934
6—10	40266	66—70	5369

――――――――――

① 汉口市政府秘书处：《汉口特别市市政统计年刊民国十八年度》，第314页。

续表

年龄别（岁）	口数	年龄别（岁）	口数
11—15	42672	71—75	2655
16—20	50612	76—80	1479
21—25	58363	81—85	573
26—30	56332	86—90	100
31—35	52432	91—95	10
36—40	54169	96—100	5
41—45	34127	100 以上	
46—50	31986	年龄不详	15493
51—55	17124	总计	549944
56—60	16199		

注：采用 1929 年 12 月底统计数目编制。

观表 2－7，以年龄阶段划分来看，21—25 岁的人数最多，其次是 26—30 岁的，再次就是 36—40 岁的。如以幼年、青壮年、老年来划分，1—15 岁的人口占总人口的 22%，16—50 岁的人口占总人口的 61%，60 岁以上的人口占总人口的占 3%。[①] 总结就是：年轻人居多。

1933 年汉口民众年龄结构与上述大体一致，市民年龄结构主要集中在 1—50 岁，人数最多的是 6—15 岁的。[②] 汉口这一年龄结构与同一时期上海人口年龄结构相似：上海市民未满 1 岁的有 1.98%，1—5 岁（幼童）占 9.7%，6—12 岁（学童）占 11.7%，13—20 岁（学生）占 5.86%；21—40 岁（壮丁）占 37.66%；41—60 岁占 19.86%；61—80 岁占 3.1%；81—100 岁占 0.14%，[③] 也就是说，上海市民 1—20 岁的占 29.24%，20—60 岁最多，占近 60%。以上从数

① 这里的百分比是根据上表计算出来的。
② 汉口市政府秘书处编：《汉口市政概况·公安》，1932.10—1933.12，第 39 页。
③ 邹依仁：《旧上海人口变迁的研究》，第 127 页。

据上证实：汉口与上海这两个移民城市确实是年轻型城市。然而，不论是汉口的0—15岁的人口，还是上海的0—20岁的人口，为什么会如此之多呢？这可能与移民城市中青壮年人口较多有关，他们正处于育龄时期，再加之那个时代家庭中孩子数量一般比较多，故汉口、上海人口中的孩童较多。孩童过多，意味着城市将来的负担会很重。虽然汉口与上海"拥有丰富的劳动力资源，但是人口负担过重，社会抚养比高，未成年人问题则儿童、少年和青年的抚养问题以及就业、住宅等问题成为这类城市面临的主要问题"①。

在人口流动中，流动的往往是年轻人。驱动年轻人流动的原因当然有多种，其中之一就是城乡差别。近代中国的城乡差别早已显现出来，青年农民渴望进城过上城市人的生活。例如，汉口特别市政府社会局主编的期刊《社会》，在1929第1卷第4期发表了《乡下青年》一文，有如下感叹："'到都市里去'，'到都市里去'，这句话差不多成为生活在乡村中的青年们的口号，他们在强烈地呼唤着，他们在焦心地思念着，他们在努力地实行着……"② 由此可见，民国汉口周边乡村"青年"渴望进城。城市收入一般高于农村收入，城市生活的繁华与乡村生活的枯燥形成鲜明的对比，以及在那个动荡的年月里，城市相较于乡村更为安全，无不吸引着农村青年进入城市，因而城市中年轻人比较多，作为移民城市的汉口就是如此。

第三节　性别构成

一般说来，移民城市里中男性比较多，而作为移民城市的近代汉口是否也是如此呢？请看表2-8：

---

① 向德平：《城市社会学》，武汉大学出版社2002年版，第119页。
② 鹤林：《乡下青年》，《社会》1929年第4期，第91页。

表 2－8　　　　　1929—1936 年汉口市警区内男女性别比

年月	性别比
1929 年 12 月	172.7∶100①
1930 年 12 月	160.1∶100②
1933 年 12 月	149∶100
1934 年 6 月	148∶100
1934 年 12 月	144.33∶100
1935 年 6 月	143∶100
1935 年 12 月	135.9∶100
1936 年 6 月	130.6∶100
1936 年 12 月	132∶100③

注：上表中不包括特三区，以及日法租界。

　　由上表可以看出，这一时期汉口男女比例较高。即使是这一时期男女比例最低点——1936 年 12 月的 132∶100，还是远远超出了国际公认的正常值（103—107∶100）的范围。汉口性别比例高的特点与移民城市的一般特点相符。在近代中国流动的人口中，主要是男性在流动，妇女流动不多，所以，移民城市中男女性别比较高。相较而言，汉口男女性别比例比上海高。1930 年上海"华界"男女比例是135∶100，公共租界是156∶100，法租界是149∶100，④ 可见，无论是上海"华界"，还是租界，其男女性别比都要比 1930 年汉口男女比例160.1∶100 低。在通常情况下，新兴城市的性别比例要超过老城市，重工业城市的性别比例要超过轻工业城市，小城市的性别比例要超过大城市，这是一条基本的规律。⑤ 汉口与上海相比，其男女性别比就是如此。但是，汉口男女性别之比为什么会比上海高呢？这可能是与

①　此处采用《新汉口市政公报》1929 年第 7 期第 119 页中的数据。这一时期汉口特别市包括汉阳区，本书这里所统计的只是汉口区的男女性别比。
②　此处采用《新汉口市政公报》1930 第 8 期第 88 页中数据。
③　此处采用《汉口市警察局业务纪要·户籍》（1935.1—1936.12）第 103 页中数据。
④　李瑊：《移民：上海城市的崛起》，《档案与史学》2001 年第 1 期，第 45 页。
⑤　向德平：《城市社会学》，第 118 页。

汉口地处内陆，比上海城市小，经济相对不发达，需要更多男性体力劳动者有关。不过，这也从另一侧面说明上海比汉口有更大能力容纳女性，开放性更大一些。

与此同时，由上表还可以看出，随着时间的推移，汉口性别比例在逐渐下降。1929 年至 1936 年男女比例从 172.7∶100 下降到 130.6∶100，降低了 40 多个百分点。为什么会下降呢？其实，城市越发展，其性别比例肯定会逐渐下降，一方面可能是不少男性把家属接到城市；另一方面，也有可能是进入汉口的女性在逐渐增多。

有人说，近代中国家庭迁移模式如下：不少外地青年男性起初独身一人先到城市碰碰运气，如果顺利，收入不错，就会在几年之后，举家迁到城市。这就会使城市男女性别比例逐渐下降，当然也有不少在城市里始终不能养家糊口者，或孤身一人寄居城市，成为光棍的，或者与家乡妻儿两地分居的，这也是近代汉口男女性别比例仍然很高的原因之一。

与武昌、汉阳相较，汉口性别比例高出不少。据《湖北人口统计》记载：同一时期，汉口男女比例是 146.27∶100；武昌男女比例是 135.25∶100，汉阳男女比例是 135.68∶100。① 如果比之于整个湖北省来说，汉口男女性别比例更是高出许多。《湖北省年鉴·第一回》统计，同一时期汉口男女比例是 132∶100，而整个湖北省男女比例为 117∶100。② 而另据 30 年代《湖北人口统计》统计：汉口男女比例是 146.27∶100，全省男女比例是 118.13∶100。③ 尽管数据不一样，但是都说明这一时期汉口性别比例是全省最高的。究其原因，汉口是这一时期全省最大的城市，更是移动人口最多的城市。

在城市化早期阶段，人口迁移主要是男性在迁移，作为商业重镇——汉口，比之于政治重镇武昌，比之于制造业重镇汉阳，其吸纳能力更强，尤其是对那些没有专业技术的体力劳动者来说吸引力更

① 湖北省政府秘书处统计室：《湖北人口统计》，汉口出版社 1936 年版，第 54 页。
② 湖北省政府秘书处：《湖北省年鉴·第一回》，1937 年，第 106 页。
③ 湖北省政府秘书处统计室：《湖北人口统计》，汉口出版社 1936 年版，第 4 页。

大，涌入的男性就会更多，因而其男女性别比例更高。

然而，男女性别比例失衡会引发或加重一系列社会问题，首当其冲就是娼妓业发达。城市中有大量单身男性的存在，会形成一个庞大的潜在的性需求市场，民国时期汉口的娼妓业异常发达，汉口是当时世界上娼妓人数占城市总人口比例较高的城市之一。"娼妓约有二三万人……娼妓所在之地，即是赌博与鸦片烟发展的场所，烟、赌、娼的糜烂社会。"① 除了可统计的公娼之外，还有大量无法统计的私娼存在，此种现象与移民城市中男性较多有一定关系。

其次，打架闹事者多。如前所述，移民中多是男性青年，又时值盛年，1936 年汉口市壮丁数占男子百分数的 40.4%②，他们正是体力旺盛的年龄，如果遇到无业或失业，多会惹是生非。所以，同一时期汉口司法案件统计的结果就不足为怪了。1929 年 8 月汉口司法案件统计共有案件 1382 宗，其中以强暴罪、滋闹罪居首，共计 577 宗，占总数的 33% 强。③ 1930 年 1 月，各项犯罪案件中，以滋闹为最多，有 501 人，其次是赌博窃贼两案，犯罪人数皆在 200 人以上。④ 1930年上半年汉口犯罪人数，以滋闹者为多，占全部犯罪人数的 21%。⑤ 如此类似的统计结果，在同一时期汉口案件中比比皆是。

再者，吸毒者众多。"'两湖为大宗产烟之区'，可知两湖鸦片之盛，已闻名于世了，我们可以再加上一句'汉市为鸦片鬼之巢穴'，一般人只知道汉市烟馆很多就是，但不知道多到什么程度。"⑥ 1933年 3 月 18 日《汉口中西报》报道："市内烟馆不下千户。"⑦ "汉口是鸦片烟输出的总枢纽，所以货多价廉，吸鸦片烟的人多，不仅租界上有鸦片烟馆，中国地界各大小旅馆中也有鸦片烟馆，就是汉口西北一

---

① 包惠僧：《包惠僧回忆录》，人民出版社 1983 年版，第 56 页。
② 湖北省秘书处统计室：《湖北人口统计》，1936 年，第 74 页。
③ 《新汉口市政公报》1929 年第 1 卷第 4 期，第 5 页。
④ 《市民犯罪情形》，《新汉口市政公报》1930 年第 1 卷第 8 期，第 108 页。
⑤ 《市民犯罪情形》，《新汉口市政公报》1930 第 2 卷第 1 期，第 123 页。
⑥ 陈敏书：《七百一十一户烟馆的汉市》，《社会》1929 年第 3 期，第 47—48 页。
⑦ 《汉口中西报》1933 年 3 月 18 日。

带的贫民窟里，也有秘密的鸦片烟馆。"① "本市禁烟以来，迄今多日，而吸者照常吸食，贩卖者仍大张旗鼓，而最著名之土膏店，尚有数十家之多，其它小烟馆棚户，不可胜数。"② 在 1933—1938 年，汉口除有数十家较大烟馆外，售吸棚户多达 700 余家。③ 不少苦力没有带家属，或者没有家属，就拿着那些辛苦挣来的钱去小烟馆棚户吸食低劣鸦片，也许娼妓和鸦片能满足部分城市单身男子的需要，是他们"镇痛、催眠、解乏之良药，使其暂时获得生理及心理的满足和安慰"④。城市化早期，背井离乡的农民往往产生"被连根拔起的失落感"，一系列生活的压力最容易使人堕落。⑤

前述已论，汉口男性较多，然而在一年内不同时节，相对于女性来说，汉口男性的数量会出现一些季节性的增减。图 2−1 是 1933 年汉口男女逐月增减趋势图。⑥

通过上图可以看出，相对于女性来说，一年之中男丁的增减幅度比较大，为什么会如此？如前所述，汉口民众多数为周边的农民，他们中的大多数人，在农村还是有一定数量的土地，因距离汉口较近，农闲时节，到汉口来做工⑦；农忙时节，又回到家乡抢收抢种，两边奔波以维持生计。他们"在城乡之间往来穿梭"，"一只脚坚实的踩在农村的土地上，一只脚在城市寻觅生机"。⑧ 这可以说是中国早期城市化进程中的典型现象。所以，在抢种抢收的上半年，汉口男丁减

---

① 包惠僧：《包惠僧回忆录》，人民出版社 1983 年版，第 58 页。

② 《五分局境内，小烟窟何其多，禁烟声中之怪闻》，《汉口市民日报》1935 年 1 月 8 日。

③ 张百庆：《吸毒与卖淫——近代中国市民社会一瞥》，智识学术网 2007−12−22，http：//www.360doc.com/content/07/0521/02/23620_ 512021. shtml。

④ 同上。

⑤ 马丽敏：《19 世纪英国城市化与人口迁移》，硕士学位论文，内蒙古大学，2007 年，第 28 页。

⑥ 汉口市政府秘书处：《汉口市政概况·警务》，1932. 10—1933. 12。

⑦ 武汉周边农民称之为"撵兔子"，即农闲时节在城里找活干，双抢时节就回家忙农活。

⑧ 胡俊修：《"东方芝加哥"背后的庸常——民国中后期（1927—1949）武汉下层民众日常生活研究》，第 21 页。

二十二年份金市户口逐月增减趋势图

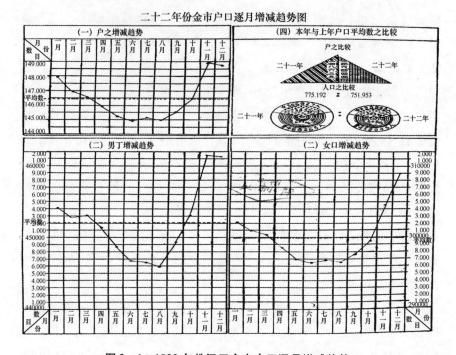

图 2 - 1　1933 年份汉口全市户口逐月增减趋势

少现象比较明显，而在下半年农闲时节，汉口男丁增加颇快——进城谋生。其原因正是如此，这种现象也说明在中国早期城市化阶段，城市与乡村之间的联系是非常紧密的。

第四节　职业构成

近代汉口是一个商业重镇，在人口城市化进程中，其人口职业构成有着怎样的特点呢？

武汉城市史专家皮明庥先生说，除了世居武汉的人口外，移入武汉市内的主要有以下几种。第一种，是来自全国各地的各帮商人和工匠。如叶调元《汉口竹枝词》云："茶庵直上通桥口①，后市前街屋

———————————————
① 这里"桥口"，可能是现在武汉的"硚口区"。

似鳞。此地从来无土著，九分商贾一分民。"① 第二种，武汉本身周边州县农村人口向武汉的渗入。汉阳城区附近的月湖堤一带和汉口后湖一带，为城市蔬菜供应、鱼鲜供应而出现越来越多的菜农和渔户，这些人不断转化为城里人。毗邻武汉市区的黄陂、孝感县的大量农民、手工业者流入武汉做生意，开作坊或做工役。

从皮明庥先生的分析中可以得知，汉口这样一个移民城市，大致的职业有商人、工匠、小商小贩。那么，近代汉口民众具体的职业结构又是怎样的呢？

罗威廉曾经对 19 世纪汉口人口职业结构有一个大致的分类，请见表 2-9：

表 2-9 　　　　　　　汉口的职业结构（1860—1895）②

大类	所占比例	细类	
专业人员	5%	政府部门	官员，编外的上层行政人员，胥吏，职业性的安全保卫人员
		社会部门	
商业人员	30%	个体批发商	商品经纪人、代理人与批发商，钱庄主，批发坐商，批发行商，代理人，买办
		个体零售商	零售店老板，放小额高利贷者，饭店老板，摊贩，流动小商贩
		雇员	账房先生和学徒，商业劳动者
运输人员	30%	运输代理人，船主与水手，长途挑夫，从事当地运输的驮夫	
制造业人员	10%	工匠，手工作坊的学徒和雇工	
建筑人员	10%	技工，建筑学徒和雇工	
农业人员	5%	土地耕作者，牲畜饲养人，渔民	
边缘人	10%	保镖，看门人，家仆，奴隶，艺人（演员、街头卖唱的人、妓女、说书人），乞丐，罪犯与地方无赖，无业者	

---

① 皮明庥：《近代武汉城市人口发展轨迹》，第 55 页。
② ［美］罗威廉：《汉口：一个中国城市的冲突与社区（1796—1895）》，第 36—37 页。

从上表可以看出，商业人员占总人数的30%，运输人员占30%，而包括官员在内的所谓专业人员只占5%。商业人员与运输人员之多，说明汉口是一个商业与交通发达的城市。这正是近代汉口作为转运贸易城市的功能特点。

1905年水野幸吉在《汉口》一书中曾谈及汉口民众的职业："如汉口等之大商业地，其有力之商人，大概为广东宁波人，而湖北产之土人，却不过营小规模之商业，工业颇为幼稚。锻冶、染业、木工、石匠、织物业、家具制造业，犹不免于用手工。在武汉三镇，被使疫于诸工场之职工，其数当不下3万，特如汉口百货辐辏之地，运搬夫更为多数，到处各工场及仓库之前，居然成列，无非从事货物之运搬，仅汉口一，其数可统称十万。"[1] 又据宣统元年（1908）的统计，汉口从事商业的人数，已在五万人以上。[2] 其实，据笔者看来，汉口从事商业的人数应远远超过5万人。

下面是"1912年汉口民人身分调查统计表"[3]，具体分类如下：

表 2－10　　　　　　　　1912 年汉口民人身分调查统计

职业	人数	职业	人数	职业	人数	职业	人数
政界	135	律师	20	美术	737	土泥工	1914
军界	196	馆幕	60	地理星卜	177	窑工	44
警界	224	司事	572	术士	47	各实业工人	2221
法界	97	矿师	28	教士	101	小贸	9464
学界	2025	儒士	571	机匠	640	小艺	4625
报界	33	医士	401	金工	1801	船业	251
绅界	293	种植	704	木工	3507	洋伙	749
商界	30990	畜牧	57	石工	384	渔业	588

① 皮明庥：《近代汉口城市史》，第668页。
② 王永年：《论晚清汉口城市的发展与演变》，第78页。
③ 徐焕斗：《汉口小志·户口志》，商务印书馆1915年版，第3—4页；汉口市公安局第二科户籍股：《汉口市户口统计》1934年第8期，第16页。

续表

职业	人数	职业	人数	职业	人数	职业	人数
水手	324	挑水夫	820	道士	195	乞丐	494
划夫	1479	佣工	9256	僧侣	220	公差	487
车夫	2157	使役	3203	苦力	3671	优伶	109
轿夫	671			废疾	98	无业	4579
码头夫	7914						

　　比较遗憾的是，上表并没有给出那一年份里汉口人口的总量。但通过比较还是可以看出，从业人员人数较多的依次排列是：商界、小贸、佣工、码头夫、小艺、苦力、木工、使役。其中，商界人员与运输人员（码头夫、水手、划夫、车夫、轿夫、船业），所占比例依然很大，这种职业构成与罗威廉所述汉口晚清时期职业构成的差别不大，这种职业结构仍然体现着 20 世纪初汉口这样一个转运贸易城市特点。

　　不过，也有学者认为这个统计还不能"强烈地"反映出当时汉口职业结构的特点，因为，"武汉阳夏战争不久，大量的商界人士迁往上海，还有很多返回原籍，就在这样的情况下，商界人士仍居首位，可以推想，在没有战争的商业繁盛时期，在汉口从事商业的人士又会有多少？如果一个城市在发展的过程中，绝大多数人都围绕着同一种生存方式在生活，无疑就会形成基本相同的习性和特征。这个性格特征经过了数百年的积累，彻底融入到城市的灵魂之中。这就是武汉人有别于其它城市人的根本原因"①。的确，这种商业港口型的职业结构特点对民国乃至今天汉口城市的语言、饮食、行为方式仍然有着深层次的影响。

　　下表 2 - 11 是 1916 年汉口警务调查的人口职业：

---

① 董玉梅：《说不尽的武汉码头文化》，《世纪行》2009 年第 3 期，第 33 页。

表 2 – 11   1916 年汉口人口职业统计①   （单位：人）

职业别	总计
官员	48
公吏	702
教员	223
生徒	2687
僧侣教徒	425
律师	80
新闻及杂志记者	14
医士	420
稳婆	86
农业	1265
矿业	4
商业	109859
工业	19777
渔业	96
以上列举外之职业	53825
无职业	55551
合计	254062

  由上表可知，商人占总人口比重是 43%，无职业者占 21%。可以说，这是一个商业化的城市，也是一个充斥着大量无事可干的闲人社会。因汉口人口在武汉三镇总人口中所占比例很大，因而如对武汉三镇总人口进行职业结构统计时，依然会体现出商人比重较大的这样一个特点。例如 1928 年 12 月 6 日的武汉市人口调查，总人数 819069 人中，农民 8921 人，工人 257294 人，商人 172645 人，学生 61509 人，从事宗教等职务者 9774 人。②

  不同年份，汉口政府对民众职业划分是不同的，有时会把"运输

---

① 湖北汉口警察厅编制：《中华民国五年湖北汉口警务一览表》，1916 年石印本。
② 《汉市市政公报》1929 年第 1 卷第 3 期，第 12 页。

工人"划分在工人一类中。上述对武汉人口的职业统计，可能就是把码头夫、车夫计算在工人中了。如"1929 年据汉口特别市党部民众训练委员会最近的调查"也是如此："计汉口工人数，工厂工人共18106，占工人总数 33%；码头夫 18599，占 34%；车夫 18100，占33%。"① 在工人总数中，码头夫与车夫所占比例为 67%，对于这两大群体，以往的统计是单独计算的。不过，无论怎么计算，这一时期，商人与运输工人构成汉口职业结构的重要内容。

除此之外，汉口的职业结构折射出半殖民地背景之下城市畸形的一面。下面是 1933 年汉口民众职业一个较为粗略的统计数：有职业人口占总人口的 41%，职业不明的占 2.9%，失业的占 0.6%，无职业的占 0.6%，家庭服务的占 20.7%，需人赡养的占 27%。② 可以计算，后两项相加几乎占总人口的一半。又如下面 1934 年 8 月较为详细的市民职业统计表：

表 2 - 12 　　　　　　　 1934 年 8 月汉口市民职业统计③

职业	口数		
	男	女	计
农	13627	1535	15162
工	77937	12399	90336
商	113597	5212	118809
学	2220	458	2678
党务	355	6	361
政	3204	47	3251
军	2780	3	2783
警	2417	8	2155
司法	340		340

① 《汉口工人概》，《新汉口市政公报》1929 年第 1 卷第 6 期，第 1 页。
② 汉口市政府秘书处：《汉口市政概况·警务》，1932.10—1933.12，第 42 页。
③ 汉口市公安局第二科户籍股编制：《汉口市户口统计》1934 年第 3 卷第 8 期，第 16 页。

续表

职业		口数		
		男	女	计
交通		3597	23	3620
自由业	新闻	315	4	319
	律师	199		199
	医士	989	95	1084
	工程师	114		114
	会计师	8		8
社团服务		965	18	983
僧侣教徒		1297	992	2289
劳力		51086	2091	53177
佣役		24902	14270	39172
杂业		26537	6175	32712
有职业共计		326216	43336	369552
失业		3992	479	4471
无业		2367	5267	7634
家庭服务			157151	157151
需人赡养		110622	103344	213，966
职业不明		18764	3399	22167
总计		461961	312976	774937

从上表可以看出，在有职业的人群中，人数较多的依次排列是：商业、工业、劳力、佣役、杂业等。尽管 1934 年与 1913 年汉口政府对职业划分有较大不同，但通过相关数据计算可以得出：商业人员占汉口有职业人口的 32.13%，这说明商业活动依然是这个城市的主要活动。但是，有职业人口数只占汉口总人口数的 48%，无职业人口数则高达 52%；在无职业人口数中，家庭服务人员占总人口数的 20%，需要赡养的占总人口数的 28%，这两项相加也几乎占汉口总人口的一半。与此相似，1930—1936 年期间上海"华界"人口职业构成中，家庭服务人员所占比例一直在 20% 左右，无业人员所占比

例在 15% 以上。① 以上数据说明：在汉口与上海这两个近代中国的移民城市中，需要赡养的人员所占比例很大，这与前面年龄结构中所说，城市负担过重是相符的，因而从某种意义上可以说，这两个城市都具有浓厚的寄生性。

与同一时期汉阳、武昌相较，汉口无职业人口占总人口数的比例更高，请见表 2 – 13：

表 2 – 13　　　　　　　　　　**湖北省有职业人数统计**

地市	有职业人数			有职业人数占总口百分数	有职业男数占男口百分数	有职业女数占女口百分数
	计	男	女			
整个湖北省	17734639	10218688	7515951	69.91	74.38	64.63
整个武汉	642892	493104	149788	49.94	85.21	28.21
武昌	193295	108671	84624	60.34	59.01	62.15
汉阳	79951	48026	31925	63.58	66.35	59.83
汉口	369646	336407	33239	43.94	67.34	9.73

资料来源：此表根据 1936 年出版的《湖北人口统计》第 81 页表 22 中"湖北省各区县有职业人数统计表"节录而成。

表 2 – 13 显示，同一时期武汉三镇中，从"有职业人数"的绝对数量来看，汉口是最大的，但从"有职业人数占总口百分数"来看，汉口又是最小的，换句话说，汉口无职业人数所占比例是最高的；从"有职业男数占男口百分数"来看，汉口是最高的；但从"有职业女数占女口百分数"来看，汉口又是最小的。如何理解？

其一，相较于武昌、汉阳，汉口"有职业人数占总口百分数"为什么较小？相对说来，汉口比较繁荣，有较多外来人口涌入这个城镇谋生，于是造成汉口劳动力市场过度饱和而剩余劳动力过多，因而一些剩余劳动力可能在一些非正式部门谋生，如在"家庭服务业"中，

---

① 邹依仁：《旧上海人口的变迁研究》第 106 页的表 15《旧上海"华界"人口职业构成统计（1930—1936）》中数据。

而这一项是没有计算在"有职业"一栏中的。请见前述表格 2 - 12 "汉口二十三年八月份市民职业（1934 年 8 月）"，汉口从事家庭服务业人员已被排除在"有职业人数"统计之外，而是计算在"无职业人口"的统计之中的。在表 2 - 12 的统计中，汉口的家庭服务人数较多，占总人口 20% 以上，如此，因大量家庭服务人员计算在"无职业人口"中，故汉口无职业人口比重大，有职业人口比重就小。

其二，汉口"有职业女数占女口百分数"比重之所以较小，这是因为，在一个男性劳动力比较饱和的城市，在工钱又较为廉价的境况之下，工厂雇用体力较好的男性劳动力比雇用女性劳动力，要更为划算一些，所以，女性进入生产行业的人数就相对较少。民国时期，进入汉口城市谋生的乡民，最典型的谋生组合方式就是男人做工、女人帮佣。[1] "帮佣"主要就是从事家庭服务业，大量女性进入家庭服务业，而这一行业当时是被排除在"有职业人口"统计之外的，故汉口"有职业女数"的比重就比较小。

由是观之，汉口人口的职业构成，相对于武昌的、汉阳的来说颇显畸形；相对于"整个武汉"，相对于"整个湖北省"来说，它也是畸形的。人们常说解放前的中国城市，是畸形城市，从上述论证来看，民国时期的汉口甚至武汉就是如此。

第五节　教育水平

作为华中地区的商业重镇汉口，其人口教育水平如何，这是一个令人关注的问题。新中国成立前整个中国的教育普遍水平低下，究竟"低至"何种程度目前还不得而知，如对汉口的城市教育水平进行个案研究，也许可以从中窥之一二。

汉口政府曾在 1933 年对全市人口受教育情况有过统计，请见

---

① 刘德政：《外来人口与汉口城市化（1850—1911）》，硕士学位论文，华中师范大学，2006 年，第 17 页。

图2-2:①

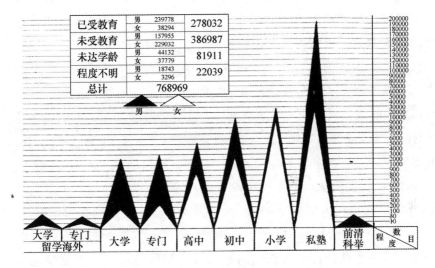

已受教育	男	239778	278032
	女	38294	
未受教育	男	157955	386987
	女	229032	
未达学龄	男	44132	81911
	女	37779	
程度不明	男	18743	22039
	女	3296	
总计		768969	

图2-2 1933年汉口受教育人口统计

由图2-2可知，除前清科举外，受教育层次从私塾到大学以及留学等层次是逐级上升的，而接受教育的人数，基本是沿这个教育层次呈梯形下降。除了"前清科举"一栏外，其他教育形式中都有一定女性数量，从纵向比较看，这说明汉口教育大有进步，如与沿海城市上海、广州做横向比较看，汉口毕竟还是一个内陆城市，这一时期留学海外的人数较少。与此同时还可以看出，女性受教育的人数比之于男性受教育的人数也少很多。

1930年1月，全市公私各级学校学生人数占汉口总人口的2.56%。② 汉口民国二十二年份（1933年）市民教育程度统计图（如图2-2）显示：汉口人口总计768969人，已受教育③的278032人；未受教育的386987人；未达学龄的81911人；程度不明的22039

① 汉口市政府秘书处：《汉口市政概况·警务》，1932.10—1933.12，第43页。
② 汉口市政府秘书处：《汉口特别市市政统计年刊民国十八年度》，第220页。
③ 此处"受过教育"，是指留学海外、大学、专门（专科）、高中、初中、小学、私塾、前清科举，以下类同。

人，那么，受教育的人数占总人数的 36.15%，未受教育的人数占总人数的 50.32%。[①] 汉口民国二十三年（1934）八月市民教育程度统计：汉口总人口 774937 人，其中已受教育的共计 282784 人，未受教育的 385315 人，未达学龄的 84675 人，程度不明的 22163 人。[②] 即受过教育人数所占总人口的 36.49%，未受教育的占 49.7%。由是观之，可以得出：汉口人口中大部分人是未曾接受过教育的。

那一时期，汉口学童入学率也较为低下。民国二十二年汉口学童统计：已就学的有 39136 人，占学龄儿童总人数的 36.8%；未就学的有 57052 人，占总数的 49.8%；失学有 14254 人，占总数的 13.4%。[③] 另据民国二十三年（1934）八月学童统计显示：学童总计有 110408 人，已入学人数 40468 人，占 37%，未就学的有 55626 人，占 50%，失学[④]的有 14314 人，占 13%。[⑤] 民国二十二年，未就学儿童与失学儿童总计占学童总数的 63.2%；民国二十三年未就学儿童与失学儿童总计占 63%，也就是说，有 60% 以上的学童不在学校读书。由此可见，自开埠通商算起，汉口这个已受现代文明冲击达 70 余年之久的城市，即使已至民国中期，其教育的普及率还是比较低的。

汉口是一个商业城市，其商人的教育程度如何？据 1929 年汉口公安局调查：汉口、汉阳两镇人口共计 629937 人，其中文盲占 60% 以上，共为 40 万人左右，而此 40 万人文盲中，"商人又居绝大多数"，所以，汉口政府认为"商人补习教育之重要，可以想见"。[⑥] 如前所述，汉口民众受教育程度普通较低，有鉴于此，1930 年汉口政府做了一个《社会教育计划汇编》，该计划不仅要成立商人补习学

---

① 汉口市政府秘书处：《汉口市政概况·警务》，1932.10—1933.12，第 43 页。
② 汉口市公安局第二科户籍股：《汉口市户口统计》1934 年第 8 期，第 17 页。
③ 《汉口市政概况·公安》，1932.10—1933.12，第 45 页。
④ "未就学"是指已达学童年龄尚未就学者，"失学者"是指达学童年龄因环境关系而决无就学之机会者。
⑤ 汉口市公安局第二科户籍股：《汉口市户口统计》1934 年第 8 期，第 18 页。
⑥ 汉口特别市政府教育局：《商人学校》1929 年，第 1 页。

校，还拟将成立妇女职业补习学校、实验民众学校、工人教育实验馆等诸多方面的学校。后来，汉口政府在汉口也确实创设过各种各样的补习学校，不同程度地提高了民众文化水平。

民国时期，汉口人口教育结构中有一个现象耐人寻味，那就是人口教育水平呈现出两个极端①：底层民众教育水平普遍低下，而汉口政府所属机关职员的教育水平却颇为"高端"。1929 年底，汉口所属机关计有市政府、财政局、社会局、工务局、公安局、卫生局、教育局七个单位，共有职员 1456 人，其职员学历调查如下：国外大学及专门学校毕业者占 4.78%，国内大学及专门学校毕业者占 26.89%，军警学校毕业者占 21.43%，师范学校毕业者占 5.53%，中学毕业者占 21.03%，职业学校毕业者占 4.44%，高小毕业者占 4.17%，其他及未详占 11.74%。② 如果说单从百分比上看还不十分明了的话，可以直接看人数：市属机关留学者有 70 人，国内大学及专门学校毕业者 383 人，军警学校毕业者 314 人，师范学校毕业者 82 人，以上只是较为宏观的算法，如果单看汉口市府某一机关职员，就会发现其整体学历水平更高。

例如，1930 年汉口市社会局共有职员 106 人，其职员学历统计如下：留学者 6 人，大学毕业者 29 人，中等学校毕业者 24 人，专门学校毕业者 19 人，军警学校毕业者 11 人，师范学校毕业者 10 人，其他学校毕业者 7 人。③ 这种学历水平，就是以现在标准来看也是很高的，试想在当时整体教育水平普遍低下的年代里，这种学历水平可谓是"高处不胜寒"了。汉口市府职员之中，其学历之高令人有点望尘莫及的也不乏其人，例如当时汉口市市长刘文岛，是保定军官学校④第一届毕业生，之后又留学法国、日本，毕业于日本早稻田大学

---

① 教育水平的两个极端，恰恰折射出当时社会贫富分化的两个极端。
② 汉口市政府秘书处：《汉口特别市市政统计年刊民国十八年度》，第 9—11 页。
③ 汉口市政府社会局：《社会汇刊》1930 年。
④ 保定军官学校，堪称民国时期中国"第一军校"，时间上早于黄埔军校，且黄埔军校的教师多数曾是保定军官学校的学生。

和法国巴黎大学。由是观之，汉口政府机关职员学历整体水平普遍较高，这可能与民国时期注重"专家治市"的理念有着很大关系。

汉口教育水平相对于其他地区来说又如何呢？

1936 年的《湖北人口统计》曾对湖北省各区县识字人数有一个统计，其中有关武汉三镇数据如表 2 – 14：[①]

表 2 – 14　　　　　　　　　　湖北省识字人数统计

地市	识字人数			识字人数占总口百分比	识字男占男口百分比	识字女占女口百分比
	总计	男	女			
整个湖北省	4603122	4114042	489080	18.15	29.95	4.21
整个武汉	703121	507359	195762	5462	67.09	36.86
武　昌	170081	114399	55682	53.10	62.12	40.39
汉　阳	68346	47933	20413	54.35	66.21	38.26
汉　口	464694	345027	119667	55.23	69.06	35.03

由上表可见，相较于武昌与汉阳，汉口"识字人数"最多；"识字人数占总人口百分比"最高；男性识字率最高。由此观之，在整个湖北省里、在武汉三镇中，汉口人口的教育水平相对来说还是比较高的。

教育程度与犯罪是否有一定的关系，目前不太清楚，但是从 1929 年汉口特别市刑事犯教育程度统计图中看，似乎存在着一定关系。1929 年汉口特别市刑事犯有 2340 人，能识字者 962 人，未受教育者 674 人，普通教育 496 人，未详 106 人，中等教育 63 人，高等教育 39 人。[②]

小　结

从城市化进程来看，20 世纪二三十年代汉口城市化，确切地说

---

①　湖北省政府秘书处统计室：《湖北人口统计》，汉口出版社 1936 年版，第 89 页。
②　《汉口特别市市政统计年刊民国十八年度》，第 8 页。

是人口城市化，既有一定程度发展又有一定局限性。如前所述，民国汉口人口增长迅速，然而那一时期移民多来自汉口城市周边，或来自湖北周边省份，而来自新疆、内蒙古、青海、宁夏、绥远、西藏等边远省份的人数较少，甚或没有。因而就这一点来看，汉口人口城市化不如同时期上海人口城市化，[①] 所其涉及的范围较为狭小，或者说其吸纳能力不足。

前述人口年龄考察从数据上证实了汉口是一个年轻型城市。城市中商人与运输工人所占比重大，从侧面说明汉口是一个商业转运贸易城市。与此同时，从经济发展与人口城市化之间关系来看，汉口就业结构颇为畸形。在汉口城市中，充满了大量家庭服务人员。这种结构的出现，一是因有大量农民涌入城市，二是因城市工业不发达而其容纳劳动者的能力有限，于是不少劳动力就进入城市非正式部门谋生，如家庭服务业。造成此种现象的主要原因是：汉口人口增长速度远远超过其经济发展速度。而不事生产人员的大量存在，使得整个城市充满寄生性。

从人口的现代性来看，汉口人口的现代性有了一定程度的发展，但又存在着较大的落后性。汉口市政府部门职员的教育程度普遍较高，其中不乏留学海外之人，但大多数民众受教育程度普遍低下甚或从未入学。

总之，这一时期汉口的人口城市化与人口的现代性，与20世纪拉美"过度型城市化"颇为相似，都有着人口增长速度远远超过经济发展速度的特点，从而引发大量的城市社会问题，诸如就业普遍不足、民众教育落后、棚户成群、环境恶劣、疾病蔓延，等等，这些都值得进一步思考与研究。

---

① 同时期的上海移民，虽也有不少来自其周边，但是来自苏北的移民更多。有关这一点，可参见韩起澜《苏北人在上海，1850—1980》（上海古籍出版社2004年版）一书。

第三章　汉口城市人口增长原因

如前面章节所述，开埠通商之后汉口人口增加，1853 年汉口人口不到 10 万人，1888 年有 18 万多人，1908 年 24 万多人，1911 年 59 万多人，尤其是 1928 年 12 月至 1931 年 4 月的 16 个月内，汉口人口增加近 19 万多人。又如，1928 年 12 月至 1935 年 1 月，汉口人口增加 24 万多人。在如此之短的时间内，城市人口为何增长如此之快？

目前，有关近代中国城市人口增长或城市化的动力机制，学术界一般偏重于农村天灾人祸所产生推力的解释。① 当然这种说法无可厚非。然而，在这种解释之外，是否也应关注一下其他因素呢？皮明庥先生在《近代武汉城市人口发展轨迹》一文中提到，近代武汉人口的增长，源于三个因素：一是汉口商品经济的发展；二是武汉近代交通的发展；三是城市郊区的发展。与此同时，皮明庥先生还敏锐地提出：“汉口镇对人口的吸引是以商业收入和利润为内聚力或推动力，不同于历史上的战乱造成的人口迁移的侨置，也不同于一般天灾把灾民抛向市镇（这种因素当然也存在）。”② 皮先生观点非常难能可贵，道出近代汉口城市人口增长动力机制的独特性。

不过，综览目前所有与汉口人口增长原因相关的，多为零散提及，或定性说法，且往往散见于其他论著，或地方志之中，这是其一；其二，目前学界所提及的原因诸如农村天灾人祸的推力，城市吸

---

① 参见宫玉松的《中国近代人口城市化研究》，《中国人口科学》1989 年第 6 期；行龙《近代中国城市化特征》，《清史研究》1999 年第 4 期。
② 参见皮明庥《近代武汉城市人口发展轨迹》，第 54 页。

引力等一般性说法，是否具有普适性？换言之，这些原因对民国汉口人口总量增长是否真的具有重大影响力，如果有，其影响力到底有多大？对此，目前学界尚缺乏较为全面、具体深入的专题性研究，尤其是缺乏数据上量化性的考察与关联度上的实证研究。

有鉴于此，本章将对汉口人口增长动因进行考察与探究，大量运用档案与原始文献，重视计量分析方法，侧重对 20 世纪二三十年代汉口城市人口增长的主要原因，如城市吸引力、农村战乱、农村天灾等，进行系统的追踪性考察，分析这些主要原因对于汉口人口的增长究竟有多大的影响力；并在此基础之上，进一步探究：城市吸引力、农村战乱、农村天灾三者之间，哪一个对同一时期汉口城市人口增长的影响更大？借此弄清来龙去脉，展示复杂的历史本相，得出符合实际的结论。与此同时，对难民与近代中国人口城市化之间的关系进行深度的探究。

第一节　城市吸引力之于城市人口增长

相较农村而言，城市吸引力，主要体现在城市经济发展较好、城市收入较高、生活较为舒适、生命与财产较为安全等诸多方面。

一　城市经济与城市人口之间关联度

城市吸引力，首先体现在城市经济发展上。同一时期汉口经济发展与其人口发展之间是否有一定的关联度呢？

经济发展较好的时候，需要较多的劳动力，就会有更多的外来人口进入城市寻求工作，城市人口自然就会增加。按照拉文斯坦法则，在城乡人口迁移过程中，拉力大于推力，在近代中国是否如此呢？

近代汉口经济发展主要是国际转运贸易发展。汉口在全国转运贸易总额占第 2 位，仅次于上海。[①] 汉口港是内陆茶叶、棉花、桐

---

① 但瑞华：《近代武汉与长江中游城镇的互动发展》，《学习与实践》2013 年第 7 期，第 16 页。

油、蛋品、猪鬃、牛皮、烟草等农副产品的出口港。经汉口转运的茶叶出口占据全国茶叶出口的40%左右，最高时达60%。[1] "汉口桐油"占全国桐油出口量的80%左右，[2] 1915年竟高达91.6%。[3] 汉口是近代中国中部甚至是全国第一大棉花转运市场，[4] 1915年汉口棉花输出占全国棉花输出的比例是34.9%，1916年是48.7%，1917年是50.2%，1919年是57.5%，可以说，1916—1922年，汉口棉花输出在全国所占比例几占一半以上。[5] 汉口蛋品出口额也常居全国第一，占全国比重的30%。[6] 1912—1930年之间汉口牛皮输出占全国的1/3以上。[7] 整个汉口江汉关的进出口总额不断上升，1865年为2324.5万关（平）两，1866年以后除1877、1888两年为2900余万关两外，其余年份均在3000万关（平）两以上。1895年达到4450.7万关（平）两。在1865—1895年的31年中，汉口进出口总额有21年超过天津、广州，仅次于上海，所以才有"东方芝加哥"之誉称。汉口转运贸易迅猛发展，因而商人与运输工人很多，正如前述第二章所示，商人与运输工人在汉口人口职业构成中一直占很大比重。

为国际转运贸易服务的土货加工工厂，也在汉口逐渐创建起来。19世纪60—70年代，俄商、英商相继创办4个砖茶厂。19世纪70—80年代，英商创办2个打包厂。19世纪80年代，德商开设3个蛋品

---

① 但瑞华：《近代武汉与长江中游城镇的互动发展》，《学习与实践》2013年第7期，第84页。

② 武汉地方志编纂委员会主编：《武汉市志·对外经济贸易志》，武汉大学出版社1996年版，第106页。

③ 张珊珊：《近代汉口港与其腹地经济关系变迁（1862—1936）——以主要出口商品为中心》，博士学位论文，复旦大学，2007年，第106—107页。

④ 但瑞华：《近代武汉与长江中游城镇的互动发展》，《学习与实践》2013年第7期，第16页。

⑤ 张珊珊：《近代汉口港与其腹地经济关系变迁（1862—1936）——以主要出口商品为中心》，第39页。

⑥ 武汉地方志编纂委员会主编：《武汉市志·对外经济贸易志》，第108页。

⑦ 张珊珊：《近代汉口港与其腹地经济关系变迁（1862—1936）——以主要出口商品为中心》，第41页。

加工厂，[1] 1895 年至 1911 年，各类外资工厂近 30 家，总投资额约 1500 万元，其行业从茶叶、榨油、棉花打包、蛋业、面粉、烟酒到冶金、电力、冷冻、机械修理等。较著名的企业有日商日信油厂、英商恒丰面粉厂、日商东亚制粉公司、英国和利冰厂、和记冰冻食物厂、中法合资的法华蒸酒公司、英美合资的英美烟草公司（与南洋兄弟烟草公司）、英商平和打包厂和隆茂打包厂等。

除此之外，"清末新政"时期，张之洞在汉口创办一些厂矿，民族工业开始兴起，"当旅行者接近汉口城时，第一眼你就能看到林立的烟囱，它充分展示了一个工业城的面貌"。[2]

与经济发展相伴随的是外来人口的涌入。就在汉口开埠不久的 1863 年，英国领事金格尔就说："汉口商业持续繁荣，规模日渐扩大。不同层次的中国人都大量涌向这个城市……为了他们能很容易找到工作。"[3]

近代中国的农业人口开始进入城市新兴的工商业部门或服务业部门。

俄国在汉口开办阜昌砖茶厂雇佣中国工人 1300 人，新泰砖茶厂雇用中国工人 2000 人，顺丰砖茶厂雇用中国工人 900 人，共计 4200 人，[4] 日信第二油场（汉口）系 1906 年 5 月创立，雇用中国职工 252 名。[5] 据水野幸吉《汉口》记载，张之洞官办的湖北丝麻四局中织布局工人有 2000 人，纺纱局 1500—1600 人，官丝局职工有 470 人，皆系女工，制麻局职工 453 人。[6] 汉口海关报告中说："英美烟公司，正在（1906 年汉口——笔者注）德界建造大厂，以土产烟叶制为纸

① 陈钧、任放：《世纪末的兴衰》，中国文史出版社 1991 年版，第 38 页。
② 何一民：《近代中国城市发展与社会变迁》，第 86 页。
③ ［美］罗威廉：《汉口：一个中国城市的商业和社会》，第 267 页。
④ 汪敬虞：《中国近代工业史资料第二辑 1895—1914 年》（下册），科学出版社 1957 年版，第 1191 页。
⑤ 皮明庥主编：《武汉近代（辛亥革命前）经济史料》，武汉地方志编纂办公室 1981 印行，第 19 页。
⑥ 同上书，第 181 页。

烟，现备有最新机器，明年春夏可开工，仅女工一项，即需用五千名之多。"① 据统计，1899 年在汉口受雇于现代工厂的大约有 1000 人，5 年之后增加至 1 万人，到民国初年，增加到 3 万多人。② 再如日本外务省 1907 年编的《清国事情》第一辑中说，"武汉三市（汉口、武昌及汉阳的工厂），使用职工数不下三万人，特别是百货集中地的汉口……苦力据说达九、十万人。"③ 1911 年汉口有民族资本的近代企业已达 120 家左右，其中有资本可查的企业有 30 多家，工人 8000 多人，涉及火柴、面粉、榨油、玻璃、卷烟、肥皂、砖瓦、机械修理等行业。④

中华民国成立以后，在 1912 年到 1927 年的 16 年间，武汉民族工业出现第二次兴办高潮，和全国各地一样为"黄金时代"。民族工业（包括较大的半手工业及手工作坊）共 600 余户，其中创立于本时期的有 490 余户，约占 79%，这些工厂分布在 20 多个行业中，从数量上看，较集中的是纺织业，约 290 余户。⑤ 随着诸多工厂的建立，汉口工人数量逐渐增加。

根据《汉口特别市统计年刊》统计，1929 年 7 月 1 日至 1930 年 6 月 30 日，汉口特别市国人工厂雇用男工 5840 人，女工 2788 人，童工 1309 人，共计 9939 人；各类手工业共有 6238 户，计雇用工人 22539 人；各类商店 13017 家，雇用工人 62721 人。即不含外资工厂雇工在内，1929 年汉口特别市工商业雇用职工共计 95199 人（含 1309 名童工），加上数万名人力车夫、码头工人等，则计有近 15 万工商业职工。⑥ 可以推断，这个统计数是非常保守的，汉口工商业实

① 皮明庥主编：《武汉近代（辛亥革命前）经济史料》，武汉地方志编纂办公室 1981 印行，第 20 页。

② 刘德政：《外来人口与汉口城市化（1850—1911）》，硕士学位论文，华中师范大学，2006 年，第 27 页。

③ 皮明庥主编：《武汉近代（辛亥革命前）经济史料》，第 196 页。

④ 何一民：《近代中国城市发展与社会变迁》，第 86 页。

⑤ 皮明庥主编：《近代武汉城市史》，第 413 页。

⑥ 黎霞：《负荷人生：民国时期武汉码头工人研究》，博士学位论文，华中师范大学，2007 年，第 107 页。

际从业人数应该是超过这个数据的。

近代以来一直到民国中期，因为汉口没有连续的城市人口统计数据，故无法建立起一个人口增减与经济发展的线性联系。

一般说来，当经济下滑的时候，城市对劳动力需求减少，城市人口的增长会相应减缓或减少。这是一般常理，事实是否如此呢？

1931 年大水之前，汉口经济发展态势良好，而此后，在大水、战乱与世界经济危机的多重打击之下，其经济呈下滑之态。1932 年经济状况是："出口商业极度衰落，其它各业多呈不稳定状况，小本经营大多先后歇业，资力厚者亦属外强中干。各业因世界经济不景气及去岁水灾匪祸影响大都衰落。"[①] "猪鬃为吾国特产之一。汉口一埠营业者，共有二百余家。男女工人占五千之多，长短出口，每年不下二万担。年来因时局变迁……以致来源锐减，益以洋商购买力亦甚薄弱。故二十一年出口不及昔年百分之三十。无力支持，先后失业者，竟达一百余家。男女工失业者，四千有奇。"[②] 1932 年 6 月 18 日，"市场衰落之一斑"，受灾后歇业商店近万家，夏节后歇业者达千数百家，店员失业者共十万余人。[③] 7 月 12 日"大水灾前后的汉市"在没有淹水之前，汉口市上最发达的营业，依次为建筑、汽车和电影。大水以后，建筑全部停顿，所有下江派的泥木瓦工，旅汉者停止数万人，除一部分返回原籍外，其余多已暂时改业为小贸，以资糊口，其次汽车贸易 30% 停业，只有电影，在百业萧条之中，挣扎了。[④]

1933 年，"十九个同业公会函致市商会之二十二年度简略营业报告，则知一般情况较二十一年为尤劣"[⑤]；6 月 4 日："商场衰落一斑，铺店停业二百余家，店员失业不下千余。"[⑥] 1934 年，"银钱杂粮业现

---

① 吴熙元：《二十一年汉口各业之概况》，《实业统计》1933 年第 2 期，第 1 页。
② 同上书，第 3—4 页。
③ 《汉口中西报》1932 年 6 月 18 日。
④ 《汉口中西报》1932 年 7 月 12 日。
⑤ 宜夫：《汉口市十九个同业公会二十二年营业报告》，《汉口商业月刊》1934 年第 3 期，第 2 页。
⑥ 《汉口中西报》1933 年 6 月 4 日。

状尚佳，油行业稍获余利，出口茶叶先盈后亏，其它进出口商业仍极
衰落"[1]。1935 年，"综计年终除油丝两业，因外销激增，市价升涨，
较获余利外其余各业，宣告清理收歇者，比比皆是，能维现状勉敷开
支者，仅属少数。较之二十三年情况，尤见衰退"。[2] 市面上到处可
见"会计师清理账目的通告，关店大拍卖的叫喊和店面房屋的招租，
这就是汉口商业衰落的暴露"[3]。可见 30 年代初汉口经济不景气，到
处出现关门或减员的现象。

如前所述，汉口是一个转运贸易城市，进出口贸易是其城市经济
发展的重要内容，然而，目前尚未见到这一时期汉口进出口贸易精确
的统计数据，不过，可以参见同一时期湖北省的进出口货值统计表。

表 3 - 1　　　　　　　1927—1935 年湖北省进出口货值　　　单位：国币万元[4]

年次	进出口货值	进口货值	出口货值	入超、出超
1927	35805	13087	22718	9631
1928	56727	24156	32571	8415
1929	48690	21397	27293	5896
1930	36750	15692	21058	5366
1931	37215	20117	17098	- 3019
1932	27610	13782	13828	46
1933	25737	12285	13452	1167
1934	27528	11616	15912	4296
1935	26707	11573	15134	3561

观表 3 - 1 可知，1931 年、1932 年，湖北省进出口贸易下滑严

---

[1]　吴熙元：《民国二十三年汉口市各业概况》，《实业统计》1935 年第 3 期，第 193
页。

[2]　吴熙元：《民国二十四年汉口市各业概况》，《实业部月刊》1936 年第 2 期，第 165
页。

[3]　陈嘉猷：《汉口商业一瞥》，《国立上海商学院院务半月刊》1934 年第 18 期，第
178 页。

[4]　田子渝：《湖北通史·民国卷》，华中师范大学出版社 1999 年版，第 299 页。

重，直至 1935 年，湖北省进出口贸易基本是停滞不前的。对于湖北省来说，汉口港是其最为重要的进出口港，这一时期湖北省进出口贸易下滑，可想而知，同时期汉口的进出口贸易也是下滑的。

而同一时期汉口人口发展趋势如图 3-1 所示：

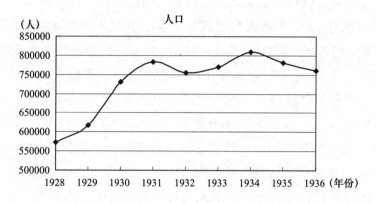

图 3-1　1928—1936 年间汉口人口发展趋势

资料来源：根据《新汉口市政公报》《新汉口》《汉口市政概况》中综合得来的。

由图 3-1 可知，1928 年至 1931 年汉口人口一路飙升，而此后在徘徊中前行。综合表 3-1 与图 3-1，可以看出，在 1928—1936 年大部分时间里，汉口经济发展趋势与人口发展趋势是大体相对应的。[①]

城市化规律表明，近现代城市经济发展，会带动城市人口增长，且后者增长速度一般会超过前者增长速度，然而城市经济一旦停滞，其人口增长速度会放缓甚或人口总量减少，但幅度不会太大。就图 3-1 来看，汉口经济与其人口之间的联动性，与这个规律颇为契合。

二　城市收入与农村收入之对比

1931 年之后，汉口城市经济不太景气，同时期湖北省境内农村

---

① 经济发展与人口发展具有较强的联动性，但相较于前者，后者在时间上有一个滞后性。

经济就更为艰难。自开埠通商以来，汉口被卷入全球资本主义体系之中，它是全球财富的一个中转站。通过这个中转站，西方列强把中国农村腹地财富源源不断地转运到上海，最终送往伦敦、纽约、巴黎等地。半殖民地城市的这种功能，使得农村腹地愈加贫穷。30年代前期湖北农村就是如此，农民生活异常艰难。1932年对湖北省11个县共计113547户农村家庭的调查显示，其中负债家庭占总户数的37.5%，负债总额高达1543723.78元，每户平均负债36.256元。另一份1933年的调查显示，湖北农村借款家庭占农村总户数46%，借粮家庭占51%。在各类农户中负债的主要是贫雇农，其中自耕农的负债率为74%，半自耕农为77%，佃农为82%。1934—1935年湖北农村各类农户所借之款，用于非生产消耗的占91.6%，其中42.1%被用作伙食费。① 相形之下，城市生计还是较易维持。

1929年汉口特别市各业工人工资平均收入统计表显示：男工平均月收入为17.30元，女工为9.60元，童工为4.60元，② 汉口月平均工资是11.06元，③ 故时人说，"汉市一般工人收得之工资，平均每月不过15元以下"④。虽是如此，但1932年6月23日《汉口中西报》一篇文章《逃难者》中则说，在城市里工作"人可以食"；又如，1933年2月13日《汉口中西报》报道："幸米贱，尚可维持。"⑤ 有人曾做过比较："都市上一个拉黄包车的车夫，最低限度，每天都有三四角的收入"，而"农民终岁勤劳，仍然是一文莫名，手头异常拮据"。⑥ 的确，尽管城市底层民众的收入较低，但尚可维持生存，比起同时期大多数农民那种靠借贷度日甚或不能维持生存、坐

---

① 黎霞：《负荷人生：民国时期武汉码头工人研究》，博士学位论文，华中师范大学，2007年，第32页。

② 汉口市政府秘书处：《汉口特别市市政统计年刊》，1929年，第146页。

③ 卫南：《民国十八年度之汉口劳工界》，《钱业月报》1929年第1期，第5—6页。

④ 中华全国总工会中国运动史研究室：《武汉工人之生活·中国工运史》1984年第26期，第104页。

⑤ 《拉一天车只得四五角钱》，《汉口中西报》1933年2月13日。

⑥ 左泽生：《湖北农民离村问题》，《湖北农村合作社》1936年第2期，第19页。

等饿死的状况要好得多。有学者指出："尽管千千万万的'汉口梦'
的追寻者在粗陋的棚屋里感到了梦的破灭，但城市的诱惑力却永远不
会因此而消退。大多数棚户居民尽管贫困，但至少在城市里生存着。
由于灾荒、匪患和战乱，如果留在农村，他们的命运可能更糟。"①
的确，对于大多数进城农民来说，与其在乡村困守待毙，不如到城市
里碰碰运气。

　　一般说来，城市年平均收入高于乡村，城市的生活环境要好于乡
村，否则，就不会有如此之多的农民涌入城市。前述汉口工人月平均
工资如定为最低数 11 元，其年收入达 121 元，然而根据 1937 年《湖
北省年鉴·第一回》中统计，湖北省各地雇农的年工资最高只有 55
元。在比较利益之下，有一些农民，尤其是大城市周边的农民，遂
"抛去锄犁，群往都市谋生"②。如湖北孝感（汉口郊县），"乡民因农
村生活艰苦，羡慕都市繁荣，离村外出者，亦日渐加多，所去之处，
以汉口为多"③。

三　农民对城市生活预期较高

　　近代中国城市在发展过程中，常将"周边的农村吸纳过来"，
吸引无数四邻村民来到城市。"城市之所以有如此巨大的魅力和影
响，全在于城市作为文明发展的高峰，对于许多人来说，城市生活
就是美好的生活，就是幸福的象征，成为他们的天堂和向往之地。"
尤其对于被隔离在城市之外又与城市近在咫尺的四周乡民，到城里
去是一生的理想与追求，哪怕是蜗居在县城一角也是令人羡慕的，
所谓"有福之人住城角"，更何况大汉口。对于武汉周边的广大农
民来说，武汉是财富的聚集地，甚至遍地是黄金。他们厌倦了在农

---

　　①　转引胡俊修《"东方芝加哥"背后的庸常——民国中后期（1927—1949）武汉下层
民众日常生活研究》，博士学位论文，华中师范大学，2007 年，第 30 页。
　　②　章有义：《中国近代农业史资料》（第三辑），生活·读书·新知三联书店 1957 年
版，第 881 页。
　　③　彭南生：《近代农民离村与城市社会问题》，《史学月刊》1999 年第 6 期，第 88 页。

村守着一亩三分地的清苦，以为在城市里可以赚更多的钱，实现财富的梦想。① 以上是一种最为实际、最感性的描述。不论如何，在多数人眼里城市就是比农村好。

人们对城市理想化的愿景，可以从经济学上来解释。一般说来，人口流动基本上是一种经济现象，可以用美国经济学家托达罗"期望工资理论"来解释。期望工资理论认为："农村向城市的人口迁移不是简单地反映城市工资和农村收入的差别，而是反映着一种期望的差别，那就是期望的城市工资与农村现有收入的差别。农村居民向城市地区迁移，希望在那里找到有较高收入的工作，但由于信息传播需要一定的媒介和时间，农村居民往往对城市劳动力市场的行情并不了解，只要他们所期望的城市工资超过他们现有的收入，他们就可能作出向城市地区迁移的行为。所以，在城市存在大量失业和就业机会不足的同时，农村人口仍保持不断流向城市这一十分矛盾的现象。"②

20世纪二三十年代中国就是如此。一方面是城市存在着大量失业的现象，另一方面农村人口仍然源源不断地涌入城市。这也是近代中国大城市有着众多棚户区或贫民窟的原因之所在。只要城市收入高于农村收入，就会有城乡之间的人口单向流动。破产农民大量涌进不景气的城市，然"工业发展的速度和农民破产的速度比较起来，落后得好几百倍"③。即城市经济发展速度远远赶不上城市劳动人口的增加速度，况且当时汉口经济早已不景气，城市容纳能力就更为有限。

那一时期，汉口一方面到处出现歇业、关店、减员等情形；另一方面仍有农民不断地进入城市"谋食"或谋生。在如此窘况之下，车夫、码头工人呈现出日益增多的趋势。因为，"少数成功同乡的示范效应也撩拨了一些农民进城的激情。早于自己离乡的亲戚、邻居、

① 胡俊修：《"东方芝加哥"背后的庸常——民国中后期（1927—1949）武汉下层民众日常生活研究》，博士学位论文，华中师范大学，2007年，第19页。
② 周凯来：《现代化论、城市偏向论和经济依赖论——当代西方的三种人口城市化与经济发展理论》，《人口与经济》1990年第5期，第57页。
③ 刘明逵、唐玉良：《中国近代工人阶级和工人运动》（第二册），中共中央党校出版社2002年版，第579页。

朋友进入城市并已定居，这使自己内心有所萌动，至少心存一种期望，一种能得到友善帮助而被接纳的期望。结果一些敢想敢做者跟着迈出了寻金梦的步伐，来到离家不远的武汉，渴望在这充满商业机遇的热土上挣到大把的钱。乡民对城市财富的幻想与渴望很容易泛化为凡是从农村到武汉的人都成了阔人的错觉。对城市的盲目向往蒙蔽了人们的分辨能力，看不到同乡在汉口打拼的艰辛落魄，只知道隔三岔五有人从汉口寄钱回村里，而且过了两年又在农村盖了新房，就笼统地以为从农村到武汉的人都变得'阔'了"①。其实，很多在城市混得不好的例子，农民是不愿去理会的，他们认为自己就有可能成为下一个成功者。从乡村向城市的移民运动，一如既往。因为农民心里明白，"无论城市怎样令人讨厌，它仍要比产生移民的那些地方更吸引人"。"城市比农村生活就是好。"②

城市中的现实是，无业人口、失业人口或贫穷人口呈现出加速增长的势头。1933年1月《汉口中西报》刊登了汉口冬赈调查结果：贫民人数30多万，"较之前年确增加一倍以上"。③ 城市贫民人数增多，主要是因在城市中找不到工作的"民工"增多而引起的。这种悖论之所以出现，主要是因农民对城市美好"预期"的驱动使然。从经济学上说，是受劳动力价值规律的支配，哪儿工资收益高，人口就流向哪里。城市尽管出现了不景气，但比之于日益凋敝的农村，农民尤其是汉口周边农民更愿意选择前者，源源不断地涌进城市谋食或谋生。此种现象在某种程度上折射出城市内在的吸引力，然而，这是一种"城市化扭曲的引力"。

四　城乡其他差别

现代城市文明日渐深入人心。欠发达国家的农村居民企望进城，

---

① 胡俊修：《"东方芝加哥"背后的庸常——民国中后期（1927—1949）武汉下层民众日常生活研究》，博士学位论文，华中师范大学，2007年，第19页。

② 高佩义：《中外城市化比较研究》，南开大学出版社1991年版，第62页。

③ 《本市待赈贫民，共有二十五万余人》，《汉口中西报》1933年1月12日。

固然主要是为生活所迫，但城市文明对他们的吸引力也在日益增强。①
城乡生活的反差，在近代中国迈入现代化进程之后就出现了。时人在
谈到二三十年代湖北农民离村时说："农民衣食住行都是不合理化，
精神的苦闷，使他感到乡间太单调了，太简陋，至于其它卫生娱
乐……调剂生活的设备，更是谈不上，因此农民常感到乡村索然。"
而城市"物质的诱惑，都会到处使人心悦神怡，常有许多农民，因事
到商场去的时候，走到街上，东瞭西望，驻足街头好像使他留恋不舍
的样子。这都是表现出农民被快乐所融合了，因此，农民来比较城市
与乡村的区别，更增加了农民厌恶乡村的情绪"。② 城市里多彩多姿
的生活样式也是他们一生的梦想。宽广的马路，飞驰的汽车，灯红酒
绿，纸醉金迷，足以让第一次到武汉的周边乡民惊讶、震撼、过目不
忘、刻骨铭记，而沉淀为心理的期待。毫无疑问，近代武汉的物质生
活样式，如磁铁般吸引着有都市生活初体验的周边农民。③ 在城乡生
活强烈对比之下，民国时期有不少农民，尤其是城市周边青年农民渴
望进城过上城里人的生活。汉口特别市政府社会局主编的《社会》
期刊，1929 年第 4 期发表了《乡下青年》一文可证实上述说法。该
文有如下强烈感叹："'到都市里去'，'到都市里去'，这句话差不多
成为生活在乡村中的青年们的口号，他们在强烈地呼唤着，他们在焦
心地思念着，他们在努力地实行着，所以，都市人口的膨胀，失业的
激增，生活的高涨，盗匪的充斥，同时乡村人口的寥落，田园的荒
芜，教育的落后，统统是这句口号所造成的病态……"④ 尽管上述感
叹可能有些夸张，但道出那一时期城市对农民强烈的吸引力。

那一时期，有人因"贪念汉口繁华，夫妻要脱离"。20 世纪 30 年
代报纸中有不少这样的新闻。如 1934 年 7 月 7 日《汉口市民日报》

---

① 高佩义：《中外城市化比较研究》，南开大学出版社 1991 年版，第 57 页。
② 左泽生：《湖北农民离村问题》，《湖北农村合作社》第 2 号，第 20 页。
③ 参见胡俊修《"东方芝加哥"背后的庸常——民国中后期（1927—1949）武汉下层
民众日常生活研究》，博士学位论文，华中师范大学，2007 年，第 20 页。
④ 汉口特别市政府社会局：《社会》1929 年第 4 期，第 91 页。

上刊载《丈夫要回乡，妻子要留汉，各走极端，闹入警局》这样的一则新闻：丈夫以生活程度过高，要携妻子回乡居住，妻慕汉地繁荣，不肯回乡。再如，同年 10 月 18 日该报上登载另一则新闻，题为《彭氏女，虚慕汉口荣华，藉旱灾来汉找工作，自甘堕落入娼寮》："武昌青山人，姚莲青已及笄，向在乡间务农为业，堂上只有五旬老母，平时在乡间耕种度日，莲青幼时凭媒订得同邑彭姓女子为室，该女年芳二九，乃中小农女，姿色尚佳，去年过门，夫妻亦颇相爱，惟今年旱灾，莲青家颗粒无收，其妻难度家中之苦，虚慕汉口荣华，商得莲青母子同意，乃藉名至汉找人帮工，于五月间来汉，在硚口某纱厂工作，不知因何转入娼寮……自甘堕落………情愿为娼，丈夫找她回去，她不愿回。"① 可见即使在近代，城市早已成为农村人向往的一个充满诱惑的地方。

更多的时候，城市为进城农民提供更大的发展舞台。不少农村人在城市拼搏中成就一番事业。对一些有抱负的人来说，都市繁华，人生发展机会较多。如万泽生，民国时期汉口总商会会长，他原是汉阳县（现蔡甸区，汉口近郊）大集乡黄虎大队的农民，家境较好，曾经读过书，他之所以来到汉口，主要是想在汉口得到发展。后人也是这样解释的："他家是有饭吃的人家。有饭吃的人家就要后人读书，因此他少年时代就能读书……对四书五经那些东西很有点造诣，还练了一手工整的好字……他在乡里待到 20 岁左右，觉得窝在屋里一辈子都不能'伸头'，一辈子也过不了好日子。看看周围的人，都到汉口这里那里当了店员，既然这是个大出路，我为什么不像人家那样出去当学徒、当店员……这样一想，他就出来了。"② 近代如万泽生这般想法而来汉口发展的青年亦不在少数。

还有更多的事例，是那些出身贫寒的农村青年，确是在汉口城市谋生过程之中，完全改变了个人命运甚至是家族的命运。如汉口"地

① 《汉口市民日报》1934 年 10 月 18 日。
② 万生鼎：《回忆汉口总商会会长万泽生》，《武汉文史资料》2013 年第 1 期，第 39 页。

皮大王"刘歆生，原出生于汉阳县柏泉乡一个农民家庭，幼年家贫，15岁便离开农村来到汉口牛奶坊当送牛奶工，因不满足于送牛奶，与人合伙做生意而发家。"药材大户"蔡辅卿，咸宁农村人，父亲务农，母亲曾作奶娘，13岁时随表叔来到汉口，先在参号做杂工，后自立门户，通过经营奋斗，成为汉口八大帮行之一的药材帮商董，曾任汉口商务总会总理。[①] "纺织大王"徐荣廷，江夏农村人，幼年随父打渔，稍长到汉口药材行当学徒，后在商号做管事而发迹。再如，汉口总商会总理的李紫云、裕大华集团的创建者张松樵[②]、汉口商业银行董事长贺衡夫等近代汉口富商巨贾，无不是出生于贫寒的农村，少时家贫来汉口，是为"闯汉口"，在城市中成为工商业巨子。试想他们如果留在农村，会在汉口经济发展史上留下那么多至今让人津津乐道的商业传奇吗？任何时代总有一些不甘于平庸的人，"他们大多出身草根、来自乡野，靠着自己的奋斗，在中国现代第一波开放大潮中趁势崛起"，[③] 而城市就为他们提供这样一个充满挑战与机遇的舞台。

城市吸引力还体现在其他方面。在近代中国城市里，社会保障机制、安全机制、市政建设等都获得不同程度的发展。相较于日益崩溃、社会秩序日益混乱的农村来说，近代大城市中驻扎大量军队，或有相对完备的警察制度，或还有不少救济制度或保障制度，如不时开设的粥棚、贫民大工厂、妇孺救济院、职业介绍所、冬赈等，都构成城市相对较好的生存或生活环境，使城市更为安全，更容易谋食或谋生。这些都有可能成为城市的吸引力。

另外，值得注意的现象是，在近代中国农村向城市移动的人流中，除了贫穷的农民外，还有携带大量家财的地主或富农。因为，乡

---

① 王玉德：《民国年间汉商大腕的成功之道》，硚口政协网 http：//qkzx. qiaokou. com/detail. asp？ID = 465。

② 参见《从乞儿到百万富翁张松樵》，政协武汉文史资料委员会《武汉文史资料》第53辑，1993年，第63—65页。

③ 耿愿：《董宏猷：汉商，侠商！》，《长江日报》2011年3月28日，http：//news. ifeng. com/history/gundong/detail_ 2011_ 03/28/5397771_ 0. shtml。

村不太安全，"在此四乡匪患时间，杀人放火，绑票勒索，无论何人，见而生畏。于是只有携家大小，赴此平安之地之汉口。在汉口之人自然不敢回去。在乡间不敢宁处之人，又络绎不绝而来"①。"汉口近郊之外，抢劫、绑架没有哪一天间断过。令人遗憾的是到这十年底情况进一步的恶化。"② 因此，对于那些有家财的农民来说，迁入城市，其生命与财产相对安全，相对有保障，因此，此时的城市成为四边乡民的避风港。

在近代中国缓慢的现代化进程中，城市尤其是近代中国的"条约口岸"，因其繁华，因其相对安全而对农民尤其是城市周边农民的吸引力越来越大。而这恰恰是目前学术界在分析 20 世纪二三十年代中国农民离村时比较忽视或漠视的一个因素。

第二节　农村战乱之于城市人口增长

近代中国的农村极其动荡不安。20 世纪 30 年代，除了革命根据地发展得如火如荼之外，还有多如牛毛的盗匪横行乡里，这些动荡都造成城乡人口的单向流动。穆和德在《江汉关十年报告》中说："近十年里（注：1922—1931）大约有 277000 人流入汉口，而前十年（注：1912—1921）的移民只有 104000 人。无疑强盗……对附近农村的威胁应对这一流动负责。"③ 的确，强盗对农村骚扰而造成人口流动的影响不可忽视，然而二三十年代中国农村强盗之多，横行地域之广，无法一一进行考察与分析。在此，这里仅就战乱，尤其是湖北省境内蒋介石军队与根据地红军之间重大的"围剿"与"反围剿"的拉锯战争对汉口人口的影响，进行一番考察。

---

① 胡俊修：《"东方芝加哥"背后的庸常——民国中后期（1927—1949）武汉下层民众日常生活研究》，博士学位论文：华中师范大学，2007 年，第 24 页。

② ［英］穆和德：《近代武汉经济与社会——海关十年报告——汉口江汉关（1882—1931）》，李策译，（香港）天马图书有限公司 1993 年版，第 185 页。

③ 同上书，第 184 页。

本章不考察距离汉口较远的战事，因为距离汉口路途遥远且难走的话，即使是发生重大战事，因交通不便且故土难离，战区或难区内也不会有较多的人口逃往汉口。从地理位置来看，鄂豫皖、湘鄂西，是湖北省境内较大的两个根据地，且距离汉口皆比较近，而这两个根据地又是那一时期蒋介石军队重点"围剿"的地区，那么，这两个地区的战事对汉口人口会不会有一定的影响呢？

1930年之前，李宗仁、蒋介石等相继派少量部队在汉口附近的黄安、麻城等地进行过"清剿"或"驻剿"，但其规模不大，时间不长。而规模较大且具连续性的"围剿"，主要是30年代前期即蒋介石在中原大战结束之后发动的。那一时期大规模的"围剿"有：1930年10月蒋介石在武汉行营集结了8个师近10万兵力，对鄂豫皖苏区发动了第一次"围剿"，其中以夏斗寅的第十三师（驻武汉东南郊县）进攻黄陂（汉口近郊），1931年3月初，结束第一次"围剿"；1931年3月中旬，蒋介石调集20万军队，对鄂豫皖苏区进行了第二次"围剿"；1931年"九·一八"事变爆发后，蒋介石继续对鄂豫皖苏区进行了第三次"围剿"；1932年7月，蒋介石集结30万兵力，分左右两路对鄂豫皖、湘鄂西苏区发动第四次"围剿"；1933年7月，蒋介石调动10万多兵力，对鄂豫皖苏区发动第五次"围剿"。

战火所到之处，农村顿时化为废墟，造成难民无数。[①] 1932年1月11日《汉口中西报》登载新闻《劫后之阳新，组织民众十余万人》中说："十室九空，道里为墟……房屋倾塌，民众鹄形鸠面……"[②] 再如，新闻《一幅流民图》：仅咸宁等二十六县，难民达三百万。[③] 1932年《汉口中西报》第二张第八版一年之中刊登了不少乡民逃往汉口的新闻：

---

① 可参见同一时期《汉口中西报》有很多有关战区农民逃亡，大片农村成为废墟的报道。

② 《汉口中西报》1932年1月11日。

③ 《汉口中西报》1932年7月26日。

6月16日《百岁老人行乞——遭赤祸，因流之》：鄂城云乡人，因上年被赤匪之祸，家人流亡，颠沛至此。

9月11日发表社论《促各县士绅回籍》：鄂省中区剿匪军事……在其乡里一经化为匪区后，即冒险以逃到武汉，宁为苦力乞丐……

9月25日《难民无良民证——不能归家》：黄安、孝感、黄陂、天门、潜江、京山、沔阳等县匪区国军进剿后，难民纷纷逃避武汉，流集于汉口铁路外，汉阳赫山、码头、武汉下新河一带，年少壮丁，不免行窃财行为，诚为三镇前途之隐忧，此种难民，均以未取得良民证，不能归家，亟应设法分途遣送回籍等因，奉此，相应函达贵府查照，等由准此，相应令仰……

11月1日《收遣散游以重冬防》：黄陂、孝感、汉川、天门、京山、潜江、沔阳各县……自我军进剿后，民众相率逃避来汉，亟应限期遣送原籍。

可以看出，上述报道多出自仇视共产党的作者之手，然而撇开政治立场可以看出：鄂豫皖、湘鄂西等根据地的战事与汉口人口之间，有着怎样紧密的联系。战端一开，武汉三镇顿时成为郊县大多数难民的主要目的地，城市人口必然增加。1930年10月之后汉口人口猛增的现象就是佐证。请见表3-2：

表3-2　　　　1930年1月至1931年4月汉口人口逐月总数

年月	人数
1930年1月	620531
2月	621794
10月	708106
11月	719798
12月	731570

续表

年月	人数
1931 年 1 月	736529
2 月	738169
3 月	747691
4 月	762366
5 月	766205
6 月	769127
7 月	773739

资料来源：根据《新汉口市政公报》（后改成《新汉口》）《汉口市政概况》《统计月报》等档案与原始资料合成的。

　　表 3 - 2 显示，从 1930 年 10 月至 1931 年 7 月，汉口每月人口呈递增之势，尤其是 1930 年 11 月比起 10 月增加 11602 人；12 月又比 11 月猛增 11772 多人；1931 年 4 月比 3 月人口增加 14675 多人。故 1930 年 10 月至 1931 年 4 月汉口人口共增加 5 万多人。

　　对此，汉口秘书处主编《新汉口》所做的分析是：都市人口增加之数量，虽视其工商业发达与否为标准，但"都市生活的安全"不能不算是都市人口增加的重要原因。所以汉口市，在这"匪共"猖獗，正在痛剿期间，虽未有工商业发达之可言，而人口恰巧每月以整万的增加，甚至尽管新房屋建筑起来，还闹着住荒。根据本月户口统计报告，人口还是继续增加。"本月人口（注：1930 年 11 月人口为 719798 人，10 月人口为 708106 人）增加了一万一千六百零二人。"此一万多人的增加，并不在出生人数之增加，而是在于迁入人数较徙出人数较多 1 万余人所致。① 的确，汉口人口迅猛增加的这个时间点，与蒋介石在 1930 年 10 月发动的"剿匪"时间点是一致的，请见表 3 - 3：

_____

① 汉口市政府秘书处：《新汉口》1930 年第 6 期，第 121 页。

表 3 - 3　　　　　　　　1928—1936 年汉口人口数

年份	人数
1928	572672
1929	617371
1930	731570
1931	782765
1932	755517
1933	770179
1934	809215
1935	781514
1936	760437

资料来源：根据《新汉口市政公报》（后改成《新汉口》）《汉口市政概况》《汉口市公安局业务纪要》《民国二十三年度市政调查》等档案与原始资料合成的，以上数据都是每年 12 月的汉口人口总量。

从上表来看，1930 年是 1928—1936 年汉口人口增加最快的一年：一年之内汉口增加了 10 多万人。如表 3 - 2 所示 1931 年 4 月比之 3 月人口增加 1.4 万多人，这种现象的出现与战争有关，虽不能把 1930 年人口猛增的原因完全归结为战争，但可以肯定，战争在这一时期城市人口增长过程中的影响颇为突出。

在调查同一时期上海人口时，发现也有因战乱而人口猛然增加的现象。如 1930 年，"闻在八九月间，本市增加人口常在 5 万以上，而其中则以湖南江西为最多，因为那两个省是经红色洗染呵！"[1]

然而，虽然 1931 年底至 1933 年，蒋介石相继在湖北省发动第三、四、五次"围剿"，同一时期汉口人口总量却变化不大。见表 3 - 4：

---

[1]　陆生：《上海人口三百万》，《时时周报》1930 年第 1 期，第 7 页。

表 3 - 4   1932 年至 1933 年汉口逐月人口统计

年别 数别	二十一年		二十二年	
	实数（人）	指数（%）	实数（人）	指数（%）
1	787716	100.00	756142	95.99
2	793461	100.73	753734	95.69
3	771145	97.90	753447	95.65
4	773930	98.25	749920	95.20
5	770479	97.81	745514	94.64
6	773208	98.16	743121	94.34
7	773066	98.14	743297	94.36
8	770867	97.86	742536	94.26
9	770820	97.86	747020	94.83
10	775762	98.48	752553	95.54
11	786333	99.82	765969	97.24
12	755517	95.91	770179	97.77

资料来源：汉口市公安局：《汉口市公安局业务纪要》. bc16 - 0018，武汉档案馆藏，1932.10 - 1934.12，1934 年第 112 页。

也许可以这样解释：早在 1930 年 10 月第一次战端开启之后，乡民逐渐逃离战区，导致十室九空，然而随着时间的推移，即使再有大规模战争，农村早已荒无人烟，已经没有多少乡民外逃汉口了，故在这一时期汉口人口总量没有多大变化。

当然，如前所见，当大规模战争平息之后，总有一些乡民或自愿，或在政府督促与帮助下返还原籍，在一定程度上也会使汉口人口总量回落。

第三节　农村天灾之于城市人口增长

农村天灾对于 19 世纪汉口人口的影响，罗威廉在《汉口：一个中国城市的冲突和社区（1796—1895）》中曾有这样一个说法："对于汉口人来说，流民问题与那些包围这个城市的，为数众多而且数量一直在有规律增长的乡下难民有着密切关联。为了逃避盗贼、叛乱、旱灾、饥荒特别是洪灾，难民成群蜂拥进汉口。他们有的来自遥远的豫皖农村，有的来自鄂东北低洼潮湿的湖区，也有的来自易受洪灾的汉水下游河谷。更经常的情况是，难民来自沔州和天门县。至迟到 18 世纪初，难民已开始大量出现。在洪水期间的 1801 年白莲教起事中，有数万难民来到汉口。在整个道光时期，难民的涌入成为千篇一律的现象。1840—1841 年洪灾期间，有超过 10 万的难民涌入汉口，而 1848—1849 年洪水期间，则有 20 多万难民到来。19世纪 60 年代中期，随着汉口商业的复苏，每隔有限的几年，就会出现一次大约有 300000 人或者更多的难民浪潮。"① 1865 年，传教士波特·史密斯指出："存在着大量的非法侵入人口，他们居住在城市边缘的角落里，境况悲惨。"② 到 19 世纪 80 年代，这些难民实际上每年秋冬季节的枯水期都会出现，事实上已经成为一种季节性迁移者。③ 可以肯定的是，有不少难民长时间地留在汉口。1872 年，另一位传教士里德说："全城所有空着的地方都挤满了新来居民和乞丐群落的棚屋。"事实上，"当地的慈善施舍活动停止以后，大部分留在汉口的难民不得不依靠乞讨以设法养活自己，虽然也有少数人谋得了其他的工作机会"④。不过，究竟有多少难民留在汉口，目前还没有确切的文献记载。这一时间段内，汉口城市人口的确是增加了：1853 年汉口人口不到 10 万人左右，1888 年有 18 万人，1908 年 24万多人。在这增加的人口中究竟有多少是因"有难进城"而留下来的呢？不得而知。只能概括性地说，因为农村天灾人祸汉口人口确实增加了不少。

---

① ［美］罗威廉：《汉口：一个中国城市的冲突和社区（1796—1895）》，中国人民大学出版社 2008 年，第 274 页。

② 同上书，第 278 页。

③ 同上书，第 275 页。

④ 同上书，第 278 页。

一般说来，天灾使农村生存困难，农民流入城市，导致城市人口
增加。历史上经常发生这样的事情，每当湖北省境内或临近湖北省的
省份发生天灾就会有大量难民流入汉口。然而一般说来，由于距离的
原因，民众偏向短途的流动，湖北省境内的天灾对汉口人口增减的影
响更大。所以，本章重点考察湖北省境内的天灾。

20世纪30年代湖北省境内农村出现了几次大的天灾：1931年大
水、1934年水旱灾、1935年水旱灾。那么，天灾与汉口人口增长之
间，是否有着紧密联系？下面将进行量化性的考察，来探究两者之间
的关联性。

1931年湖北大水灾使"近江诸县，皆成泽国"，"鄂中汉川天门
等县，灾民遍地，其奇惨情形……流离状况，几令人不忍卒读……灾
民……共万余人，早经断炊，树皮草根，行将食尽，死亡相望，为状
至形惨痛"。① "农民生活困难，群相率以逃向大都市，以求得生活之
机会。"② 20世纪30年代初因天灾而来汉的难民，在同一时期汉口各
种新闻报刊中屡见不鲜。

1932年《汉口中西报》：

> 4月12日
> 《饥寒交迫两灾妇，投江幸遇救》——两灾妇联袂投江……
> 于去年避水灾来汉，求乞谋生。
>
> 6月20日
> 《老丐陈尸路侧——一宵风雨催送残生》——鄂中各县遭水
> 灾后，人民田宅荡然，无家可归，壮者尚有谋生可能，老者血气
> 既衰，无走险之勇，又无负重之力，乞食难图一饱，抱病既无药
> 医治，大都奄奄一息，待哺嗷嗷。昨日有一老者卧于通业里口，

---

① 《天门灾民，死亡相望》，《汉口中西报》1932年6月28日。
② 《武昌市政府人力车概况调查报告》，转引胡俊修《"东方芝加哥"背后的庸常——
民国中后期（1927—1949）武汉下层民众日常生活研究》，博士学位论文，华中师范大学，
2007年，第23页。

骨瘦如柴声嘶力竭，入夜风吹雨打，生命遂告终结，陈尸半日，无人过问，亦云惨矣。

1934 年《汉口市民日报》：

8 月 20 日

《途穷恨，杜在新，栖身无所》——松滋人杜在新，年二十七岁，现因乡间农村破产，加之旱魃为灾，收成绝望，遂外出求谋啖饭之所……卖舟车抵汉，行路匆忙，将同伴失散，孤身一人，身无分文，流落无依……

9 月 8 日

《逃荒妇失伴：被人诱骗开房间》——少妇罗王氏，孝感人二十三岁，因乡间遭旱灾，禾苗枯尽，颗粒无收，及随同其父及乡邻多人逃荒来汉，行抵大智门时，因人多拥挤，致被失散，徘徊街头，被一不知姓名的男子哄骗至大智门第一旅馆开房……

1935 年《汉口市民日报》：

1 月 15 日

《饥寒交迫之灾民，鬻妻卖女，善士慷慨解囊，一家重得团聚》——徐寿田，沔阳人，现年三十二岁，以受去年水灾原籍不能立足，乃携妻挈子，来汉另谋生活，来汉后，即在后湖一带，业小贸……收入渐薄。①

3 月 4 日

《少妇年十八，助夫从军自己卖押——处于火坑一月有余，痛苦不堪请求救济》——据该女子供称，我娘家姓胡，嫁夫黄镜如，均为麻城乡下人，因去岁饥馑，日食难度，家人各自谋生，

---

① 《汉口市民日报》1935 年 1 月 15 日第 2 张第 8 版。

我夫乃携我来汉，投亲不遇，流落至此，我夫为生活所迫，不能坐以待毙，要外出当兵，我即典押至庆安里王姓乐户为娼。

3月5日

《小贩妻子慕虚荣 黄泥未干诉脱离——丈夫犹念结发情，苦求推事要成全》——张真早，二十三岁，黄陂人，住华清街后面板子桥，以小贩为业，于大水时，娶王秀荷为室，完娶之后，因乡间年岁不好，来汉小贸糊口，张真早即以每日所得维持二人生计。

3月8日

《张辉庭 从军归来——桃花依旧人面非》——殆二十年洪水为灾，鄂省俱遍，辉庭梓里黄梅，又何能免，其父母妻子，虽未遭灭顶之灾，但因庐舍均覆，乃相率避难来汉。

1931年大水之后，难民涌入汉口，警部据公安局转据该警察署报告，该辖马路外空坪，发现灾民89户，男187人，女126人，均系避匪以及水灾来汉，大棚居住，警部为维持治安起见，深恐不良分子。[1] 流入汉口的难民太多，汉口政府想要制止难民入境，8月16日："市府请咨各省，制止灾民出境游食。"[2] 但是看来堵不住，8月18日："'警部饬属：灾民入境毋任逗留'——查民国二十年时，因洪水为灾，重以匪祸，各属灾民逃入武汉者甚多，大都寄居市内，或搭棚郊外……"[3] 还是无法阻止难民流入，8月21日只好发出："各县来省灾民，应引入所指定住区。"[4]

难民流入汉口，一般会在汉口逗留多长时间，目前还无从知晓，但是可以肯定地说，有不少人留在了汉口，这是同时期汉口人口增长的一个重要原因。

---

① 《灾民应加注意》，《汉口中西报》1932年8月7日。
② 《市府请咨各省，制止灾民出境游食》，《汉口市民日报》1934年8月16日第8版。
③ 《警部饬属：灾民入境毋任逗留》，《汉口市民日报》1934年8月18日第8版。
④ 《各县来省灾民，应引入所指定住区》，《汉口市民日报》1934年8月21日第8版。

一 难民多来自汉口周边或邻近县市

湖北省境内天灾是否会造成汉口人口的增加，也需看天灾所发生区域与汉口之间的远近关系。因为，如果是远离汉口，即使发生了天灾，或由于交通不便或不愿远离故土等一些具体原因，外出逃难农民，可能会更多地选择附近农村或附近城市，故愿长途跋涉到汉口的乡民不多。下面的调查可以证实这一点，见表3－5：

表3－5　　　　　1931年大水湖北灾区人口之流离调查

省名	每千人中流离之人数	举家流离者所占之百分比	流离人口（个人与举家合计）占总人口之百分比	流亡地点所占之百分比		
				本县	外县	未详
湖北	69	44	48	68	23	9

资料来源：金陵大学农业经济系：《中华民国二十年水灾区域之经济调查》，1932年版，第232页。

表3－5显示：人口流离于本县的居多，而到外县的较少。又如，1932年由汉口水灾委员会提供名单，由市公安局负责遣送的1296人员中：沔阳795人，汉川197人，黄安90人，汉阳42人，黄冈25人，天门73人，潜江15人，监利9人，麻城14人，罗田8人，黄陂10人，云梦4人，枣阳3人，鄂城3人，通山7人，南漳1人……[1]以上名单进一步证实，流落汉口的，多为汉口附近市县的灾民。再如，同时期汉口市孤儿院中，"院生人数334名，籍贯汉川，沔阳占十之七八"。[2]

不可否认的是，逃往城市的难民中，有一些人留在城市，例如《汉市小贩之艰难》中所说："吾鄂自受二十年来水灾后，四乡灾民都集中武汉。但又无谋生技俩，于是经营小贩，藉以糊口。"[3]再如，

---

① 《遣散留汉难民，共一千二百九十六人》，《汉口中西报》1932年11月6日。
② 《汉口孤儿院参观记》，《汉口中西报》1932年11月7日。
③ 汉口市商会：《汉口市工厂劳工概况》，《汉口商业月刊》1935年第11期，第113页。

从武昌被服场职工统计得知，"此间招雇之男女工人，有时三千多人，工籍多为鄂湘民众，就中尤以鄂属天，沔，黄，孝一带，被灾来汉之妇女为最多"①。这些较长时间留在城市的难民或灾民，是城市人口机械增加的重要原因。

二 湖北省境内历次天灾并不都会引起汉口城市人口增长

30 年代前期湖北省受灾面积，见表 3 - 6：

表 3 - 6　　　　　　　近五年中被灾面积比较　　　　（单位：平方公里）②

时间	民国二十年（水灾）	民国二十三年（水旱灾）	民国二十四年（水旱灾）	二十四年与二十年比较增（＋）减（一）	二十四年与二十三年比较增（＋）减（一）
总计	46421	11512	56762	＋10341	＋45250

又如表 3 - 7：

表 3 - 7　　　　　民国二十、二十四两年被灾农田比较　　（单位：平方公里）③

时间	民国二十年被灾农田（千公亩）	民国二十四年被灾农田（千公亩）	二十四年与二十年比较增（＋）减（一）
总计	17661	96561	＋78900

由上表可知，三次天灾中，湖北省受灾面积、农田受灾面积最大的年份是 1935 年，其次是 1931 年，最后是 1934 年。1935 年湖北受损总额据中央农业实验所发表的农业统计报告，"水旱灾所形成之损失，约达七千四百万元以上，约占全国各省损失总额的百分之十，灾情之严重，损失之巨大，在全国各省之中，仅此山东一省，而列于第

---

① 《武昌被服场鸟瞰》，《汉口市民日报》1935 年 4 月 15 日第 8 版。
② 湖北省政府秘书处统计室编印：《湖北省年鉴·第一回》，1937 年版，第 99 页。
③ 同上书，第 102 页。

二位"。① 那么，在天灾之下，同时期汉口人口发展状况如何？

三次天灾与汉口人口增减关系如下：其一，因水灾出现，1931年下半年汉口人口逐月统计出现中断，因而无法知道1931年下半年逐月的人口统计，目前只知1931年6月即没有发大水之前汉口人口是769127人，1932年2月是793461人，② 那么，汉口人口前后相较增加2.4万多人；其二，1934年夏季湖北省发生水旱灾，是年7月汉口人口是773167人，至1935年1月时是816541人，前后两者相较增加了4.3万多人；其三，1935年发生特大水旱灾，虽给湖北省所造成的灾害超过往年，然是年7月汉口人口是787833人，1936年1月人口是781106人，前后相较人口却下降6000多人。按推理，1935年水旱灾会引起汉口人口大增，但事实是：这一时期汉口人口非但没有增加反而下降。那么，此种现象如何解释？

一方面，1935年发生水旱灾区域可能距离汉口较远。如表3–5所示，1931年大水造成人们流离失所，但大多数人还只是在本县这样一个近距离范围内流动，到外县的毕竟是少数。这是因为，在现代化进程早期尤其在近代中国那种特定的环境中，虽然出现了铁路，但是大多数农村内陆腹地交通还是不便，而且中国人历来安土重迁，不到万不得已，是不愿意搬迁或流动的，家乡遭遇了前所未有的大水灾，"逃亡于大城市而被收容于灾民所中者，数亦不少。不过大部分之人口，仍皆流连于灾区之周围"，③ 天灾之时，难民之所以在家乡附近流连，是因不少人待灾难过后想回到自己家乡。所以，如果发生天灾区域远离汉口，那么，天灾对汉口人口增长影响就会较小。

如第二章所述，民众不愿离开家乡太远，还有就是社会心理的认同感或归属感、生活中或工作中的互助性问题。如果远离家乡，城市

---

① 鲍幼申：《最近一年来汉口工商业之回顾》，《汉口商业月刊》1934年第3期，第5页。

② 选择来年年初的时间来比较人口的增减，这是因为人口发展有一个滞后性，以下类似。

③ 金陵大学农业经济系：《中华民国二十年水灾区域之经济调查》，1932年版，第215—216页。

里社会风俗、游戏规则等诸多方面,都是自己比较陌生的,一段时间内是比较排斥的,去适应这些比较困难,还有在人生地不熟的地方生活,生活中、工作中的困难没有较多熟人的帮助,独自去承担比较困难。一般说来,在那个交通通信不太发达的时代,那些远离家乡的游子,对自己身处的城市可能的陌生感与排斥感,或无所适从感,需要生活多年,可能才会减少。故民国时期汉口市民中来自湖北省境内边远山区的移民者比较少。所以,即使1935年水旱灾造成农田受灾面积远远超过往年,仍然对汉口人口总量没有太大的影响。

总之,农村的战乱与天灾对汉口人口的增长影响较大,然而,并不是每次战乱与天灾都会对汉口人口的增加产生影响,需要具体问题具体分析,不能一概而论,因为历史真相往往比想象更复杂。

30年代中国广大农村崩溃,农业萧条,农民贫困,这一时期不论是否发生重大天灾人祸,到了冬季,总会有大量农民入城乞讨或谋生。这一点从汉市政府《冬赈报告》中可以看出:"农村经济未复,贫民趋集汉上,生计困难,时值严冬,待赈尤切。"[1] 进城农民,一般是冬来春走,农闲时来,春耕时走,然如此现象,一般会影响到汉口人口逐月的统计数量。

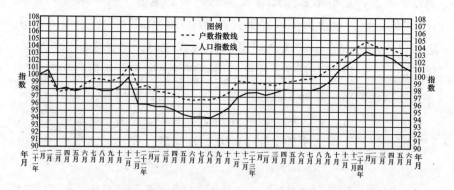

图3-2 汉口市户口趋势(1932年1月—1935年6月)

---

[1] 汉口市政府:《汉口市二十二冬赈委员会赈务报告》,1933年,第1页。

如图 3 - 2 所示，每年 9、10 月份之后，[①] 汉口人口一般会出现稍微上扬的趋势，而来年 2、3 月份人口有些下滑。可能的解释是：乡民在 9 月秋收无望之后或收成不好之时，开始涌进汉口谋生活，汉口人口总量上扬；来年春耕，从 3 月之后，有部分乡民回籍，汉口人口增长放缓或有些下降。

第四节　城市人口增长原因的综合分析

毋庸置疑，汉口人口增加，主要是农民进城，换言之，农民为什么要离村呢？《农情报告》中罗列了湖北省农民离村原因，见表 3 - 8：

表 3 - 8　　　　　　湖北农民离村之原因（1935 年）[②]

原因	百分比（%）
农村经济破产	1.4
耕地面积过小	—
乡村人口过密	0.7
农村金融困敝	0.7
水灾	16.9
旱灾	17.6
匪灾	18.3
其他灾患	7.1
贫穷而生计困难者	19.7
捐税苛重	4.9
佃租率过高	0.7
农产歉收	4.9
农产物价格低廉	0.7

---

① 汉口市政府：《汉口市政概况·公安》，1932.10—1933.12，第 37 页有一个"二十二年全市户口逐月增减趋势图"也能说明这个问题。

② 章有义：《中国近代农业史资料》（第三辑），三联书店 1957 年版，第 892 页。

续表

原因	百分比（%）
副业衰落	—
求学	3.6
改营商业或其他职业	0.7
其他	2.1
不明	—

　　从表3-8看出，足以造成农民离家的因素主要是水灾16.9%，旱灾17.6%，匪灾18.3%，其他灾患7.1%，天灾人祸共占59.9%，再就是贫穷而生计困难者19.7%，共计79.6%，以上统计主要是从农村方面来看的，根本没有提及城市，没有提及城市对农民的吸引力。

　　吴至信也说，"足以造成及加速农民离村者，择要言之，一为天灾，一为兵祸。天灾包括一切非人力所致之灾变，而兵祸乃指战争土匪与军阀种种蹂躏而言，此二者给予农民之压力，不仅经济方面受严重之打击，兼亦危及其生命，否则以中国农民之乐土重迁，忍苦安命，绝不致源源离村而度无所依藉之生活，固彰彰明甚"①。

　　然而，这些离村农民到哪里去了呢？"凡是没有饿死的人，都是尽可能地跑到都市里去求活，特别是有钱的人，甚至跑到外省去做寓公……"② 事实是否如此呢？见表3-9：

表3-9　　　全家离村之去处所占之百分比（1935年调查）③　　　（%）

省别	到城市逃难	到城市作工	到城市谋生	到城市住家	到别村逃难	到别村务农	迁居别村	到垦区开垦	其他
湖北	14.8	17.8	18.3	7.7	9.5	22.4	6.6	1.6	1.3

---

　　① 吴至信：《中国农民离村问题》，《东方杂志》第34卷第15号，第17页。
　　② 同上。
　　③ 章有义：《中国近代农业史资料》（第三辑），生活·读书·新知三联书店1957年版，第893页。

表3-9显示，全家离村到城市去的占58.6%，到别村或其他地方的占41.4%，前者远远高出后者。而青年男女离村到城市所占比例高达61.1%，以上数据说明民国时期青年男女更愿意到城市去，见表3-10：

表3-10　青年男女离村之去处所占之百分比（1935年调查）①　（%）

省别	到城市工作	到城市谋事	到城市求学	到别村作雇农	到垦区开垦	其他
湖北	24.1	21.9	15.1	31.7	2.6	4.6

基于前述两表，可对民国时期农民离村后的去向与现代农民离村后的去向做一番比较，不同之处在于：在近代，有不少农民离村后会选择去人少地多的其他农村；相同点是：不论近代还是现代，中国多数离村农民更愿意选择城市。其实，在中国历史上，"乡民"流入城市的现象并不少有，然而如近代那样，乡民流入城市之后，在城市里打工的，或谋生的，或住家的，即长期留在城市生活的现象，在以往历史上却是少有的，这表明近代农民离村是有别于前近代农民离村的，这也说明近代城市有别于前近代城市，这本身就凸显了近代中国城市越来越大的吸引力，只是城市的这种吸引力被掩盖在以往学界一再强调的"农村天灾人祸的推力"之下了。如表3-10所示，近代农民离村之后在可以选择其他农村地方作为目的地时，却更愿意选择城市作为目的地，这正说明城市具有较大的吸引力。

在前述研究基础之上，可以得出如下结论：

第一，近代以来汉口城市吸引力对城市人口增长的影响一直存在，且随时间的推移越发彰显。

具体说来，不能否认城市经济发展对人口的影响，如前所述，20年代末30年代初汉口经济发展与人口发展呈现出一致性，随着时间

① 章有义：《中国近代农业史资料》（第三辑），生活·读书·新知三联书店1957年版，第893—894页。

的推移，城市多项建设逐渐完善，城市对农民的吸引力愈来愈大，即使经济发展出现一时的停滞，因农民对城市生活预期较高，故仍有源源不断的农民进城。

第二，战乱与天灾对汉口人口增长的影响具有时间性与地域性的限制。

湖北省农村的战乱与天灾并不总是会引起同一时期汉口人口的增长，前者与后者之间的关联度受到时间与地域的限制。其一，时间限制。如在汉口附近或不远的县市发生重大的战乱与天灾，在开始的时候，会较为明显地引起汉口人口的快速增加，如1930年11月比之10月人口增加1万多人，其主要原因是蒋介石对汉口附近的鄂豫皖苏区发动第一次大规模的"围剿"，然而同一地区战争或天灾持续时间较长，随着时间的推移，其对汉口人口增长的影响就会逐渐减弱。因为在战争或天灾开始，人口早已逃离，十室九空，外逃的乡民逐渐变少。其二，地域限制。如前所述，如远离汉口的地区发生战乱或天灾，因交通、心理等原因，没有多少难民会逃到汉口。从同一时期汉口新闻中，很少看到有关远离汉口的诸如襄樊、当阳、郧县、远安等地难民来汉口的报道，个中原因大概如此。

第三，战乱与天灾相较，前者对汉口人口的影响较为明显，而后者的影响相对较小。

战乱之于汉口人口增长最为明显的佐证就是1930年10月人口是708106人，1931年4月人口是762366人，在半年时间内汉口人口增加近6万人，人口增加如此之快的直接原因，是第一次和第二次"围剿"所致。相较而言，天灾之于汉口人口增长的影响不是很大。总体看来，即使1931年大水、1934年水旱灾、1935年水旱灾，而同时期汉口人口总量的波动不大。具体说来，目前虽然还没看到1931年8月至11月的汉口人口总量逐月统计数据，但是仅就1931年7月至1932年2月，汉口人口只减少近2万人。[①] 当然，人口增加较少可能

---

① 1931年7月汉口人口是793461人，1932年2月汉口人口是773739人，两者之差为19722人。

与汉口市区内出现的水灾有关；再者，1934 年夏季水旱灾，汉口人口只是在同年的 9—12 月出现了轻微的上扬，1935 年发生水旱灾，同期汉口人口总量却出现一路下滑的状态。在那些爆发天灾的年份里，汉口人口增幅不大，甚或下降，由此可见，天灾与人口增长之间的关联度并不如想象中那样紧密，究其原因可能是爆发天灾的地方距离汉口较远。

第四，城市吸引力，战乱与天灾之于汉口人口增长的影响，多数时间内是相互交织一起发挥作用的，不过，据目前史料显示，城市吸引力与战乱之于人口增长的影响力更为明显一些。

城市吸引力、战乱、天灾三者之间，之于汉口人口增长的影响，多数时间内是相互交织在一起的。下面报告或新闻可以佐证。

1929 年，"十八年冬，各地因荒歉之余，继以匪共横行，以致各方贫民，不能安居故土，来本市就食，络绎于途，为数之多，倍于往昔，加之气候奇寒，为五十年所未见，啼饥号寒，惨不忍睹"①。1930 年，"本市每逢冬季，因各地荒年之故，各方贫民，就食于本市者甚多，去岁冬季，各乡因既受荒年之影响，复因匪共之滋扰，避居本市者，较前数年为尤多"②。又如，"查民国二十年时，因洪水为灾，重以匪祸，各属灾民逃入武汉者甚多……"③。再如，1932 年，"该辖马路外空坪，发现灾民……均系避匪以及水灾来汉……"④

1934 年汉市政府的《调查与统计》中曾这样分析当时武汉人口变动的原因："民国二十年，本省遭匪水重灾，附近各县人民多逃集武汉，故在二十年及二十一年上季，武汉人口骤增，迨水灾既退，匪患渐平，来寓武汉者又纷返故土，武汉人口遂形成长期之减势，直到二十二年九十两月后又逐渐转变为逐月增加之势。"⑤ 以上分析虽是

① 汉口市政府秘书处：《汉口市政府建设概况》，武汉档案馆：Bc13—0002，1930 年第 14 页。
② 《新汉口市政公报》1930 年第 2 卷第 2 期，第 88 页。
③ 《警部饬属：灾民入境毋任逗留》，《汉口市民日报》1934 年 8 月 18 日第 8 版。
④ 《灾民应加注意》，《汉口中西报》1932 年 8 月 7 日。
⑤ 湖北省政府统计委员会：《调查与统计》1934 年第 3 期，附注第 7 页。

强调战乱与天灾对 30 年代整个武汉（汉口，汉阳与武昌）人口之影响，但其分析同样适用于同一时期汉口人口的变动。

尽管在人口增长过程中，城市吸引力、战乱、天灾是相互交织在一起发挥作用的，不过，1929 年汉口市政府秘书处主编的《新汉口市政公报》就户口变动时指出："至本市（人口）变动原因，则除经济原因及非常原因（如各地土匪蜂起，乡民来汉避难，则来往者多）外，其它原因，尚不重要。"① 也就是说，时人认为城市吸引力（即前述"经济原因"）与战乱，是汉口人口变动的主要原因，而本书前述研究恰好证实了这一点。

由上得知，在考察近代汉口人口增长原因之时，需重视城市吸引力这一因素。那么，在考察近代中国人口城市化原因之时，要不要重视城市吸引力这个因素呢？目前学术界对近代中国人口城市化的研究，多偏重对农村天灾人祸的考察，这一点本无可厚非，因为从某种程度上看，近代中国人口城市化与"难民"之间的确有着很大的关系。然而，有没有注意到：在近代中国现代化进程中，城市人口增长与"难民"之间关系已发生了很大的变化，而这种变化就是前近代城市与现代城市之间的差别——城市吸引力大大增强了。下面将对"难民"进城与近代中国人口城市化之间的关系进行考察。

第五节　"难民"进城与近代中国人口城市化之关系

20 世纪上半期，大量在农村无法生活的贫民或难民，进入上海、汉口、广州等中国沿海沿江地区大城市，导致这些城市人口快速增长，这种现象似乎与其所进城市的工业发展好像没有多大的关系，因为，那一时期中国工业化才刚刚起步。实际情况是否如此呢？

---

① 汉口市政府秘书处：《新汉口市政公报》1929 年第 7 期，第 118 页。

一 20世纪上半期，中国农民离村主要原因是"有难"，而离村
农民中大多数人是以城市作为主要目的地的

首先，不可否认的是，在近代中国进城的农民中，有一些农民，
确实是因城市工业的发展对农村劳动力需求的增加而进城的。据费孝
通30年代的调查，"最近20年附近城市缫丝业发展非常迅速。城市
的工业吸走了农村劳动力"[①]。也有一些大城市周边的农民因对城市
美好生活的预期而来到城市谋生。

如前所述，人口流动基本上是一种经济现象。[②] 如果城市收入高
于农村的收入，那么就会有城乡人口流动。近代中国，在城市工业化
发生与发展过程中，就比较利益而言，工人的收入确实要比农民高
些。据20世纪30年代对江苏上海、武进、无锡等地域城乡工资的调
查，城市工人的工资比农村一般农民平均多50%—500%。[③] 就全国
而言，工农收入差别更大一些。据调查，1933年，全国制造业工人
平均工资为178元，而农村劳动者的平均年收入只有26元，前者为
后者的6.8倍。[④] 在比较利益之下，有一些农民，尤其是大城市周边
的农民，遂"抛去锄犁，群往都市谋生"。[⑤] 如30年代的无锡，"迩
岁强壮农民，颇多抛离乡村，群趋城市或上海，舍农就工"；吴江县
开弦弓村，1935年有32名年龄在16—25岁的女青年离村到无锡丝厂
工作。[⑥] 如此等等的史料不在少数。一般说来，如因上述原因来到城

---

① Hsioa-tung Fei，*Peasant Life in China：A Field Study of Country Life in the Yangtze Valley*，
p. 232.

② 美国经济学家托达罗"城乡劳动力转移模型"认为，农业劳动者迁入城市的动机
主要决定于城乡预期收入差异，差异越大，流入城市的人口越多。由于农村劳动力的转移
是根据预期的城乡收入差距而不是根据实际城乡收入差距做出的，因此尽管城市也存在大
量失业，农村人口仍然源源不断地涌入城市。

③ 何一民主编：《近代中国城市发展与社会变迁（1840～1949）》，科学出版社2004
年版，第392页。

④ 巫宝山：《中国国民所得：1933》上册，中华书局1947年版，第73—74页。

⑤ 章有义：《中国近代农业史资料》第3辑，生活·读书·新知三联书店1957年版，
第881页。

⑥ 无锡县政府编：《无锡概览》，无锡文新印刷所1935年版，第1页。

市谋生而使城市人口增加的现象，是具有现代色彩的城市化，它是近代中国城乡之间良性互动的一种反映。

　　然而，同样不可否认的是，在近代中国进城农民中，大多数人是因天灾人祸，或其他原因无法在农村生活——确是"有难"而被"农村推向"城市的。中国人向来安土重迁，近代中国农村，民风还尚未大开，交通大都不便，因而，大多数农民离开家乡几乎都是情不得已的。时人评论与社会调查也可证实这一点。如前述吴至信所说："中国农村经济的崩溃的原因至多，然其中足以造成农民离村者，择其言之，一为天灾，一为兵祸。"他在对江苏、河北、河南、广东等中国部分地区农村进行调查后认为："中国的离村现象，除极少数靠近工业城市之区域或与工业化有关，而十九由于天灾兵祸之驱迫而成，是被动的而不是自动的，是病态的，而不是常态的。"① 那么，这一时期离村农民流向何处了？据《农情报告》1935 年的调查，全国 22 个省中举家外迁至城市逃难、做工、谋生、住家的占 59.1%，到别村垦荒、务农、逃难的占 36.9%。对同一时期青年男女离村之去处的调查表明，因各种目的离村进城的达 64.9%，而到别村作农民或垦荒的为 28.5%。可见，在离村农民的流向中，进入城市的比例最大。②

　　如此看来，20 世纪上半期中国有难的农民离村后，大多数人把城市作为目的地的这种选择，与前近代社会的难民是有着极大不同的。中国历史上的农村从来不乏天灾人祸，所以就有"小难避城，大难避乡"之一说。中国近代，尤其民国是一个多灾多难的时期，这一时期除了连绵不断的国内外战争外，还有各种自然灾害频繁发生，与以往相比，这些灾害种类多，"范围广，灾情重，危害大"③。然而，

---

① 吴至信：《中国农民离村问题》，《东方杂志》，第 34 卷第 15 号，第 15 页。

② 实业部中央农业试验所：《农民离村调查统计》，《农情报告》1936 年第 4 卷第 7 期，第 177—178 页。

③ 莫子刚：《略论 1927—1937 年国民政府的救灾政策》，《四川师范大学学报》（社会科学版）2000 年第 1 期，第 101 页。

在近代大灾大难面前，离村农民却更多地选择了城市。这又是为什么呢？

从感性上看，正如韩起澜所说："大多数移民是饱受自然灾害或战乱之苦的贫穷不堪的难民，对他们来说，上海城市的任何工作较之他们已经逃离的生活都是一种改善。"一位在无锡码头打工的盐城籍贯的工人如是说："在无锡的生活完全不同于在苏北的生活，在苏北的生活艰难困苦……而在这里我可以吃到米饭……至少我们在棚户区能赚几个钱……在乡下，我们一分钱也挣不到。"①

从理论上看，20世纪上半期中国农民的这种选择，可以用托达罗城乡劳动力转移模型来解释：尽管20世纪上半期中国城市存在着大量失业，但是在"城乡预期收入"的巨大差距下，大多数"有难"农民还是"用脚投票"选择了城市。这是因为，近代城市较前近代城市，能给贫苦农民更多美好生活的期望（进城后的实际境况可能并非如此），或者说农民进城后生存的机会，乃至发财致富的机会增多了。

因此，20世纪上半期中国出现的现象："国内最常见的，已经持续了数十年的移民，是乡村—城市间的流动，无数的年轻人从村庄向城市迁徙。源于内地村庄的无尽的移民潮涌向像上海、无锡、汉口、广州和天津这些江河流域和沿海城市。"②

大量农民向城市流动，这说明近代中国城市向心力增强了，其经济支配地位突出了，而这又与近代中国工业化不无关系。

二　在"有难"而进城的农民中，大多数人长时间地留在城市，直接促进城市人口的快速增长

综观20世纪上半期中国沿海沿江的主要城市，在1937年前，其城市人口一直是处于上升趋势，且增长速度很快。而这种增长决不仅

---

① ［美］韩起澜：《苏北人在上海，1850—1980》，卢明华译，上海古籍出版社2004年版，第63页。

② Ta Chen, *Population in Modern China*, The University of Chicago Press, 1946, p. 57.

仅是城市人口的自然增加，主要是因"有难"农民大量流入，并长时间留在城市里所引起的人口机械增加所致。

例如，据估计，"近代上海的人口自然增长率至多在 1% 左右，按照这样的人口自然增长率，以 1852 年的 54 万人口作为基数，那么到 1936 年的 84 年时间里，上海人口应为 125 万余人，而不可能增加到 380 万余人"。探究其城市人口，增长如此之快的主要原因是，"由于人口从广大内地迁入的缘故"，而且，这些增加的人口中多为难民，"如安徽淮北一带，由于淮河长期失修，经常闹水灾，距离旧上海并不远，所以通过逃荒的方式来上海的安徽人口亦复不少"。①

可以推理，在流入城市的农民中，尽管有不少人还会倒流回农村，但必有一些人从此长时间地留在城市谋生。例如，"大多数非技术工人是从广大贫苦农民尤其是华北农村地区的贫苦农民转化而来"，长时期地留在了城市里，成为"城市人"。

以上的推理，也可从以下两则史料中得到证实。其一，据国民政府主计处统计局的资料显示，进入城市的农民占离村农民总数的59.1%，其中逃难者占 14.2%，到城市做工者占 21.3%，到城市谋生者占 15.4%，到城市住家者占 8.2%。② 虽然，农民流入城市大都是被迫的选择，但从以上数据可以看出，纯粹到城市逃难的只占14.2%，撇开这一部分不谈，还有 44.8% 是要长时间留在城市生活的。其二，从上海黄包车夫的有关史料中，也可以管窥进城农民在城市生活的时间长短。一般说来，近代中国主要城市的黄包车车夫主要来自农村。例如，据 1934 年的调查，上海黄包车夫出身农家率占71%。③ 而另据上海市工部局 1934 年对 49 个人力车夫在上海居住年限的调查：车夫居住上海的年限自 3—44 年不等，平均为 15.9 年；

---

① 彭南生：《近代农民离村与城市社会问题》，《史学月刊》1999 年第 6 期，第 89 页。

② 何一民主编：《近代中国城市发展与社会变迁（1840—1949）》，科学出版社 2004年版，第 137 页。

③ 同上书，第 393 页。

已拉车的年限自 1—31 年不等,平均为 11.5 年,大多数在 5—9 年间。其中有 20 人自离家后从未返乡,19 人回乡之目的仅为探视,只有 5 人返乡系为帮助农事。[1] 可见,即使是城市生活贫困,人力车夫大多还是愿意长期居留于城市的。[2]

时人指出:"今日农民的离村,已非个人的而是家族的,至少是直系亲属;已非一时的,而是永久的。"这样一来,其结果便是"每年都有几百万人到城市谋生",而且长期地滞留于城市了。实际上,在近代城市的劳工阶层中,产业工人和苦力中的农民来源构成的比例确实很大。例如曾对各地劳工出生农家比率有一个调查,1935 年上海厂印刷工人 79% 出身农家,1929 年天津地毯厂学徒出身农家的占 75%,1930 年天津磨坊学徒出身农家的占 60.7%。[3]

可以说,在中国历史上,"有难"农民流入城市的现象也不在少数。但是,像 20 世纪上半期那样,农民流入城市,且大量在城市里打工,或谋生的,或住家的,即长期留在城市生活的现象,在以前的历史上少有。这说明流入城市的农民,在近代社会与传统社会的表现已有很大不同了,这种现象不是城市化,那又是什么?

三 近代城市人口的快速增长,主要发生在民国时期,而这又与同一时期工业的迅猛发展有某种契合关系

虽然,近代中国城市发展主要是"因商而兴",但在 19 世纪下半期,城市人口的增长速度并不快,"从相关统计资料来看,19 世纪中后期,中国的城市发展的速度相对缓慢,而到 20 世纪,随着现代经济的发展,部分大中城市的发展速度则明显加速"。例如,"天津人口的增加,规模的扩大主要是在 20 世纪前期"[4]。民国时期,南京人

---

[1] 郭崇阶:《上海市的人力车问题》,《社会半月刊》创刊号,1934 年 9 月。

[2] 刘大武:《二十世纪二三十年代江苏农民离村研究》,硕士学位论文,扬州大学,2007 年,第 39 页。

[3] 何一民:《近代中国城市发展与社会变迁(1840—1949)》,科学出版社 2004 年版,第 393 页。

[4] 同上书,第 135 页。

口增长迅速，据统计，1912 年南京人口为 26.9 万人，1935 年突破百万，达到 101 多万人。① 所以，周锡瑞说："我们先需明了这样一个事实，即中国城市人口大多是在民国时期急遽增加的。在从清朝末年到抗日战争爆发这不到 30 年的时间内，南京和上海的人口大约增长了 3 倍，分别从 27 万和 100 万增长到 101.5 万和 400 万。天津在成为通商口岸时只是一个大约 6 万人口的较大的城镇，到民国初期，人口已经增至 75 万，而 1947 年则达到 170 万。"② 而民国前期，正是中国资本主义工业迅猛发展的时期。辛亥革命之后，中国兴起了"振兴实业"的高潮，尤其是第一次世界大战中国迎来了"民族企业发展的黄金时期"。有人统计，从 1912—1927 年的 16 年中，中国创办的资本额在 1 万元以上的工矿企业，总数约有 1948 家，资本额总计有 45895.5 万元。无论是创办企业的家数或资本额，这 16 年都超过了前 72 年（1840—1911）的一倍以上。③ 再如，1895—1910 年间，上海仅有 11 家新厂开工，在 1911—1917 年间的 7 年时间里，出现了 43 家新厂。而在 1918—1919 年，一下子出现了 29 家。④

虽然，有一些史料可直接表明，随着民国时期工厂的增加，城市对农村劳动力的需求也增加了。据《荣家企业资料》记载："从 1912 年—1932 年的 20 年间，在苏南颇具实力的荣家企业从 2 家增至 21 家，工人数也从 1334 人增至 33416 人，而且其中大多数来自江浙两省农村。"⑤

但是，目前还是很难用精确数据来直接说明民国时期中国主要城市人口的增长中，究竟有多少农民进城，直接是因工业发展对农村劳

① 中国国民党中央委员会党史委员会编辑：《革命文献》（93），第 226 页。
② ［美］周锡瑞：《华北城市的近代化——对近年来国外研究的思考》，《城市史研究》第 21 辑，天津社会科学院出版社 2002 年版，第 17 页。
③ 徐柳凡：《试论辛亥革命后私人实业投资热潮的兴起》，《安徽史学》1998 年第 3 期，第 54 页。
④ ［美］裴宜理：《上海罢工——中国工人政治研究》，江苏人民出版社 2001 年版，第 77 页注释 2。
⑤ 刘大武：《二十世纪二三十年代江苏农民离村研究》，硕士学位论文，扬州大学，2007 年，第 39 页。

动力的需求增加而引起的，但是可以肯定的是，这一时期城市人口的大幅增长与工业的迅猛发展必然紧密相连。

例如，天津在近代工业大规模发展之前，其城市人口虽然比此前有较大发展，但是到 1895 年时其人口仍只有 58 万多人，并未形成特大城市。只是进入 20 世纪之后，当天津近代工业出现了飞跃发展的同时，其城市人口才出现大幅度的增长。而且，天津工业发展的高潮时期正是天津城市人口增长的高峰期，如天津工业发展的第一个高潮时期 1906 年至 1910 年，天津城市人口每年都净增 4 万余人；天津工业发展的第二个高潮时期是第一次世界大战开始到战后，天津城市人口也是以每年净增近 5 万人的速度发展，1925 年天津的城市人口达到 107 万人，到 1936 年则达到 130 万人。[①] 又如，罗兹·墨菲曾这样总结近代上海城市人口的发展特点："直到 1895 年，上海几乎仍旧是个纯粹经商的城市，因而人口从未超过 50 万，尽管 1843 年至 1895 年间……人口增加了 1 倍。但是如果与 1895 年以后伴随着市内现代工业制度发展而造成的人口激增相比，那么早期的人口就显得微不足道。第一次世界大战期间，中国与东南亚市场海外竞争的消除，对上海工业发展有强有力的推动作用，其人口增加到 300 万左右。"这是因为，当时上海的工业主要是"规模小，投资不足"的劳动密集型工业，这就意味着在上海"维持这种工业的发展比维持早期的商业活动需要更多数的劳动力"。[②]

由此可见，民国时期，中国主要城市人口的快速增长，与工业的迅猛发展大体同步。然而，这两者之间绝不是巧合，其间必有一定的关联度。这种关联度就是现代城市化理论所谓的"城市化与工业化"之间的关联度。20 世纪上半期中国农民不论是何种原因来到城市，然在工业化发展的背景之下，就其中大部分人长时间或永久性留在城

---

① 何一民：《近代中国城市发展与社会变迁（1840～1949）》，科学出版社 2004 年版，第 85 页。

② ［美］罗兹·墨菲：《上海——现代中国的钥匙》，上海人民出版社 1986 年版，第 24 页。

市谋生的现象，与前近代城乡人口流动之比较，已经有着很大不同了，而这种不同，就是城市具有了更强的吸引力，更具现代性。

小　结

上述研究探讨了汉口人口城市化动力机制如农村的天灾、战乱和城市的吸引力，只是从微观层面来看问题，或者说只是在探讨人口城市化的直接动力机制问题。如果进一步追溯，从宏观层面来看，近代中国人口城市化的深层动力则主要是来自国际外力，如同近代中国现代化进程的启动与发展一样，是深受国际外力影响的结果。

20世纪二三十年代中国城市人口发展较快的几个城市如上海、天津、汉口、广州等，大都是"条约口岸"城市。从经济学上说，这些城市在开埠通商之后，逐渐被纳入西方现代资本主义经济体系之中，成为世界资本链条中的一个个"服务点"，其主要职能就是西方发达国家资本掠夺中国的"中转站"，它们源源不断地把财富运往西方国家，因而以这些城市为中心区域的人口城市化可称之为"半殖民地人口城市化"或"边缘地区人口城市化"。[①] 相较于近代中国的西安、太原等非"条约口岸"城市，在很大程度上可以说，是西方现代资本主义体系赋予了近代中国这些"条约口岸"城市较强的吸引力。也就是说，即使近代中国的这些"条约口岸"城市中没有工业，它们依然有着西方"工业化"传过来的"余力"，这种"余力"发挥作用，就会使这些"条约口岸"城市成为近代中国人口积聚的中心，何况在西方"工业化余力"带动之下，这些"条约口岸"出现了工业起步与发展等，更是增添了这些城市的"吸引力"，所以，开埠通商启动了近代中国的人口城市化，近代中国出现了农村人口向"条约

---

① 近代中国属于现代资本主义体系中的"边缘"地区，汉口是开埠通商城市，故汉口的人口城市化可称之为"半殖民地城市化"或"边缘地区城市化"。有关这一点，可参见［美］保罗·诺克斯、琳达·迈克卡西《城市化》（科学出版社2009年版）第七章"欠发达国家的城市化"。

口岸"城市集聚的现象,这也从侧面回答了近代中国非"条约口岸"城市人口增长停滞甚或较少的原因——后者没有多少吸引力。

近代中国农村民不聊生,相较而言,"条约口岸"有着更多的生存空间或发展机会,所以农民不断地涌入这些"条约口岸"而使城市人口得以迅速增长。所以,在研究近代中国"条约口岸"城市人口增长时,要特别关注国际外力赋予之下的城市吸引力或"拉力"。然而,这些"条约口岸"对农民的"拉力"又不同于西方发达国家城市的"拉力",具有"先天发展不足"的特点。正是这个特点,给城市带来就业、住房、环境等诸多问题,致使"条约口岸"城市具有极强的消费性与寄生性。

第四章　汉口城市政府之人口治理

如前所述，近代汉口是一个移民城市，人口增长迅速，一直以来，外来人口占汉口总人口比例高达 70% 以上。① 面对如此之多的外来人口，汉口历届政府有着怎样的一个态度呢？对此，本章将进行一番考察与探究。

第一节　加强户口清查

晚清，汉口政府对外来人口没有明确的态度，更没有所谓的管理概念。长期以来，"面对大量贫穷人口的不断流入，汉口的官府与精英们发展了清代最好的救济保障系统……分发现金或粮食，在市场上倾销储备粮或以低于市价的价格出卖粮食，设立粥厂，增强善堂所提供服务的标准等级，当然，还有把汉口城市内部安全系统提升到较高水平……将那些不受欢迎的外来人尽快赶出汉口"②。

有时可能出于维护城市治安的目的，会对户口进行清查。如 1908 年 1 月《汉口中西报》所载：警察一局吴原卿大令近奉令清查户口以免匪徒匿迹贻害地方，特于昨日派员在小夹街一带稽查以备造册详报。③ 北洋政府执政时期，汉口偶尔也有户口清查，如 1915 年，汉口

---

① 汉口市政府：《汉口市政概况·公安》，1932.10—1933.12，第 41 页。
② ［美］罗威廉：《汉口：一个中国城市的冲突和社区（1796—1895）》，第 275 页。
③ 《清查户口》，《汉口中西报》1908 年 6 月 27 日。

地方当局调查户口发现，汉口以行乞为生者 454 人。① 然而，像这种清查目前只有零星的记载，没有时间上的连续性。

南京国民政府时期，汉口政府对外来人口也没有明确的管理概念，"本市人口从无精确统计"。但就是在这一时期，汉口政府开始并加强了城市人口的调查统计，使之成为政府一项非常重要的工作，因为："户口调查为训政时期之要政，亦为地方自治之要素，关系极为重要。"②

目前有关 20 世纪二三十年代汉口人口统计资料，基本上源于此。本书所用的大多数数据，就是得益于那一时期汉口人口调查工作。有关这一时期汉口人口的相关数据，基本上可以在《汉口市政公报》（后改为《新汉口》）《汉口市政概况》《公安局纪要》等政府文件或相关报告中看到。

可以说，这一时期整个调查非常有计划性。其筹备工作如下：

> 本局（注：社会局）前奉市府令，会同公安局共同筹备，公安局派其户籍股主任张梓材，统计主任钟祖绳，科员费绍章为筹备员，本局派刘永耀、杨峰琳、徐雪平等为筹备员，旋以武汉三镇毗连，历史形势，均有共同举办之必要，乃派杨峰琳前往武昌民政厅会商，请求参加，但因数星期后，该厅未派定筹备员，或将本市单独执行，前后已开会数次，组织规则已拟定，进行细则及表式亦将制定告竣，其计划大略如下：
>
> 1. 筹备机关：（一）市党部，（二）卫戍司令部，（三）湖北交涉署，（四）江防局，（五）公安局，（六）本局；
>
> 2. 调查区域：以本市政府所管辖者，及法日两租界，特三区为限；
>
> 3. 调查期限：分宣传、调查、统计三期；

① 武汉地方志编纂委员会主编：《武汉市志·民政志》，武汉大学出版社 1990 年版，第 171 页。
② 《汉口特别市户口调查之筹备》，《社会》1929 年第 2 期，第 56 页。

4. 调查员：（一）各级党部党员，（二）各机关职员，（三）高中以上各学校之职教员及学生，（四）初中各学校及职教员及高级学生，（五）各小学校职教员，（六）军官学校学生，（七）卫戍司令部宪兵。①

1927 年，汉口公安局开始着手户籍调查工作，其步骤为：

首先，民国十六年十二月至十七年四月（1927.12—1928.4），共五个月，是为创办时期；

其次，民国十七年七月至十七年十二月（1928.7—1928.12），共六个月，实为第一次大举清查时期；

最后，民国十八年九月至十二月（1929.9—1929.12），共四个月，是为第二次大举清查时期。

1927 年 12 月至 1928 年 4 月，是为"创办时期"。《新汉口市政公报》说："在本时期前，本市实无户籍调查之可言，虽有调查清册，实则闭门造册，与以前之筹办选举无异。自十六年冬，本市各治安机关组织冬防委员会后以清查户口为肃清匪盗之根本办法，遂拟就户口清查表九种，交由公安局负责执行。"②

执行情形："按照规定手续，分别商店、住户、棚户、旅栈、烟馆、乐户、店员、工人、公司人员等项，查填清册取具联保以清盗匪而维治安……迟至四月始能缴齐清册办理统计。"重要表式："查本期商店、住户、棚户、旅栈、烟馆、乐户、店员、工人、公司人员表，均系冬防委员会所订。商店、旅栈、乐户、烟馆等四种均取具五家铺保，住户、棚户等二种等取具五家联保，店员、工人、公司人员等三种系由店主、厂主或原介绍人，保荐人分别盖章担保，其住户无印章者得以指纹代之。"③

---

① 《汉口特别市户口调查之筹备》，《社会》1929 年第 2 期，第 56 页。
② 汉口市政府秘书处：《新汉口市政公报》1929 年第 7 期，第 95 页。
③ 《公安局户籍调查登记办法之变迁及事实之经过》，《新汉口市政公报》1929 年第 7 期，第 95 页。

第一次大举清查时期，即 1928 年 7 月至 12 月，其"筹备情形"是："订就调查表式十五种，对于各户口均须查填，职业、籍贯、教育程度、已否入党、曾否受过刑事处分，以为行政标准复行定户口异动呈报书（即人事登记表）十七种及户口异动月报（即人事登记册）十七种，以为大举清查，后市民异动之考察，使继续维持户口之实在数目。"重要表式："查本期所用调查表式除船户一种因非本局管辖未予调查外，其余调查表计有商店、住户、棚户、旅栈、乐户、烟馆、公司工厂、寺内、外侨、公共处所、工厂工人、店员、公司人员等十四种。所用异动表式，则有迁入、迁出、迁移、开张、闭歇、营业、迁徙、出生死亡、男婚女嫁、承继出继、雇佣辞退、收养、失踪、暂往暂来、分户等异动呈报书及月报表各十八种。"①

可以看出，汉口最初所定调查表式只有 9 种，到第一次大举清查户口时，所启用"订就调查表式 15 种"，而"异动呈报书及月报表各有 18 种"。② 可见，随着时间推移，汉口人口的调查表进一步细化，这也许更能反映汉口人口变动的实际情况。到 30 年代，汉口人口调查的名目或图表更多了，有"汉口市逐月人口增减数""汉口市户口趋势""汉口市户口分布""汉口市户口迁徙统计""汉口市营业开张与闭歇户口统计""汉口市市民雇佣与辞退人口统计""汉口市市民婚嫁统计""汉口市市民生死统计""汉口市市民失踪人数统计""汉口市市民分户承继出继收养弃儿统计""汉口市暂来与暂往人口统计"等。如此之多的图表统计，或许能更清楚地了解汉口人口变动异常情况。后来，汉口市政府还定期调查全市壮丁数量增减情况。③

正是有了公安局或警察局的调查工作，才有了 1928 年至 1937 年间有关汉口人口较为详细的逐月变动表，本书有关人口规模与结构的统计数据，多数源于此。

汉口市政府清查户口或注意户口异动调查的目的：一方面，便于

---

① 汉口市政府秘书处：《新汉口市政公报》1929 年第 7 期，第 96 页。
② 同上书，第 95—96 页。
③ 汉口市政府：《汉口市政概况·公安》，1934.1—1935.6，第 35—38 页。

城市有序的社会管理，对流民或难民的涌入有一个较为准确的把握，维持地方治安，保护城市民众一方的安宁；另一方面，在国共内战期间，当局尤为防备共产党对城市的渗透。如 1932 年《汉口中西报》一文《灾民应加注意》："警部据公安局转据该警察署报告，该辖马路外空坪，发现灾民 89 户……警部为维持治安起见，深恐不良份子。"①再如，1934 年《汉口市民日报》刊登了汉口市政府不少布告与呼吁：8 月 16 日《市府请咨各省，制止灾民出境游食》；8 月 18 日《警部饬属：灾民入境毋任逗留》，"查民国二十年时，因洪水为灾，重以匪祸，各属灾民逃入武汉者甚多，大都寄居市内……因麇集过多，时日一久，有共匪化装匿迹等情事发生"②。因此，外来人口尤其是成群的外来人口进入汉口，汉口市政府比较警惕，会暂时把这些人安置在特定地点，如 1934 年 8 月 21 日《汉口市民日报》呼吁："各县来省灾民，应引入所指定住区。"③

第二节　加强人口巡查与监控

除了清查户口以外，同一时期汉口政府还加强对外来人口的盘查与监视，担任这个职责的主要是汉口公安局或警察局。④随着外来人口的增加，汉口市区不断地扩大，汉口公安局或警察机构建设与管辖范围在不断的变化或完善之中。1926 年 8 月汉口公安局改为汉口市公安分局，有 9 个辖区；1928 年 10 月，汉口有 11 个警署；1929 年 4 月，汉口有 20 个警署，1930 年 5 月因汉阳划归为湖北省管辖，汉口因此减少 4 个警署而只有 16 个警署；然同年 10 月汉口警署又增加17、18、19 三个警署，即共有 19 个警署。在各警署之下又分设许多派出所。除此之外，公安局还不断增设户籍员警、侦缉队、车巡队、

① 《汉口中西报》1932 年 8 月 7 日。
② 《汉口市民日报》1934 年 8 月 18 日。
③ 同上。
④ 不同时期，名称不一，有时称公安局，有时称警察局。

警士教练所等机构。

民国时期政局动荡，兵连祸结，加之农村天灾人祸，每到冬季来临，就会有大量外来人口涌进汉口"谋食"或谋生，这是汉口市政府最为警惕的时节，也是各区警员最为繁忙的时期，这就是汉口的所谓"冬防"。

如："时届冬防，警察的责任，是一天紧一天，兼之在这谣言很多的时候，汉口的警察所负的责任，更是重大，如欲治本，势非严密抽查户口异动不可，因为对户口异动，何去何从，或来或往，或走一人，或增一客，其一举一动，无论大小，全应随时侦查，实行抽查户口，以杜奸宄，不然就会使宵小易于潜踪，伺隙而动。比如三新街辛壬里周洪发家窝藏土匪刘瞎子至两月之久，既未据报，复未往查，任他逍遥法外，做其不轨的勾当。这就是清查户口本部严密的原因。假使清查而后，恃其不备，乘其不意，加以抽查，不肖之徒，何其藉隙藏匿呢……由各署长厉行督率户籍员警，对于该管段内户口，严密清查……其形迹可疑之户，准由户籍员警报知岗警，带署呈请究办。否则如有上项案件发觉，拟第一次大过两次，第二次即予撤革，各署员有连带职责者，亦应予以处分，以资警惕而遏乱荫。"① 所以，每到冬防期间，汉口公安局或警察局如临大敌。

为了维持社会治安或防范共产党的渗透，汉口市政府的全市警力联合武汉卫戍司令部或后来的警备司令部每年都要制订翔实周密的防范计划，如1929年汉口市政府在冬防期间的防范计划是：

（1）规划冬防——查现届冬令，共产土匪在堪虞，特就应行负责执行各署队以及应行警备检查取缔各事项，列具计划，分令各署队切实施行，以弥隐患而维治安；

（2）调查贫民——查冬赈一项，最关重要，以免各贫民难民铤而走险，扰乱市面秩序；

---

① 汉口市政府秘书处：《新汉口市政公报》1929年第6期，第130页。

（3）分段戒严——查现值冬防，又届年关，诚恐匪徒乘机扰乱治安。特令保安总队暨各警署特别戒严，并令督察处不时派员分途考查，以免贻误，而授匪党以可乘之机。

（4）预防暴动——查废历年关，深恐共党乘隙捣乱，奉二路总指挥部令发预防共党暴动办法，业经转令各署队，妥为防范。①

与此同时，还对茶楼、酒店、电影院、戏院等公共场所进行了严密监控。如"查本市茶肆林立，各署辖内多则一二百家，少则数十家，来往人众，极性复杂，日夜喧聒，查察不易，且流氓盗匪，往藉为结纳之场。当此冬防之候，亟应严厉限制，以便取缔。拟请由局订定办法，取缔规则，所有本市大小茶馆，均须一律登记"②。

1931 年时，汉口设置户籍员警。汉口户口的调查，就是由各警署的户籍员警负责的。"户籍为公安要政，现经设置户籍员警，切实办理，颇见进步。"③ 与此同时，对岗警进行培训，"惟各署岗警，既负有察奸诘宄维持地方治安责任，则其对于所管段内之户口异动及其良莠状况，必须有彻底明了，然后可充分尽其责任，特拟定办法如下：（一）拟定岗警协查户籍之暂行办法，（二）制定岗警户籍手籍，（三）编订户籍讲义教授岗警"④。1934—1935 年，在户籍警之外，又增设户籍警长，"即可免户籍员顾此失彼之虞，即户籍警亦可收策动奋发之效"。

1932 年汉口防务之分布，"公安局各署以及保安队、侦缉队等，每值戒严期间，即须查照各该管事项布置防务，以维治安"：

1. 公安各署：

（1）抽定警士若干名，组设警戒预备班，以为控制之用。

---

① 汉口市政府秘书处：《新汉口市政公报》1929 年第 7 期，第 141 页。
② 同上书，第 142 页。
③ 《新汉口》1931 年第 2 卷第 10 期，第 19 页。
④ 同上书，第 19 页。

（2）凡繁盛偏僻空旷，以及寺庙棚户等处，加岗并岗；或组设若干巡查，周围巡还。

2. 保安队：

（1）以各部驻扎地点附近扼要路口，设置游动队。

（2）担任该局及大队部门卫之部队，除武装之警卫，并于附近街巷复哨。

3. 侦缉队：

各队员于每日黄昏后，至次日拂晓，密布侦缉网于"轮船划船码头""汽车火车站口""商业中心区域""出入市区道口""出入租界要口""游戏场所""祠庙""工厂""棚户""乐户""烟馆""茶馆""小客栈及过来栈""赛马场"等处。①

检查行人："各署发派休班员警，于每日下午六时至九时，就辖内各重要地点，施行检查行人，及车辆工作，依照民国十八年，该局所定规则办理。"②

搜查棚户："查市内棚户，每为共匪匿迹之所，公安局在戒严期间，均遵照戒备成案，转饬所属各局队，严密施行搜查工作。"③

住户联保，是为维护地方安宁，防止匪盗之有效办法。④

除此之外，还要办理指纹按印，进行指纹之检查，因为"指纹除残缺外，致老死不变"。⑤

同时加强对旅栈的检查："本市华洋杂处，各旅栈往来，品类至为复杂，公安局参酌历年成案；暨市面情形，拟具取缔旅栈及旅客办法，提经市政会议修正通过，令饬遵行。"

对旅栈旅客的监控：

① 汉口市政府：《汉口市政概况·公安》，1932.10—1933.12，第7页。
② 同上书，第8页。
③ 同上。
④ 同上书，第47页。
⑤ 同上书，第31页。

1. 各旅客寄住三日以上者，应依照第十八次警备会报办法，责令取保。

2. 各旅客寄住三日以内者，应由该旅栈经理，报请该管警署，随时派员前往检查，寻明来往去向，或其它情节，遇行迹可疑者，即行带署究办。

3. 各旅客寄住十日以上者，应由该旅栈经理，密饬茶房人等，特别注意其言论行动，以交际往来情形，如发现有可疑者，立刻报告该管警署，饬派便衣探警，严密侦查。

4. 各旅客所具铺保或保人，应由旅栈经理随时负责查封，如不确实，即将该旅客姓名，请报该管警署办理，倘查封敷衍，或所具保人，明知不确，仍隐匿不报者，即将该旅栈经理，带署罚办。

5. 各旅栈，如藏匿匪类，及共党，即将该旅栈查封，其经理人，即以窝藏匪类论处。①

汉口因处在"轮轨交通，五方杂处"之地，所以，1934 年，1935 年汉口警察大队依然是："担任本局及大队部门卫之部队，除武装警卫外，并于附近各街巷，加派复哨；于各部原驻地点附近扼要路口，设置游动队，周回巡视，在每日午前五时至八时，午后五时至十时，尤加注意戒备"②。

侦缉队的主要任务，还是布置在汉口各个交通要道"化装侦察，以资防范"，以免"奸宄潜匿滋事端"。具体任务是在"每日重要时间（黄昏至拂晓）密布侦缉网于各处：轮船划船码头、汽车火车站口、商业中心区域、出入市区路口、出入租界路口、招募处转运所、戏院、电影院、寺庙、工厂、医院、难民住所、棚户、乐户、烟馆、小客栈、山货行、丝油行、茶馆、过来栈、赛马场"③。

---

① 汉口市政府：《汉口市政概况·公安》，1932.10—1933.12，第 10 页。
② 《汉口市政概况·公安》，1934.1—1935.6，第 20 页。
③ 汉口市政府：《汉口市政概况·公安》，1934.1—1935.6，第 20 页。

随着市区人口的增多，1934—1935 年，汉口警局还增设车巡队，意在"本市居全国中心，人烟稠密，交通四达，伏莽堪虞，警察职掌治安，其任务日益繁重，关于防范方面，特选精壮警士，佐以锐利之武器及新式之自行车，组设车巡队，设队长一人，小队长二人，警士二十三人，专司巡查之责，设有事故发生，相继应付，较为迅速，其在平时，亦可协助各分局整顿交通，清理街道，及促进新运等业务，诚一举而两得也"①。由此可见，汉口警局添设侦缉队，车巡队都是为了加强对汉口流动人口的监控或巡查，以便更好地掌握市区人口的异动情况。

汉口警局还加强对汉口住户的监控。警局给住户编订门牌号码，还时常进行"整顿街牌门牌"的活动，同时对棚户也进行了门牌编订工作，"编订棚户门牌且近由各乡来汉贫民甚多……共计所需门牌数 10505……现棚户多系贫民"。② 与此同时，进一步加强住户之间的监督工作。1932—1933 年，汉口当局制定了住户联保方法。③ 1934—1935 年，修正了联保办法以及颁布考核联保工作办法："厉行联保，为防止匪盗，维护治安之有效办法，公安局前经拟定住户联保办法……据该局调查员报告，各住户联保单内，竟有代人作保之印章，与保人自己户口表内所载名字不符合情事，甚至有一人而刊数印章以代人作保者。此种保人，完全为发生事故时，藉留脱卸责任地步，其保单之不可靠毫无疑问。"④

在此期间，继续发放"岗警户籍手簿"，让他们对自己所管辖的人口更为熟悉："岗警关系市民生命财产之安全，至为重要，所有该管段内住户之良莠，非平时注意考察，不足以资预防。但一般岗警对于户籍，每以非职责所在，漫不注意，其各该管段街里巷路之名称，以及户口种类数量，亦多不慎明了，诚恐奸宄混迹，影响治安，公安

---

① 汉口市政府：《汉口市政概况·公安》，1934.1—1935.6，第 1 页。
② 《编订棚户门牌》，《新汉口》1931 年第 2 卷第 11 期，第 148 页。
③ 《汉口市政概况·公安》，1932.10—1933.12，第 46 页。
④ 汉口市政府：《汉口市政概况·公安》，1934.1—1935.6，第 34 页。

局为挽救此项弊病起见，呈准本府制发岗警户籍手簿，将各该管段内路街里巷名称，暨户口种类数量，分别填载，交各岗警随身携带，考查既密，良莠自知，即遇异动，亦可随时盘诘，奸宄之徒，自当敛迹。且恐各岗警不了解使用方法，并在未实施之先，由局派员赴各分局着急休班岗警，向其讲解，并发手簿副本，交各休班岗警随时查阅，以便明了各岗段内户籍概况。自实行之后，户籍抽查员及考勤员均随时向各岗警查询，而各岗警对于手簿内所载各点，多数均能熟记，且深知注意段内户籍概况之重要性矣。"① 发放户籍手簿，使得岗警对所管辖范围内的居民了如指掌，以便更好管理或监控。

同一时期，汉口政府除了对警员进行培训，注意对住户的监控外，也加强了对民众的宣传。如汉口市公安局每星期六派员赴民众教育馆演讲，演讲的题目有："都市户口调查的重要""民众对于呈报户籍应有之智识""户口异动呈报与居民的自身利益""冬防期间注意之各点"等，② 通过这些演讲，增进汉口民众对户口、警政等的了解。

就是在这一时期内，汉口市政府相关监察体系与机构逐渐建立起来，以便对汉口流动人口或常住人口的变动进行监控。

第三节　遣散散兵游民与资遣难民

一般说来，城市历来不欢迎难民进城，或直接在城外拦截，不让入城，或尽快遣送出城。汉口市政府一直就是这么做的。

清末、民国时期，地方政府对涌入三镇的难民常采取突击遣送措施。1914年，河南省光山、固始遭灾，大批灾民流入汉镇，湖北巡按使饬令粤汉、川汉铁路局备车遣送。③

① 汉口市政府：《汉口市政概况·公安》，1934.1—1935.6，第33—35页。
② 同上书，第8页。
③ 武汉地方志编纂委员会主编：《武汉市志·民政志》，武汉大学出版社1990年版，第165页。

1921 年 1 月："后湖所到北方灾民，不下三四万人，尚源源不断而至，均散处于后湖铁路一带，军警恐乱市面，不许入内，兹连日阴雨，灾民无所居止，幕天席地，三五十成群，日则坐于泥途，夜则宿于风雨，啼饥号寒，惨况难观，如不速济，恐将酿瘟疫也。"①

北伐战争刚结束，蒋介石就以战争已告结束，节省军事开支，以便用于经济建设之名召开了全国编遣军队会议，其实质是为了削弱其他军事集团的力量，加强自己的地位。于是，1928 年至 1929 年南京国民政府改编并遣散编余士兵。汉口市政府担心编遣的士兵长时间停留在城市，引起诸多城市社会问题，因而，对此特为关注或较为紧张。"前武汉卫戍司令部，以武汉三镇游民散兵，时常滋扰，若不设法安置，殊与治安有碍。特资请武汉特别市政府转饬财政局按月发洋数千元交付公安局，以作收遣散兵游民之经费。"②

有鉴于此，武汉卫戍司令部制定了具体的收遣办法：

（1）武汉三镇每月收遣散兵人数预定为一千人。

（2）每人自遣散日起，至回籍日为止，计其路之远近，每日给洋三角。

（3）轮船火车由卫戍司令部函知各路局及船业公会，所有押送士兵，盖行免费。

（4）遣散时由公安局转令保安队酌派干警押送。③

此后，武昌、汉口公安局各自设立散兵游民收遣所，把武汉三镇的散兵游民尽可能地、尽快地送离城市。

从 1929 年 7 月到 9 月，武昌、汉口两处收遣所共收遣人数 2299 人，其籍贯超过 100 人以上的有："湖南 422 人，广西 282 人，甘肃

① 《新流民图》，《汉口中西报》1921 年 1 月 1 日第 3 张。
② 《武汉临时散兵游民收遣所始末》，《新汉口市政公报》1929 年第 1 卷第 5 期，第 40 页。
③ 同上。

211 人，湖北 206 人，四川 198 人，贵州 175 人，河南 124 人，广东 106 人……"①

1930 年 7 月之前，公安局对于流落本市之外籍散兵游民，已进行了七次收遣活动，第一次计收遣散兵 134 名，游民 8 名；第二次计收遣散兵 67 名，游民 20 名；第三次及第四次两次合计收遣散兵 164 名，游民 41 名；第五次计收散兵 116 名，游民 19 名；第六次，第七次两次计收散兵 175 名，游民 29 名。②

1930 年 7、8 两月所遣送散兵 131 人，游民 37 人，共 168 人，其中以湖南人为最多，遣送到信阳的 55 人，岳州 57 人，九江 53 人，其他 3 人。③

1930 年 9 月，散兵游民收遣所收遣散兵游民统计如下：遣送岳州散兵游民 100 人，信阳散兵游民 62 人，九江 25 人，共计 187 人，其中，散兵 129 人，游民 58 人。所遣送人员的年龄以 20—50 岁为最多，有 161 人，其中年龄 20—30 岁阶段为最多，有 90 人。籍贯：湖南 38 人，四川 37 人，河南各 19 人……④

1930 年 10 月，遣散岳州散兵游民 42 人，信阳 53 人，九江 11 人，合计 106 人。其中，散兵 42 人，游民 64 人，其中，年龄以 20—49 岁为最多，95 人。籍贯：山东 21 人，四川 18 人，河北 12 人，河南 11 人，湖南 9 人，广东 9 人……⑤

1930 年 12 月，散兵游民收遣所收遣散兵游民统计为：共计 225 人，游民 45 人，散兵 180 人，年龄集中在 20—50 岁之间，其中 20—

① 《武汉临时散兵游民收遣所始末》，《新汉口市政公报》1929 年第 1 卷第 5 期，第 42 页。

② 《七月份收遣散兵游民情形》，《新汉口市政公报》1930 年第 2 卷第 2 期，第 132 页。

③ 《十九年八月散兵游民收遣所第十次及第十一次收遣散兵游民年籍统计表》，《新汉口》1930 年第 2 卷第 3 期，第 105—106 页。

④ 《散兵游民收遣所第十二次及第十三次收遣散兵游民统计表》，《新汉口》1930 年第 2 卷第 4 期，第 134 页。

⑤ 《散兵游民收遣所第十四次收遣散兵游民统计表》，《新汉口》1930 年第 2 卷第 5 期，第 60 页。

30 岁最多，有 114 人。籍贯：山东 50 人，湖南 38 人，四川 33 人，北平 13 人……①

1930 年 4 月至 1934 年 10 月，汉口对流入的散兵游勇由警备司令部邀集社会团体在三镇设临时收遣所，共遣送 145 次，送走 16979 人。②

由上可见，所遣散人员多是年轻力壮的散兵游民，并以散兵为多，这些人员如不加以妥善安置，确实是会给汉口社会治安造成很大危害。

1929 年 9 月的盗案，也超过了以前每月的记录，"较之一般人认为多事之秋的七月，也较多 70%。据公安局晒缉的报告犯人多半是从前的兵士，甚至还有当过营长的"，这是"编遣时期最值得注意的"。汉口特别市八九两月盗案统计表：八月发生盗案 2 起，九月 8 起。共 10 起，其中以手枪为凶器的，有 8 起，以刺刀的 1 起，另一起是以小刀为凶器的，盗匪的人数只有 2 例各是 1 人，其余 9 例盗匪的人数都超过了 4 人，最多的是 8 人，团体作案多。除未报者外，共抢去现洋 1438 元，警士一名被击毙，巡长一名受伤，民人一名受刀伤。③

1929 年 11 月发生盗案 6 起，比 10 月增多 4 起。10 月均无损失，11 月却抢去了 600 余元。"最可奇者，公安第二十署所报之冑姓，上月一日被盗一次，本月二十日却又被他们光降了。两次虽无损失，亦足见盗匪之氓不畏怯。盗匪的凶器，多系手枪，且能聚集六八架之多，殊足令人惊异！所以在军事倥偬之际，散兵游勇，是最值得注意的。"④

1929 年 12 月发生盗案 2 起，有一起凶器是用盒子炮，7 人作案；

---

① 《散兵游民收遣所第十七第十八次收遣散兵游民统计表》，《新汉口》1930 年第 2 卷第 7 期，第 120 页。
② 武汉地方志编纂委员会主编：《武汉市志·民政志》，武汉大学出版社 1990 年版，第 165 页。
③ 《盗案》，《新汉口市政公报》1929 年第 1 卷第 4 期，第 54 页。
④ 《十一月份盗案统计》，《新汉口市政公报》1929 年第 1 卷第 6 期，第 77 页。

另一起是 3 人作案。①

1930 年 1 月盗案共 3 起，其中有 2 起，作案人数各有 5 人，且其凶器是手枪，1 起手枪 5 支，1 起手枪 2 支。②

1930 年 10 月盗案报告 2 起，凶器是手枪。③

从上可以看出，这一时期的汉口盗案与军事编遣有极大的关系。即使是在编遣时期过后的 1932 年，在一次打击盗犯活动中，汉口公安局逮捕 8 名盗犯，这些人或为退伍军人，或为持枪伤兵游勇。④ 可见，对这些散兵游民进行遣送客观上是有利于城市社会治安的。

虽然后来，汉口的散兵游民收遣所因经费的问题停办了。但是仍有一些散兵游民。"查本市收遣游散事物，前经警备司令部函请，省政府及本府，发侦设立散兵游民收遣所，并由公安局派人兼办，嗣经奉令撤销，所有文卷物品，转交乞丐收容委员会保管，此后遇有散兵游民，流布市面，即由各署取缔，藉免生事端。"⑤ 所以，汉口各警署临时充当了遣送散兵游民的职责，尽快地对他们进行资遣。

20 世纪 30 年代天灾、旱灾不断，加之蒋介石在湖北及周边省份进行了大规模的"围剿"，因而，有大量难民流落汉口，这引起了汉口市政府高度紧张。

30 年代的《汉口中西报》充当了汉口市政府的喉舌。汉口市政府在 1932 年下半年《汉口中西报》刊登了不少呼吁"乡民回乡，绅士回籍"的社论与文章，或报道难民回家的进展情况。9 月 7 日，刊登了汉口市党部编印歌曲："劝各县逃难人民回乡，胡不归，胡不归，故乡秋老稻粮肥"；9 月 11 日，发表社论《促各县士绅回籍》："鄂省中区剿匪军事，仅两月来，进展极为迅速……在事实上，我们知道许多受难留居武汉的农村男女，都已回籍。"9 月 25 日，发表了《难民

① 《盗案统计》，《新汉口市政公报》1929 年第 1 卷第 7 期，第 99 页。

② 《盗案统计》，《新汉口市政公报》1930 年第 1 卷第 8 期，第 111 页。

③ 《新汉口》1930 年第 2 卷第 5 期，第 107 页。

④ 《大批窃盗发落》，《汉口中西报》1932 年 8 月 10 日。

⑤ 《汉口市政概况·公安》，1932.10—1933.12，第 11 页。

无良民证，不能归家》的困境："黄安、孝感、黄陂、天门、潜江、京山，沔阳等县匪区国军进剿后，难民纷纷逃避武汉，流集于汉口铁路外，汉阳赫山、码头、武汉下新河一带，年少壮丁，不免行窃财行为，诚为三镇前途之隐忧，此种难民，均以未取得良民证，不能归家，亟应设法分途遣送回籍等因，奉此，相应函达贵府查照，等由准此，相应令仰……"① 11 月 1 日，《收遣散游以重冬防，省府令民厅设法遣散各县难民回籍》说："剿匪总部以近来散兵游民，充斥街市，形同乞丐，不惟有碍观瞻，且转瞬冬防，于社会治安，尤大有关系，特令武汉警备司令部组织散游收遣所，自十九年四月起至本年二月止，以三个月为一期，计六期，共收遣散游二万三千余名……黄陂、孝感、汉川、天门、京山、潜江、沔阳各县匪区，自我军进剿后，民众相率逃避武汉，亟应限期遣回籍，遣散难民……"11 月 6 日，《遣送留汉难民》：市公安局奉令遣送……共 1296 人。沔阳 795 人，汉川 197 人，黄安 90 人，汉阳 42 人，黄冈 25 人，天门 73 人，潜江 15 人，监利 9 人，麻城 14 人，罗田 8 人，黄陂 10 人，云梦 4 人……② 11 月 14 日，发表《民厅通令敦促，各县士绅回籍》一文。

　　除了本省难民外，还有大量过境的难民仍需汉口市政府尽快遣送。据市政府消息，"昨有皖省灾民 106 人，由陇海路转平汉路来汉。"③ 如"近年各地灾祸频臻，人民流离失所。本市地当冲要，过境难民，络绎不绝。各持原籍地方官厅护照来府请求资遣。虽奉中央严禁发照移境就食，仍难绝迹，若不即予设法资送，匪独流离堪悯，亦且影响治安"④。

　　30 年代，汉口市政府的《汉口市政概况》"社会"一栏中都有"资遣难民"的一项报告。如 1932 年 10 月至 1933 年 12 月《汉口市政概况》中说："资遣难民计自二十一年十一月二十二日起，至二十

---

① 《难民无良民证，不能归家》，《汉口中西报》1932 年 9 月 25 日。
② 汉口市政府秘书处：《新汉口市政公报》1929 年第 5 期。
③ 同上。
④ 《汉口市政概况·公安》，1932.10—1933.12，第 7 页。

二年十一月九日止，共资遣河南省扶沟、西华、淮阳、中牟、鹿邑、泰康、商水、光山、鄢陵、洛阳；河北省河间、保定、饶阳；山东藤县、济南；安徽省南宿、蒙城；四川省重庆；广西省桂林；本省黄梅、天门等县，过境难民四十七批，男妇大小共五千八百余人。"①再如，1934 年的《汉口市政概况》中说："资遣难民……本市沟通南北，地当卫繁，豫皖冀等省过境难民，现尚未能绝迹……本府为维持地方秩序，既临时救济起见……车船运送出境，自二十三年二月至二十四年六月底止，陆续资遣山东藤县、曹县；河南淮阳、西华、考城、许昌、滑县、长葛；河北献县、长垣、保定；安徽宿县、蒙城；湖南安化，本省襄阳、江陵、天门等县过境难民，二千二百八十三人。"②汉口市政府对大批来汉的难民，极为关注，尽快送离汉口，以免"滋生事端"。除了成群结队的难民外，还有一些难民是单个进入汉口的，对此，汉口市政府加强了户口清查或流动人口的巡查，以此来掌控城市人口的异动。

对于难民，汉口市政府设置了临时收容所进行遣散。1931 年大水灾，湘、赣、皖、豫、苏及鄂省各县涌入武汉灾民达 10 万余人，三镇设临时收容所，至 1932 年共遣散灾民 52477 人。③

汉口市政府对外来人口，尤其是对那些被认为是极可能危害社会治安的散兵游民或难民，多是将其遣送回原籍，但是对一般的外来人口，除了监控以外，据现有史料，还不能说明这一时期汉口市政府有着严格的控制外来人口进入城市或居住的户籍管理制度。如前所述，汉口市政府对外来人口监控的目的，一方面维持城市社会治安，另一方面是防止共产党的势力渗透到国民党所控制的城市之中。

---

① 汉口市政府：《汉口市政概况·公安》，1932. 10—1933. 12，第 7 页。
② 汉口市政府：《汉口市政概况·公安》，1934. 1—1935. 6，第 13 页。
③ 武汉地方志编纂委员会主编：《武汉市志·民政志》，武汉大学出版社 1990 年版，第 165 页。

第五章　外来人口与汉口城市发展

尽管近代汉口时局一直动荡不安，但 20 世纪前期的汉口却颇为辉煌。清末日本驻汉总领事水野幸吉所著的《汉口——中央支那事情》一书中，对汉口的崛起倍加赞誉："与武昌、汉阳鼎立之汉口者，贸易年额一亿三千万两，凤超天津，近凌广东，今也位于清国要港之二，将近而摩上海之垒，使观察者艳称为东方之芝加哥。"① 从此，"东方芝加哥"成为汉口另一种称谓。的确，20 世纪初叶汉口，是当时唯一可与上海匹敌的内地口岸。然而，近代汉口的辉煌主要是由外地人造就的。

自开埠通商之后，汉口人口增长较快：1853 年汉口约有 10 万人左右，1908 年增至 24 万多人。至民国汉口人口增长更为迅速：1928年至 1934 年，汉口人口从 572672 人增至 809215 人，仅 6 年时间，人口增加了 23 万多人。如前所述，汉口人口的增加，主要是外来人口涌入所致。20 世纪 30 年代，外来人口占汉口总人口的 70% 以上。② 罗威廉曾在《汉口：一个中国城市的商业和社会（1796—1889）》中谈到 19 世纪下半期汉口人口时说，汉口是一个移民城市。至 20 世纪前期，汉口亦是如此，只不过人口增加速度更快了。

如此之多的外来人口，在近代汉口经济发展史上曾有过重大的影

---

① ［日］水野幸吉：《汉口——中央支那事情》，上海昌明公司 1908 年版，第 1 页。
② 参见汉口市政府《汉口市政概况·公安》，1932.10—1933.12，根据第 41 页统计图计算而来。

响或作用。对此，目前学界仅有少量成果出现，如《汉口宁波帮》[1]
《清至民国时期徽商与汉口市镇的发展》[2]《汉口徽商》[3] 等，而这些
成果也多偏重于成功人士的论述，甚少提及普通外来民众之于汉口发
展的贡献，更不用说有专题研究。有鉴于此，本章将从经济—社会的
角度，对外来人口，尤其是对外来普通民众之于汉口城市发展所做出
的贡献或带来的影响，做一番考察与探究。

第一节　外省人士——工商业引领者

汉口有句俗语："此地从来无土著，本乡人少异乡多。"[4] 近代汉
口，五方杂处，客商云集。《民国夏口县志》中说："汉口市场之繁
盛，不特为本省商人所趋集，其各省商贾无不有本店或支店设立于其
间。"[5] 清末民初，汉口约有 200 个行帮，多数以地域为基础，如徽
帮、四川帮、云贵帮、陕西帮、山西帮、河南帮、汉帮、湖北帮、湖
南帮、江西帮、福建帮、宁波帮等，在汉口商会成立以前，它们"以
商帮为唯一之商业机关"。一般而言，不同商帮，从事不同商业活动。
如"湖北帮……势力尤著者为杂粮、牛皮、棉花各行。湖南帮占水运
之势力，船行营业独多，其输入品以茶、米为最多……宁波帮包括南
京在内，或合绍兴，称宁绍帮，凡汉口之海产物商店及金银细工业大
半为此帮所占……四川帮多药材、油行、杂货等业……广东帮包括香
港在内，于外国贸易占势力……江西帮则于钱业、银楼、麻、漆等业
尤占势力……山西及陕西帮亦称西帮……多为扼金融界之机关，凡票
庄皆山西人为之"[6]。据一位知情人士统计，在清末汉口的 19 家票号

① 宁波市委员会编：《汉口宁波帮》，中国文史出版社 2009 年版。
② 林承园：《清至民国时期徽商与汉口市镇的发展》，《江汉大学学报·社会科学版》
2012 年第 4 期。
③ 刘富道：《汉口徽商》，武汉出版社 2015 年版。
④ 徐明庭：《武汉竹枝词》，湖北人民出版社 1999 年版，第 30 页。
⑤ 武汉地方志办公室、武汉图书馆：《民国夏口县志校注》，武汉出版社 2010 年版，
第 248—249 页。
⑥ 同上。

中，除两家外，老板和经营者都来自山西汾河流域；另外的两家属于湖南和湖北的本地人，但至少后者的经理仍然是山西人。① 罗威廉说，某一特定地区的人专门生产和销售某些商品类型或从事某些服务行业，即使初来乍到的观察者也能看出在汉口商业与出生地之间的关系。19 世纪 60 年代，一位西方人报道："经营鸦片贸易的主要是广州人，经营棉布和绸缎业的主要是浙江人，江苏商人是做瓷器和药材生意的，经营烟草的则都是福建人。"②

深入考察汉口老字号不难发现，那些年代久远的老字号，多数为外省人所创建，或许虽其创建不是在近代，然其兴旺发达却是在清末民国时期。如安徽人所开设的汪玉霞糕点店、叶开泰的药店。又如，近代安徽人所开的胡开文墨店以及以鱼菜为主的大中华酒楼；江西人所创设的邹协和金号、邹紫光阁毛笔店；浙江人开设的鸿彰永绸缎店、悦新昌绸缎店等，都是著名的汉口老字号。据载，悦新昌绸缎店所经营的绸缎备货齐全，苏州、南京、镇江、湖州所产之新花色新品种，应有尽有，年营业额达 50 万两。③ 与其比肩的还有山东人开设的"谦祥益衡记"绸布店，因"货真价实，童叟无欺"，誉满三镇，妇孺皆知，经常是顾客盈门。④ 湖南人苏文受所生产的"苏恒泰"牌的油纸伞，是清末民初武汉地区"十大名牌"之一，⑤ 1905 年销售量达到 6 万把左右，1906 年销售量在 8 万把左右，1928 年前后年销量达10 万把，同年 10 月"苏恒泰"油纸伞在湖北省第一次国货展览会上获得一等奖。⑥ 如此等等的老字号，都是汉口的金字招牌。在整个 19世纪，随着商人和资本持续不断地涌入汉口，每一个群体也都带来了

---

① ［美］罗威廉：《汉口：一个中国城市的商业与社会（1796—1889）》，第 198 页注2。

② 同上书，第 262 页。

③ 华绫：《武汉绸布业老字号》，《武汉文史资料》1997 年第 4 辑，第 141 页。

④ 同上书，第 140 页。

⑤ 彭小华：《品读武汉工商名人》，武汉出版社 2011 年版，第 217 页。

⑥ 同上书，第 219—221 页。

他们自己的金融管理方法。① 正是不同地域的客商，构筑了近代早期汉口的商业体系，成就了"大汉口"之美誉。

近代，外省人尤其是沿海商人得风气之先，引领着近代汉口经济发展方向。

首先，粤商、宁波商人等外省商人促进了 19 世纪 60—80 年代汉口茶叶国际贸易的繁荣。

汉口开埠之后，即 19 世纪 60 年代随着外国洋行来到汉口的广东买办，如琼记洋行瑞生、刘绍宗，旗昌洋行阿彭、协隆，怡和洋行的裕隆、丁思兴、苏穆、王兴，宝顺洋行的盛恒山、杨辉山等，② 基本上都是那一时期汉口商业中的领袖人物，如宝顺洋行的盛恒山是汉口茶叶公所主要创办人。③ 这些广东买办，本身就是商人，携带着外商资金或自有资金，参与了湖北茶叶生产或销售过程，直接促进了汉口茶叶贸易的繁荣，使之成为国际著名的"茶叶港"。罗威廉说："广东、宁波商人来到这里（汉口），并逐渐成为茶叶贸易领域的主宰以来，作为经纪人和雇员服务于大商行，就会引起人们的特别关注……在某种程度上改变了长期以来不曾变化的商业精英结构。"④ 1906 年，广东商人唐郎山（原英商麦加利银行买办）投资 50 万两白银建立茶厂，茶厂既代外商加工茶叶，又兼营出口业务，是武汉地区最早的中国茶叶出口商。⑤ 沿海商人促进了汉口海上贸易的繁荣，而晋商则促进了 19 世纪下半期汉口通向外蒙、俄国等陆路茶叶的繁荣。

其次，19 世纪末涌进汉口的江浙商人（尤其宁波商人⑥），是近代汉口或湖北民族工业的开拓者。

---

① ［美］罗威廉：《汉口：一个中国城市的商业与社会（1796—1889）》，第 198 页。
② 郝延平：《十九世纪的中国买办——东西间桥梁》，上海社会科学院出版社 1988 年版，第 287—290 页。
③ ［美］罗威廉：《汉口：一个中国城市的商业与社会（1796—1889）》，第 172 页。
④ 同上书，第 193 页。
⑤ 武汉市硚口区政协编：《硚口之最》，武汉出版社 2010 年版，第 126 页。
⑥ 宁波市政协文史委员会编的《汉口宁波帮》一书对宁波商人之于近代汉口发展的重大贡献有详论。

　　当然，开埠前后早已有一些江浙商人来到汉口，然大量进入汉口开辟新市场的江浙商人主要是在 19 世纪末。宁波人宋炜臣，被冠以"汉口头号商人"，在汉口创办了燮昌火柴厂，它是武汉地区第一家火柴厂、第一家民族工业企业。该火柴厂不仅满足了当时武汉三镇及湖北全省的需要，还行销到河南、陕西、甘肃等数省。此后，宋炜臣又创办了既济水电公司，它是汉口近代第一家水电公司，建成后的既济水电公司占当时全国民营电厂总容量的 1/3。① 1904 年上海裕通纱厂朱士安等 20 人筹资 7.5 万银元，购置英国及美国设备，在汉口创办了和丰面粉公司，这是汉口粮食加工第一家。② 1918 年，江苏无锡荣氏兄弟投资 30 万元在汉口开办了福新面粉五厂，为当时武汉乃至华中地区最大的面粉厂。至 1921 年，荣家"申新四厂"（生产棉纱）与"福新五厂"这两个厂所生产的棉纱、面粉先后在华中、华南畅销，继而打开华北市场，还曾远销南洋和欧洲各国。"申四福五全盛时期，解决了半个中国的吃穿问题。"有人评价："那时候，汉口是洋人眼中的'东方芝加哥'，成为比肩上海的大都会，民族工业是最重要的原因，而申四福五是其中的佼佼者。"③ 江苏人陈经畬，1915年生产了武汉市第一块肥皂，此后在汉口创立了汉昌烛皂公司。同是江苏人的薛坤明，在汉口开办了太平洋肥皂厂，它是华中地区最具规模的民族资本肥皂厂。1928 年宁波人倪子藩投资 6000 元，在汉口新兴街开办瑞华线厂，为武汉华人开设的第一家机制线厂，④ 1934 年湖南人陈云涯将"大公"牌电池制造厂从上海迁到汉口，日产电池5000 只左右，为汉口最早的较有规模的电池生产厂家。⑤ 如此等等，都是近代汉口工业的典范。

　　晚清，在商人创办的 32 家企业中，有 19 家是外省人士所创办

---

　　① 杜宏英：《老汉口的宁波商人》，《武汉文史资料》2004 年版，第 31 页。

　　② 武汉市硚口区政协编：《硚口之最》，武汉出版社 2010 年版，第 126 页。

　　③ 《大汉口民族工业：解决半个中国的吃穿》，引自 http：//hb．sina．com．cn/news/s/2011－10－03/8760．html．

　　④ 杜宏英：《老汉口的宁波商人》，2004 年，第 34 页。

　　⑤ 武汉市硚口区政协编：《硚口之最》，武汉出版社 2010 年版，第 126 页。

的。[1] 又据《夏口县志·实业志》中记载，晚清汉口创办的 11 家实业中，其中粤商创办 4 家，皖商 2 家，浙商 4 家，只有 1 家为汉口郊区来的刘歆生创办。[2]

外省商人入驻汉口发展工商业，也为汉口引进了近代早期第一批技术工人，这些技术工人多来自沿海省份。1895 年 4 月 29 日《申报》上说："鄂省铁政局……制造各匠，除洋匠外，多系粤东及宁波、上海等处人。"[3] 1910 年，宁波商人盛竹书接办汉口的汉丰面粉厂之时，其工人多数来自宁波与上海。[4] 再如，沈祝三的汉协盛的主要技术人员和技工都是从上海招募而来的，分别负责施工现场的各项工作……中华人民共和国成立后，建筑行业的老工人回忆"下江（长江下游）师傅的确技术精湛手艺高超"。[5] 又如，1931 年创办的楚胜火柴厂，其技术工人与熟练工人全是从上海聘请而来的。[6] 不仅汉口如此，在早期整个武汉的产业工人中也是如此，"技术工人主要来源于现代工业最先发展的沿海省份"。[7]

外来商人除了促进汉口经济发展以外，还曾积极投身于汉口其他事业。如 1906 年，广东商人张鸿藻在汉口广东会馆开办了汉口商业预备学堂。1909 年，徽商萃升恒行栈在汉口小夹街创办汉口理化实验学堂。[8] 有鉴于目前学界在相关方面多有论述，在此就不赘述了。

罗威廉在研究近代汉口的商业与社会发展时发出这样的感慨："如果说徽州和绍兴是帝国重要的人才输出地区，那么汉口就是主要

---

① 刘德政：《外来人口与汉口城市化（1850—1911）》，硕士学位论文，华中师范大学，2006 年，第 27 页。

② 同上书，第 28 页。

③ 汪敬虞：《中国近代工业史资料第二辑（1895—1914 年）》（下册），科学出版社1957 年版，第 1174 页。

④ 宁波市政协文史委员会编：《汉口宁波帮》，中国文史出版社 2009 年版，第 63 页。

⑤ 同上书，第 84 页。

⑥ 武汉市硚口区政协编：《硚口之最》，第 131 页。

⑦ 皮明庥：《近代武汉城市史》，第 697 页。

⑧ 袁北星：《客商与近代汉口经济社会发展》，第 45 页。

的人才输入地区。"① 可见，汉口是当时外省商业精英的汇集之地。其实，在汉口开埠早期，广东、江浙一带就成为汉口人才的主要输出地。

第二节　"本帮"崛起——后起之秀

在近代初期，汉口商界由山陕、徽州等地商人唱主角，至清末民初，则以得近代工商业风气之先的广东、江浙帮最为抢眼，正如，1905 年水野幸吉在《汉口》一书中评论说："如汉口等之大商业地，其有力之帮商人，大概为广东宁波人，而湖北产之土人，却不过营小规模之商业，工业颇为幼稚。"② 然而，随着时间的推移，至 20 世纪二三十年代，"湖北产之土人"——湖北籍的商人逐渐凸显出来。

这一点可从 1920 年出版的《民国夏口县志》③ 看出。其"商务总会历届总协理、正副会长表"显示：汉口商务总会历届总协理、正副会长共有 13 人，其中，7 人是湖北人；再如，"汉口商务总会历届议会董表"显示：汉口商务总会历届议董、会董共有 84 位，其中，湖北 31 人，浙江 19 人，安徽 17 人，广东 7 人，山西 4 人，江西 3 人，湖南 1 人，江苏 1 人，四川 1 人。④ 1916—1931 年，湖北籍商人在商会董事中占据绝对优势。如 30 年代汉口市商会第四届领导成员中，湖北籍商人占多数；而且，88 位执监委员中（8 人不详）湖北籍商人有 44 人，占总数的 50%，比清末时上升了 18%，而江浙籍商人仅 10 人，只占总人数的 11%，下降了 21%，其余广东、安徽、江西各省人数也都大幅度减少。下面是 1909—1937 年汉口商会领导籍贯统计表：

---

① ［美］罗威廉：《汉口：一个中国城市的商业与社会（1796—1889）》，第 263 页。
② 皮明庥：《近代武汉城市史》，第 668 页。
③ 汉口在民国前期被称为夏口，故《民国夏口县志》就是有关民国时期汉口的地方志。
④ 吕寅东纂，侯祖畬修：《民国夏口县志·商务志》，铅印本，1920 年版，第 140—143 页。

表 5 - 1   汉口商会领导成员籍贯①

省份\年份	湖北	浙江	广东	安徽	江西	山西	湖南	江苏	四川
1909	9	9	2	6	1	2	1		
1910	7	8	2	8	1		1		
1911	11	12	2	5	1	1		1	
1912	7	10	3	3	2	1		1	
1913	14	9	2	8	1				1
1916	20	11	3	7	3				1
1918	23	10	2	7	2				1
1931	10	2	1	1	1			3	
1933	13	3	1	1				3	1
1935	11	3	1	2	1			3	1
1937	10	2		2	1		1	3	

表 5 - 1 显示：在汉口商会中，湖北籍领导成员明显增多，人数占优势。

不仅如此，有一个现象值得注意，那就是：民国以来，那些被称为"本帮"，却不是"城里人"的汉口周边外来人员在汉口商界中逐渐脱颖而出。

如前所述，《民国夏口县志》中汉口商务总会历届总协理、正副会长共有 13 人，湖北有 7 人，占总数一半以上。而这 7 人中，汉阳 3 人，夏口、咸宁、武昌、江夏各 1 人，也就是说，此 7 人全是来自汉口周边；再如，汉口商务总会历届议董、会董共有 84 人，湖北有 31 人，而这 31 个湖北人中，汉阳 14 人，夏口 4 人，江夏 4 人，武昌 2 人，咸宁 2 人，鄂城 2 人，麻城 2 人，黄陂 1 人。② 换句话说，以上 31 人均来自汉口的郊区或郊县。无须再证，汉口商会中湖北人占据

① 杨宁：《20 世纪 30 年代汉口商会特点论析》，《华中科技大学》（社会科学版）2004 年第 1 期，第 124 页。

② 吕寅东纂，侯祖畲修：《民国夏口县志·商务志》，第 140—143 页。

优势，而这些湖北人又多是来自汉口周边，其最初职业多为农民。

翻开民国时期汉口经济社会史，可进一步佐证以上论点。中国"纺织大王"、近代纺织工业的奠基人徐荣廷，是武汉纺织业的开路先锋①，曾任汉口总商会总理的李紫云，均为湖北江夏人。近代汉口地皮大王刘歆生、裕大华集团的创建者张松樵②，都为汉口近郊柏泉人。汉口商业银行董事长贺衡夫、"火柴工业竞争枪手"万泽生、汉口粮食巨商陈焕章、一代航业名宿王寿臣、巨商韩永清，均为汉阳（今蔡甸区）人。民国汉口药材大王蔡辅卿、一生创建与经营纱厂的毛树堂、黄志成拆货店的黄翰丞都为汉口附近的咸宁人③；民族工商业者王一鸣，以及以牛皮起家、缔造商业传奇并担任过汉口总商会会长——韩惠安，汉口近郊黄陂人。民国汉口房地产大亨程沸澜、程栋臣兄弟，是为汉口郊县黄安（今红安）人。参与创建楚兴公司裕华纺织厂、石家庄大兴纺织厂、西安大华纺织股份有限公司、台湾大秦纺织股份有限公司的石凤翔，湖北孝感人。如此等等，不一而足。

时人评说近代中国有三位地产大王，一是上海的哈同，二是天津的高星桥，三是汉口的刘歆生。刘歆生曾对黎元洪说："都督创建了民国，我则创建了汉口。"此话虽有一些自夸，但也道出了一些历史事实，那就是：刘歆生对近代汉口城市建设有着重大贡献。当年汉口曾多次遭受水患，湖广总督张之洞提议修筑长堤（今称张公堤）以防后湖水患，需纹银 80 万两方能完成筑堤任务。官府只能拨银 30 万两，余款向社会募捐，汉口巨商富贾虽多，然一时难以筹资到位，刘歆生慷慨捐银 50 万两，占筑堤费用的绝大部分。与此同时，刘歆生还出资填湖造地，大大扩展了汉口市区面积。刘歆生曾以"划船计价"的方式，收购了约占当时汉口郊区 1/4 的土地，此后，他的填土

① 彭小华：《品读武汉工商名人》，武汉出版社 2011 年版，第 38 页。
② 郑桓武：《从乞儿到百万富翁张松樵》，《武汉文史资料》第 53 辑，1993 年版，第 63—65 页。
③ 参见政协武汉市委员会文史学习委员会《武汉文史资料》第 3 卷（工商经济），武汉出版社 1999 年版，第 297 页。

公司开始大量填土，此前，汉口的江汉路、中山大道、六渡桥一带全
都是荒凉的湖塘，然而不到十年已成为汉口繁华的市场中心。汉口能
够在 20 世纪初成为一个初具规模的近代城市，与当年刘歆生捐资筑
堤、运土填湖等建设性活动密不可分。从这个意义上说，刘歆生是近
代汉口城市建设的奠基人一点也不为过。

　　"东乡有个李紫云，南乡有个徐荣廷。"[①] 这是清末民国湖北江夏
一带曾广为流传的顺口溜。李紫云，江夏（今属武汉武昌）人，光
绪二十年（1894）在汉口接办福康隆土膏店，因烟土价大涨，数年
便拥有资本百万，此后逐渐由"黑"洗"白"。宣统末年，任汉口商
务总会会董。民国成立后，当选为汉口商务总会总理，后接手第一纱
厂，1919 年，第一纱厂（北厂）正式开工，至 1921 年获纯利 120 万
银圆。李紫云除了把盈余转为第一纱厂股金之外，还曾创办或投资其
他企业，如燧华火柴厂、德康钱庄、安康钱庄、承康钱庄、同德钱
庄、华丰银行、德润康匹头号、义康隆匹头号、公济当铺、福丰当
铺、大生米厂、福隆米厂、鸿彰永绸缎店、新凤祥银楼、裕泰隆木器
号、仁寿堂药店、白康酒店等，通过多元投资，李紫云构筑自己较为
庞大的商业体系。

　　李紫云发迹之后，热心家乡公益事业，出资修筑武昌县西北江
堤，变卖房产 8 栋作为武昌青山永丰乡小学基金，辛亥首义时，李紫
云深夜运送馒头酒肉数十担，犒劳起义士兵；汉口军政分府成立，他
捐资 10 万银圆。他还曾对汉口慈善会、汉口梅神父医院多有捐助。

　　徐荣廷是中国近代纺织工业奠基人之一，江夏人，幼年家贫到汉
口药材行当学徒，后来取得官办纱、布、丝、麻四局的 10 年承租权，
自任总经理，在主持四局近 10 年时间里，使企业获得巨额利润，累
计获利 1100 万两白银。获得巨利之后他自设纱厂，与此同时，还投
资数十家其他企业。1913 年，他创办了楚兴纺织学校，为武汉纺织

----

① 刘谦定：《寻访徐荣廷公馆》，http：//www.cnhan.com/gb/content/2007 - 03/26/
content_ 771916. htm。

业培养了不少专业人才。

同一时代的商业巨擘、汉口商务总会第二届协理蔡辅卿，咸宁龙潭老屋蔡村人。13 岁随表叔顾某赴汉，在立昌生参号、立昌生海味号做杂工。后进柜学商，随老板跑行帮，学会几国口语，常与外商交往，不久自立门户，起初经营浙帮海味，后来开设同泰号花行、元泰花行、成兴典号、公济典号，又购买翔鸥、起凤两轮船，往返于汉口与咸宁之间，并在咸宁县城开设泰生质当，于家乡开设同德药铺等数十家店铺，成为汉口八大帮行之一的药材帮商董。

蔡辅卿敢于担当，具有强烈的社会使命感。武昌起义爆发后，他与李紫云等组织半武装商团，维持社会治安，并在汉口五个区设立粮台，以备军民之需。又联名发起劝募"国民捐"，总计资助民军经费达 100 万元，并组织红十字会从事战地救护，药费均由商民捐助。民国建立之初，汉口因冯国璋火烧之后而成一片废墟，蔡辅卿曾面见副总统黎元洪，要求重建汉口市区，颁发护照，保护工商业。蔡辅卿还热心于慈善事业。1910 年倡导组建汉口慈善会，自任协理，他首先出资 1.1 万在利济路新建慈善会，后又相继在会址周围建成中西医院（今市一医院）、孤儿院和残废习艺所等。①

黄瀚丞，湖北咸宁人，以杂货铺起家，先后开设 5 家杂货铺，开办米厂，投资来往武汉、长沙、咸宁、嘉鱼的航运，并开设了万镒钱庄，发达之后在汉口独资兴办永济消防会，开办汉口商业学堂，在自己家乡捐田产，开学堂。②

以上的富商巨贾，基本上都有着如此的人生轨迹：他们出生于汉口周边的农村，少时因家贫来到汉口，名曰"闯汉口"或"下汉口"，终成汉口头面人物。以现在眼光来看，他们就是近代汉口城市"打工仔"，通过自身奋斗，成就了一番事业，是为近代汉口的"草根精英"。正如儒家所言："己欲立而立人，己欲达而达人"，在自我

---

① 《〈汉口码头〉蔡甸九真山热拍，重现汉商辉煌》，2011 - 03 - 28《荆楚网（武汉）》http://news. 163. com/11/0328/10/707NS74400014AEE. html。
② 彭小华：《品读武汉工商名人》，武汉出版社 2011 年版，第 194 页。

奋斗中，这些"草根"成就了自己，也推动了近代汉口城市现代性的发展。更难能可贵的是，多数人在功成名就之后，积极回馈社会，热心于社会公益事业，为汉口市民造福，是令人敬佩的一代"侠商"，至今仍为汉口人民所念怀。

如此等等事例，在汉口商界不胜枚举。在近代中国这样一个政治经济长期紊乱不堪，外加帝国主义强势资本长期打压的窘况之下，汉口商人仍然有着如此超强的投资能力，又兼有强烈的社会责任感，也不能不让人感叹。正是这种活力，造就了近代汉口经济上的辉煌；正是这份社会责任感，促进了汉口社会教育、卫生等多项事业现代性的发展。

第三节　外来农民构成近代汉口劳工主体

目前学界在谈到近代中国农民进城时，更多偏重于他们给城市带来的负面影响。笔者却认为，除了注意其负面影响之外，更应该关注其正面作用，毕竟农民离村进城除了农村天灾人祸的推力之外，还不得不承认，一定程度上也是因城市发展的需要。众所周知，当今中国城市的发展离不开外来农民工，他们是城市产业发展的主力军，是城市的建设者，承担着脏、重、累、险等工作，开埠通商之后中国大城市的发展，更是如此。在科技、交通都不甚发达的近代，汉口的发展与繁荣尤其离不开那些千千万万从事重、累、苦活的外来农民工。

表5-2是1913年汉口市民职业的一个较为粗略的调查：

表5-2　　　　　　1913年汉口民人身分调查统计①

职业	人数	职业	人数	职业	人数	职业	人数
政界	135	律师	20	美术	737	土泥工	1914

---

① 徐焕斗：《汉口小志·户口志》，铅印本，1915年版，第3—4页。

续表

职业	人数	职业	人数	职业	人数	职业	人数
军界	196	馆幕	60	地理星卜	177	窑工	44
警界	224	司事	572	术士	47	各实业工人	2221
法界	97	矿师	28	教士	101	小贸	9464
学界	2025	儒士	571	机匠	640	小艺	4625
报界	33	医士	401	金工	1801	船业	251
绅界	293	种植	704	木工	3507	洋伙	749
商界	30990	畜牧	57	石工	384	渔业	588
水手	324	挑水夫	820	道士	195	乞丐	494
划夫	1479	佣工	9256	僧侣	220	公差	487
车夫	2157	使役	3203	苦力	3671	优伶	109
轿夫	671			废疾	98	无业	4579
码头夫	7914						

毋庸讳言，在上表中，商界、小贸、佣工、码头夫、小艺、苦力、木工、使役、车夫与各种实业工人中，多数为离村进城的农民。又如表5－3：

表5－3　　　　1934年8月汉口市民职业调查①

职业别	口数		
	男	女	总计
农	13627	1535	15162
工	77937	12399	90336
商	113597	5212	118809
学	2220	458	2678
党务	355	6	361
政	3204	47	3251

---

① 汉口市政府秘书处：《汉口二十三年八月份市民职业别》，1934年版，第16页。

职业别		口数		
		男	女	总计
军		2780	3	2783
警		2417	8	2155
司法		340		340
交通		3597	23	3620
自由业	新闻	315	4	319
	律师	199		199
	医士	989	95	1084
	工程师	114		114
	会计师	8		8
社团服务		965	18	983
僧侣教徒		1297	992	2289
劳力		51086	2091	53177
佣役		24902	14270	39172
杂业		26537	6175	32712
有职业共计		326216	43336	369552
失业		3992	479	4471
无业		2367	5267	7634
家庭服务			157151	157151
需人赡养		110622	103344	313，966
职业不明		18764	3399	22167
总计		461961	312976	774937

　　上表中工业、商业、苦力、佣役、家庭服务等人数较多的职业，绝大多数也是由外来农民所承担，何以见得？换句话说，有没有史料证明那一时期进城后的农民就是从事上述工作呢？

　　下面是1936年前后湖北省立教育学院对湖北省武昌县青山区实验区13个乡进城农民所从事工作进行的调查，可以证实上述论点：

表 5-4   全区乡民离村至外埠所任工作百分比①

工作种类	人数	百分比（%）
工	1188	41.05
商	1236	42.01
学	106	3.65
军	41	1.43
政	22	0.76
警	13	0.43
船	37	1.29
渔	3	0.1
医	3	0.1
教师	2	16.48
木匠	3	0.10
法	1	0.03
交通	1	0.03
伶	2	0.09
烟馆	8	0.28
…	…	…

从表 5-4 看出，该区 13 个乡进城农民所从事的工作以"工""商"业为多，然该表中"工""商"业划分比较模糊，还不能看出具体是哪些工作。针对上表，当时调查者进一步的解释也许能清楚地说明上述农民进城后所从事的工作："全区乡民至外埠所任工作以小本贸易，及作工占最多数……盖因乡民平时之主要职业以农业为最多……农人除耕种田地以外，一无专长，故仅能作小贸或买工以维持生活。"② 可见，调查者把小贸与做工划入"工"与"商"之中，因此，农民进城后的具体工作就包含前述所说的小贸、佣工、码头夫、

---

① 湖北教育学院：《湖北省武昌县青山实验区户口暨经济调查报告》，1936 年版，第 128—131 页。

② 同上书，第 131 页。

小艺、苦力、木工等职业。

据 1907 年日本外务省编的《清国事情》第一辑记载："武汉三市的工厂使用的职工数不下 3 万人。特别是百货集中的汉口……苦力据说达九、十万。"[①] 毋庸置疑，汉口苦力多为离乡进城的农民，他们进城之后，大多数人因无一技之长，只得从事无须太多技术的工作。近代汉口是华中地区货物的转运贸易中心，其交通业、运输业之所以便利与畅通，其基础就是有着大量外来农民工。

20 世纪 20 年代到 1938 年武汉沦陷前夕，是汉口人力车行业发展的鼎盛时期，这一时期人力车居当时三大交通工具之冠。"1926 年全汉口的交通十分之八赖人力车。"[②] 而汉口的人力车夫主要是外来农民。蔡斌咸在《从农村破产所挤出来的人力车夫》中细致考察了人力车夫在未拉车以前的职业，有关南京 1350 名人力车夫的调查中，种田占 56%，小贩占 7.44%，手工业占 5.57%，苦力与佣工各占 5.26%，兵警占 4.74%，此外如公役经商械器匠等。又据上海工部局人力车夫调查，49 个人力车夫中，农夫 30 人，纱厂工人 6 人，商人 3 人，苦力 4 人，更夫 3 人，渔夫、船夫、木匠、学校教师各一人，再据杭州市的人力车夫调查，农村失业者占 57.97%。"车夫大多数是农民的情形，于此，已显示无疑，其实手工业、苦力、佣工、兵警、纱厂工人、苦力、更夫、船夫等，他们的前身也都是农民。农民从直接间接而流为人力车夫的有人估计至少在 70% 以上，实则尚不止此数。南京同一调查，人力车夫有无种田，结果 1350 人中，种过田者有 1128 人，占 83.55%。至此，问题的本质已够明白了。人力车夫是晚近农村破产底下压榨下出来的一种产物，即是说农民被迫离开农村来出卖劳力。所以它的增加，乃是农村破产程度深刻化的透视。"[③]

---

① 皮明庥：《武汉近代（辛亥革命前）经济史料》，武汉地方志编纂办公室印行 1981 年版，第 196 页。

② 刘秋阳：《困顿与迷茫——近代的武汉人力车夫》，《学习月刊》2007 年第 4 期，第 48 页。

③ 蔡斌咸：《从农村破产所挤出来的人力车夫》，《东方杂志》1935 年第 32 卷第 16 号，第 36 页。

据 20 年代汉口政府调查显示："武汉人力车夫……以湖北黄陂、孝感、鄂城等县之失业贫民为多。"① 1946 年，汉口人力车夫中，绝大部分来自周边市县的农村，地域分布如下：黄陂 35%，汉阳 18%，应城 10%，孝感 9%，沔阳 5%，汉川 5%，云梦 4%，鄂城 2%。② 无须多证，汉口人力车夫也主要是外来农民。因为"赤手空拳的农民，找不到相当的职业，因此除了当兵外，只得拉车了"③。然而，"人力车夫所从事的工作是最为辛苦的，但过着最为贫苦的生活"④，他们是最底层的"打工者"，在农村经济凋敝之时，汉口人力车夫人数增加较快。1929 年汉口党部调查，汉口人力车夫有 1.8 万多人，⑤ 至 1933 年则有 5 万多人。⑥ 在短短几年时间内，人力车夫增加迅速，一方面是因农村破产，另一方面也是因城市交通发展的需要。

汉口航运业素来发达，在现代化机器尚未启用之前，航运业的装货、卸货基本上都是人力进行的，故码头工人数量较多，且是汉口城市社会中一个较大的群体。"汉口劳动界之最苦者，莫若于驮货一项，人类既众……彼等所受之苦痛，实人生之最难堪者……上自龙王庙，下迄洋火场，有四千余人。"⑦

20 世纪 20 年代至 1937 年抗日战争爆发前，是武汉码头工人群体的发展壮大时期。随着粤汉铁路的分期开通运营，南北、水陆联运的发展，武汉三镇客货运输量大幅增加，码头搬运作业量激增，码头工人队伍进一步壮大。据武汉码头总工会统计，1926 年 11 月汉口码头

① 《武汉之人力车夫》，《中外经济周刊》1927 年第 195 期，第 42 页。
② 这是根据《人力车业职业工会会员名册》统计折算而来，武汉市档案馆藏汉口市政府档案，全宗 9－17－38（1）。转引博士论文胡俊修《"东方芝加哥"背后的庸常——民国中后期（1927—1949）武汉下层民众日常生活研究》，博士学位论文，华中师范大学，2007 年，第 26 页。
③ 吴百思：《中国农民离村》，《天籁》1936 年第 2 期，第 252 页。
④ 汉口市政府秘书处：《规定人力车夫价目表》，《新汉口市政公报》1929 年第 4 期，第 132 页。
⑤ 衡南：《民国十八年度之汉口劳工界》，《钱业月报》1929 年第 2 期，第 2 页。
⑥ 《汉口中西报》1933 年 2 月 13 日。
⑦ 《汉口之苦力》，《生活》1929 年第 19 期，第 117 页。

工人有 15736 人，仅江汉关至麻阳街（今永清街）外国租界里的正式码头工人就达 5000 人；到 1935 年，据《汉口市政概况》统计，仅汉口码头工会有会员 16493 人，以上仅就领有牌照的正式工人而言，没有牌照的散筹工人更是数以万计。① 这些码头工人源自何处？如前所述，在 1934 年汉口市政府登记的"汉口市码头工头一览表"中，码头工头共计 328 名，其中夏口、汉阳、黄陂等地合计 293 人，即来自汉口周边的工头占总数的 89% 以上。在旧中国劳动行业中地缘关系非常重要，码头业也是一样，工头一般愿意在自己家乡招募工人，可想而知，汉口码头工人多数也是出自上述地方，② 即大多数码头工人是来自汉口周边的农民。

对 20 世纪上半期汉口其他行业调查发现，其人员也多是来自汉口周边的农民。

1904 年修张公堤时，除了清军之外，还有分段承建的众多来自黄陂、孝感、汉川等地的农民工。汉口泥瓦工人，俗称泥瓦匠，共有四万余人，以孝感人为最多，次为黄陂、汉川、汉阳，余则各县人皆有，惟为数较少。③ 不论是黄陂人、孝感人，还是汉川人、汉阳人，都是汉口周边市县的人。

近代汉口饭店、旅馆、浴池等行业中服务人员多为汉阳农民。④ 如汉口理发业人员，虽然分汉口（汉帮）、武昌（武帮）、湖南（南帮）三帮，但以汉口周边人员为多，"汉帮以黄陂人为最多，约在二千人以上，其余如汉川、汉阳，及旧黄州府属，不足三千人，武帮千余人，南帮三百余人"⑤。再如，汉口裁缝工，共有 9000 人左右，"以黄陂、孝感人为最多，有四五千人，新货几完全为黄陂人所独占。他

① 黎霞、张弛：《近代武汉码头工人群体的形成与发展》，《江汉论坛》2008 年第 10 期，第 82 页。
② 黎霞：《负荷人生：民国时期武汉码头工人研究》，博士学位论文，华中师范大学，2007 年，第 35 页。
③ 黄既明：《汉口之泥瓦工》，《市声周报》1926 年第 26 期，第 11—12 页。
④ 王老黑：《汉口人、汉川人、汉阳人》，《武汉文史资料》2005 年第 4 期，第 6 页。
⑤ 黄既明：《汉口之理发工》，《市声周报》1926 年第 27 期，第 7—8 页。

如汉口、武昌、鄂城、黄州、汉阳次之"①。1923 年"二·七"惨案中江岸死伤的 62 名铁路工人中，来自附近农村的有 33 人。②

可以说，正是这些外来农民，尤其是周边农民，为汉口提供了充裕的廉价劳动力，他们所从事的行业，多为辛苦行业，以自身的劳作支撑着这个城市的发展，他们是近代汉口工商业发展与繁荣的基石。

第四节 周边外来农民与汉口老字号的关系

老字号是一个城市历史的浓缩，汉口老字号大多数都是与百姓生活息息相关，涉及食品、餐饮、服务等多个行业，均为中小型企业，且多为 20 世纪 30 年代始建，曾经在汉口经济生活中占据着非常重要的位置。

追溯汉口老字号不难发现，多数老字号既不是汉口本市人创建，也不是那些曾在汉口工商界呼风唤雨的人所创建，而多是由那些来自汉口周边的贩夫走卒、肩挑叫卖的外地人所创建。诸如汉口蔡林记热干面、老通城豆皮、四季美小笼汤包、福庆和米粉、谈炎记水饺、小桃园煨汤、老会宾酒楼、祁万顺酒楼等，均由汉口周边郊县如黄陂、汉阳、孝感等地进城农民所创建。这些外来的"农民工"或"小商小贩"在城市养家糊口的生计中，为老汉口留下了诸多美好的回忆。下面就以黄陂、汉阳两地外来农民所创设的老字号为个案进行说明，希冀从中窥探一二。

黄陂农民所创建的汉口老字号如下。

蔡林记热干面。提及武汉，人们就想起"热干面"，热干面中最有名的当数"蔡林记热干面"，它现在几乎已成武汉这个城市的代名词了。1929 年，从黄陂县蔡家榨乡间进入汉口的蔡明伟，以挑担卖面条谋生，后在满春路开店，取名"蔡林记"，从此，汉口热干面就

---

① 黄既明：《汉口缝工之生活状况》，《市声周报》1926 年第 46 期，第 13—14 页。
② 皮明庥：《近代武汉城市史》，第 697 页。

有了这个著名品牌。

谈炎记水饺。"谈炎记"是武汉地区专营水饺的老字号。1920年，黄陂农民谈志祥从乡下到武汉城区谋生，手上有做水饺的手艺，他学着卖货郎，在汉口夜市做了流动小贩。他以其独特的精制手法，诚信的服务手段，赢得了食客们的普遍赞赏，被誉为"水饺大王"，其名声至今不衰，以至于老汉口人提起风味小吃的时候，很容易就想起"谈炎记的水饺"。

祁万顺酒楼。祁万顺酒楼是老汉口著名膳府，以经营京菜风味、兼营各式小吃为特色，其创始人就是湖北黄陂的一位农民，因他做的发糕松软可口，很有特色，每天都有很多人前来购买，故渐渐发家。

曹正兴菜刀。"曹正兴菜刀"是湖北武汉手工业传统名牌产品，素以"前薄后厚、刀板平整、前切后砍、刀口锋利、切姜不带丝、切肉不带筋、砍骨不卷口"而闻名，1949年前与中华人民共和国成立初期湖北省及湖北周边省份多用曹正兴菜刀，其创始人是黄陂农民曹月海。民国初年，传至曹氏第三代，旺季时每日获纯利达60块银圆。2003年，武汉晚报刊登一文《曹正兴：一个黄陂农民创造的奇迹》①，此文一度唤起了人们对"大汉口"时代中诸多老字号的回忆热潮。

黄陂农民所创的汉口著名老字号还有："高洪太铜锣"——汉锣的佼佼者，其创始人为湖北黄陂农民高青庵，1914年，他在长堤街以"高洪太"的牌名经营响器店；闻名遐迩的"黄云记棕床"——武汉传统名牌产品，其创始人为黄陂农民黄正茂；誉满中外的"白海记旗袍"——其创始人为黄陂农民白海山；融各派之长的"蒋在谱剪纸"——其创始人为湖北黄陂农民蒋在谱……②

汉阳农民所创建的老字号如下。

老通城豆皮。"老通城"，原名"通城"饮食店，是1929年汉阳农民曾厚诚在大智路口开办的。豆皮原是湖北农村的食品，用糯米、

① 《曹正兴：一个黄陂农民创造的奇迹》，《武汉晚报》2003年9月7日。
② 方明：《武汉旧日风情》，长江文艺出版社1992年版，第184—195页。

香葱作馅，传到城市后，很受食客欢迎。曾厚诚以"三鲜豆皮"为突破口，作为本店产品的特色，招徕顾客，生意兴隆。此后，老通城的豆皮逐渐成为汉口饮食界的品牌。

四季美汤包。1922 年汉阳农民田玉山，在后花楼交通路一个侧巷内，开了个熟食店，经营小笼汤包和猪油葱饼。这个店，先前只是一个只有几张桌子的小店，后来迅速从小吃店发展成大餐馆而驰誉遐迩。

汉口老会宾酒楼。正宗的楚风湖北名菜，首推汉口的"老会宾"，其老板就是汉阳朱家台村农民朱荣臣，此人 10 多岁就来到汉口某饭馆里"打工"，不久兄弟三人合股在汉口六渡桥铜人像附近开了一个小饭馆，后扩大为酒楼，改名为"老会宾酒楼"，成为汉口首屈一指的著名酒楼。

老大兴园酒楼。其创始人为汉阳农民刘木堂，该酒楼被时人称之为著名的"鱼大王"餐馆。

当然，除了黄陂农民、汉阳农民之外，还有汉川、咸宁等地外来农民创建了其他品牌的老字号，多不胜数。综观汉口老字号大多有着这样的特点：其创始人多为汉口周边农民，他们是近代汉口的"农民工"，在城市生计的打拼中，用自己的勤劳与智慧，或把汉口周边乡村饮食文化、民风民俗等带进汉口，或在汉口新的城市环境中有所创造，总之，是他们把近代汉口城市与周边乡村融为一体，以致当下无法分清是汉口周边乡村塑造了汉口城市特色，还是汉口城市特色影响了汉口周边乡村。如今，汉口语言中包含不少黄陂、孝感等地口音，而汉口不少民谚俗语也流行于黄陂、孝感等地。百年以来，汉口逐渐从近代的"乡民化"逐渐转变成为现代中国最具"市民化"特色的城市，这可能与百年以来周边农民源源不断地进入汉口大有关联，值得进一步探究。

小　结

在近代汉口城市化进程中，外来人口对城市发展做出了重大贡献。其中，沿海的外省商人引领着近代汉口乃至湖北经济发展潮流，为汉口经济繁荣奠定了基础，影响和带动了汉口及汉口附近的"本帮商人"。"本帮商人"是为后起之秀，推进了汉口近代城市现代化的发展。而来自汉口周边的普通农民则构成了汉口劳工群体的主力军，他们的劳动是近代汉口发展与繁荣的基石，也是近代以来汉口城市文化的主要缔造者。

考察中外历史上外来人口对于移民城市的影响时，可能会发现一些有趣之处。

例如，民国时期的汉口与上海就有着较多相似之处。其一，两者同是移民城市，在其近代民族工商业的早期发展中，外来商人有着重大贡献。上海早期民族工商业多由广东商人创办，汉口则多是由广东商人或宁波商人来推动发展，而且近代上海民族工商业与汉口民族工商业发展有着较深的渊源关系。上海开埠后，先是南方的广东商人北上开辟了上海市场，几十年之后，不少在上海经营的广东商人、江浙商人（主要是宁波商人）又西进开拓汉口市场，把沿海的资金、技术、人才等带进汉口。[①] 其二，城市的移民多来自城市周边地区。如1933 年汉口市民籍贯统计中，湖北省内人的占总数的70%，[②] 而其中又有多数人来自汉口周边。[③] 1934 年上海"华界"人口统计，其中也是多数来自周边，如江浙籍人口占58%。[④] 拉文斯坦移民法则认为：多数移民只倾向短途迁移，[⑤] 民国时期的汉口移民特点与上海移民特点都印证了这一法则。如前所述，汉口城市文化与周边农村文化有很深的渊源关系，是否可以大胆推测，上海城市文化与其周边农村文化

---

① 罗翠芳：《城市化进程中的外来人口与汉口城市发展——以清末至民国中期为中心的考察》，《湖北大学学报·哲学社会科学版》2016 年第 5 期，第 62 页。

② 罗翠芳、甘昌武：《城市化进程中的汉口城市人口结构研究——以 20 世纪二三十年代为中心的计量考察》，《江汉大学学报·社会科学版》2013 年第 6 期。

③ 同上。

④ 邹依仁：《旧上海人口变迁的研究》，上海人民出版社 1980 年版，第 68 页。

⑤ 罗翠芳、甘昌武：《城市化进程中的汉口城市人口结构研究——以 20 世纪二三十年代为中心的计量考察》，《江汉大学学报·社会科学版》，第 68 页。

也应该有着很深的渊源关系？

　　如果放眼世界史范围内也可以发现，近代汉口与近代早期西欧的安特卫普（现比利时境内）也颇为相似。其一，外来商人作用重大。汉口是近代中国华中地区最大的转运贸易城市，安特卫普则是近代早期西欧第一个最大的转运贸易城市，它们都是移民城市，都曾是外来商人为这两个城市开辟新的国际商业贸易市场，创办新型的加工工场，并且曾一度主导这两个转运贸易城市的经济。其二，外来熟练工人都曾掌握着这两个城市的重要技术（汉口的熟练工人主要来自沿海江浙一带，安特卫普的熟练工人主要来自意大利诸城邦，法国等地）。其三，外来农民构成劳工主体，且多来自城市周边。汉口如此，安特卫普亦是如此（安特卫普85%的市民来自城市周边的乡镇）。① 除此之外，两个转运贸易城市的人口之中还有着其他的相似之处，值得进一步深究。

　　其实，不论同一时期沿江的汉口与沿海的上海，还是近代中国的汉口与近代西欧的安特卫普，其相似之处的原因在于：他们都是移民城市，都是转运贸易城市。尽管发展时空不一，发展背景不一，但只要城市功能相似，其人口特点就有较多相似之处，所以说，历史有其共性，这也是历史令人惊讶的有趣之处。

---

　　① 参见 Donald J. Harreld：*High Germans in the Low Coutries—German Merchant and Commerce in Golden Age Antwerp*，Brill Leiden. Boston，2004，pp. 62–63；与 H. Van Der Wee：*The Growth of the Antwerp Market and the European Economy*，Springer-science + business Media，B. V. 1963，p. 127.

第六章 汉口城市民生问题

外来人口为近代汉口城市经济发展做出了巨大的贡献，然而在时局动荡不安、工商业羸弱之下，如此之多的外来人口涌入汉口，他们的生存状况如何？学术界曾有过一些提及，然而迄今为止，这一问题仍是近代汉口城市史研究中的薄弱环节。本章有意对此深入具体考察，注重数据运用与量化分析，以期对那一时期汉口民生问题有一定程度的了解，借此管中窥豹，从中了解同一时期中国城市社会中的带有普遍性的、深层次的问题。

第一节 失业或无业问题

一 失业

在近现代中外城市中，失业一直是一个普遍存在的问题。所以，近代汉口有失业现象也不足为怪。早在 19 世纪 70 年代就有报纸说，汉口居民中，长期失业的人口在不断增加。据说 1912 年汉口固定人口中有将近 5000 个家庭处于失业状态（无业），"可以肯定地说，这是一个较低的估计数字"[1]。

时人对 1928 年汉口失业曾有过统计，一个统计是："汉口一隅而论，失业工人，竟达二十余万人。"[2] 另一个统计是："一是各种职业

---

[1] ［美］罗威廉：《汉口：一个中国城市的冲突与社区（1796—1895）》，第 46 页。
[2] 唐性天：《中国社会问题之研究》，《社会》1929 年第 1 期，第 2 页。

失业之调查，共 35550 余人；二是工人因受工厂停业影响而失业之调查，共 15800 人；三是工厂因减少生产额而减少工人之调查，共 41000 人；四是店员失业之调查总计 6009 人，以上四种失业工人约计在十万以上。"① 不同的人，可能因统计口径不一，其具体统计结果也不一样，然其结论是一样的，那就是：汉口失业严重。

至 1929 年汉口失业并没有缓解，"拿武汉方面说，据十一月二十六日汉电所言，计失业工人 96050 人，失业店员 6090 人，共 10 万以上。"② 同年，有人曾对贫民教养所的乞丐进行调查，其结果可从侧面说明当时失业问题的严重性。该调查者说：致贫的原因，怕就是"失业"了。失业的人越多，社会经济越贫，已是亘古不易的定理了。为了失业而无法生活的人，何可胜计！凡是失业的人，多是壮丁，所以壮丁的乞丐愈多，失业的病态就愈深。要知道中国致贫的原因，是否是"失业"，诚可从下表解释之：

表 6 - 1 　　　　　八月入所贫民年龄身体之比较（1929 年）

身体	男（人数）	女（人数）
老弱	36	11
壮丁	121	2
幼童	男女共 22	
残废	27	2
总计	221 人	

表 6 - 1 所示，壮丁人数占一半以上，调查者发出这样的感叹："这个统计，更足骇人听闻了。本来只有老弱与残废幼童，因无力工作，才会沿街乞讨，今查该表所载之壮丁竟占全数的二分之一强，岂不是令人不解吗？于此当知中国失业病态之深且重矣，这般失业的壮丁既没有机会做工，又没有资本以资经营，除去犯罪以外，是只有讨

① 陈敏书：《社会的病态与救治》，《社会》1929 年第 1 期，第 8 页。
② 张振之：《目前中国社会的病态》，上海民智书局 1929 年版，第 121 页。

饭一条路了。至于这般壮丁之所以失业的原因，当然是由于国内工商业凋零破落啊！"①

其实，一直到 1931 年大水之前，汉口工商业发展状况良好，然而失业人口较多的原因，可能与这一时期汉口人口迅猛增长有关：1928 年 12 月是 572672 人，1931 年 4 月是 774069 人，即不到三年的时间里城市人口增加 20 多万人。如前所示，这一时期汉口的人口增长，主要是外来人口涌入所致。然而，人口的增长速度远远超过当时城市经济的增长速度，城市容纳能力有限，自然就会有很多失业人员，在如此之短的时间内、如此之多的外来人口涌入城市，对劳动力市场冲击极大，对城市本身来说，也是一种灾难。

1931 年大水，加之 1929 年世界性经济危机持续冲击，1932 年汉口各业"产销锐减，营业衰落"；此后汉口经济"没落尤速，凋零特甚"。其间，湖北省境内还有相继的五次大规模战乱（即五次"围剿"与"反围剿"），以及频发的天灾：1934 年水旱灾、1935 年水旱灾，② 直到抗战爆发前夕，汉口经济一直没有恢复到 1931 年前的水平。在经济不景气的 30 年代，中央工商部驻汉调查专员吴熙元观察到：1932 年，受灾后歇业商店近万家，夏节后歇业者达千数百家，店员失业者共十万余人；③ 1933 年，铺店停业二百余家，店员失业不下千余。④ 据骆传华统计，1933 年汉口失业人口有 30 万人。⑤ 诸多人员失业之下，城市里工作岗位的竞争就更为激烈。1934 年 9 月 8 日

---

① 陈敏书：《中国社会病态的重要原因》，《新汉口市政公报》1929 年第 1 卷第 4 期，第 120—121 页。

② 这一时期汉口工商业发展状况，尤其是 1931 年之后情形，可参见吴熙元《二十一年份汉口各业之概况》（《实业统计》1933 年第 2 期）；宜夫《汉口市十九个同业公会二十二年度营业报告》（《汉口商业月刊》第 1 卷第 3 期）；吴熙元《民国二十三年汉口市各业概况》（《实业统计》1935 年第 3 期）；吴熙元《民国二十四年汉口市各业概况》，（《实业部月刊》1936 年第 2 期）；吴熙元《汉口之工业》（《实业部月刊》1936 年第 1 期）等，也可参见 1934—1937 年间的《汉口商业月刊》，尤其是鲍幼申在其上连续发表的《湖北省经济概况》等系列论文。

③ 《市场衰落之一斑》，《汉口中西报》1932 年 6 月 18 日。

④ 《商场衰落一斑》，《汉口中西报》1933 年 6 月 4 日。

⑤ 骆传华：《今日中国劳工问题》，上海青年协会书局 1933 年版，第 269 页。

《汉口市民日报》一则新闻："失业者多——被服厂添招工人，无名者多如蜂涌，门卫兵荷枪持刀。"① 城市失业之重，可见一斑。

如果说 1928 年汉口失业者有 10 万多人，然而到 1933 年时汉口失业人数已增至 30 多万人。② 即在短短 5 年间，汉口失业人数由 10 多万增至 30 万。"本年（注：1935 年）4 月 15 日《新民报》载武汉工厂仅余 200 余所，较 15 年前减少 2/3，失业工人遍布街头。"③

如前所述，1935 年前后汉口人口总量并没有增加多少，甚或一度下滑，然失业人数总量猛增，这确实与经济状况的恶化有关。

所以，骆耕漠说："中国劳工大众的失业问题在目下是愈演愈烈了，被抛弃于十字街头的产业后备军愈积愈多……已构成了中国经济恐慌中的一种严重的现象。"④

二 无业

除了失业严重以外，汉口还有大量无业人员。"汉口虽说是重大商埠，华洋杂处，繁华热闹，但是每天只能踱踱马路不生产，饿着肚皮没有饭吃的人，不知有多少——我们只要一到铁路外，后湖边，去看一看草棚子里的住民，就会感到中国文明的弱点，中国社会问题的所在。"⑤ 一句话，汉口无所事事的人太多了，即无职业人口太多了。如前所述，汉口 1916 年无职业人口占总人口的 21%；⑥ 1933 年无职业人口则高达 59%，在无职业人口中，家庭服务人员占总人口的 20.7%，需要赡养的占 27%；⑦ 1934 年无职业人数占 52%，在无职业人口中，家庭服务人员占总人口的 20%，需要赡养的占总人口的

① 《失业者多》，《汉口市民日报》1934 年 9 月 8 日。

② 谭玉秀：《1927—1937 中国城市失业问题研究》，博士学位论文，浙江大学，2006 年，第 23 页。

③ 骆耕漠：《最近中国劳工失业问题》，《申报月刊》1935 年第 4 卷第 5 号，第 81 页。

④ 同上书，第 77 页。

⑤ 唐性天：《筹设中之贫民借贷处》，《社会》1929 年第 2 期，第 9 页。

⑥ 湖北汉口警察厅编制：《中华民国五年湖北汉口警务一览表》，1916 年石印本。

⑦ 罗翠芳、甘昌武：《城市化进程中的汉口城市人口结构研究——以 20 世纪二三十年代为中心的计量考察》，《江汉大学学报》（社会科学版）2013 年第 6 期，第 72 页。

28%，由此计算，"家庭服务"与"需要赡养"的人员几乎占总人口的一半。① 而"家庭服务"基本上就是不事生产的人员，这说明当时统计人员把"家庭服务"计算在"无职业人口"中是有一定道理的。上述数据说明汉口有大量不事生产的人口存在，或者说有大量隐形失业或无业人口存在。

由是观之，20 世纪二三十年代，无论经济的好与坏，汉口都有大量失业与无业人员的存在，稍显不同的是，在经济形势下滑之下，失业或无业的人口就会更多。

失业问题，不仅仅是汉口一个城市的问题，当时全国其他大城市几乎都面临着这个问题。1935 年，上海全市失业者达 50 万人，在当时中国的百万人口中平均每 6 人中就有 1 人失业。② 1936 年，南京国民政府曾对"上海、苏州、无锡、南京、武昌、汉口、汉阳、重庆、北平、天津、青岛、杭州、长沙及广州等 14 座工商大埠进行统计，发现失业人数高达 2655815 人"③。

20 世纪二三十年代，尤其 30 年代，为什么会有如此之多的失业或无业人口呢？"中国劳工大众的失业问题进展到这样严重的程度，不用说，自然是由于民族工业的普遍衰落。"④ 因此，有人说，实业不发达是中国失业问题的症结所在。

从国际范围来看，近代中国是现代世界经济体系中的"边缘"国家，对发达国家的经济具有严重的依附性，发达国家经济出现不景气，中国经济就会面临着崩溃，事实就是如此。国际贸易方面，1929 年中国出口货值是 10 亿多，1930 年是 8.9 亿多，1931 年是 8.8 亿多，1932 年却只有 2.99 亿多。⑤ 在世界经济危机之下，中国城市工业不堪一击，出现大量减产或破产。与此同时，中国南方数省出现的

---

① 汉口市公安局第二科户籍股编制：《汉口市户口统计》1934 年第 8 期，第 16 页。
② 谭玉秀：《1927—1937 中国城市失业问题研究》，博士学位论文，浙江大学，2006 年，第 21 页。
③ 同上书，第 22 页。
④ 骆耕漠：《最近中国劳工失业问题》，《申报月刊》1935 年第 4 卷第 5 号，第 77 页。
⑤ 谭玉秀：《1927—1937 中国城市失业问题研究》，第 44 页。

"围剿"与"反围剿"的拉锯战争，连续不断的水旱灾，如湖北省境内的1931年大水，1934年和1935年水旱灾，成片良田或成泽国，或是颗粒无收，大量农民只有逃离农村，聚集于城市，想要在城市中找到工作生存下去，无奈城市已不堪重负，这些人最后只能背负失业的命运，"维持灾民的角色"。[①]

汉口虽是华中地区一通商大埠，提供了一些就业机会，然当大量劳动力涌进城市，劳动力的增长速度总是超过城市本是羸弱的经济发展速度时，就有不少人长时间内找不到工作或经常性失业。"中国工业发展的速度和农民破产的速度比较起来，落后好几百倍。因此，极大多数的工业工人都要经过在城市之中很久的流浪生活，或者极简单的苦力生活，方才能够进到工厂里去。"[②] 二三十年代中国城市劳动力早已供过于求了，然仍有大量农民源源不断地进城，致使失业者或无业者越来越多，如遇到经济环境恶化，其情形就更为严重，普通民众的生计可想而知。

时人曾感叹："失业问题不解决，整个的中国没有希望，岂但上海？全国到处是兵，也到处是匪，这就是工商发达之区，但同时也竟是游民荟萃之处。"[③] 其实，旧中国失业问题不仅仅是一个城市的问题，也不仅仅是一个经济的问题，它更是一个政治问题。在外界恶劣的环境之下，中国内部的政治混乱，更是加剧了全国失业的严重性。

第二节　生计问题

近代汉口城市中普通民众收入一般有多少？不同时段工资不同。目前对19世纪末汉口工人工资无从知晓，但是可知1894年武昌官布

---

① 谭玉秀：《1927—1937中国城市失业问题研究》，第82页。
② 刘明逵、唐玉良主编：《中国近代工人阶级和工人运动》（第二册），中共中央党校出版社2002年版，第579页。
③ 潘公展：《现在上海社会的危机》，转引谭玉秀《1927—1937中国城市失业问题研究》，博士学位论文，浙江大学，2006年，第1页。

局工人月工资不超过 3.5 元，纺纱局工人日工资仅 0.27 元—0.28 元，缫丝局工人日工资最低只有 0.05 元。① 同一时期汉口工人的工资，可能与武昌工人工资差不多。1908 年，汉口工人日工资，纺织局 0.27 元—0.28 元，织布局 0.32 元—0.33 元，砖茶制造局 0.2 元，缫丝局 0.25 元—0.5 元，蛋厂 0.15 元，牛皮栈 0.2 元，皮油制造 0.2 元。最低日工资仅 0.05 元，折合当时钱价约 60 文，仅够一人糊口。② 1920 年武汉纺织工人平均日工资 1.2 角—2.1 角，低于上海 2.2 角—4.7 角和无锡 1 角—3.5 角，在其他行业中，武汉工人工资也比上海低 50% 左右。③

南京国民政府时期，汉口政府曾对汉口、上海、北平三个城市的工人工资有过对比，见表 6 - 2：

表 6 - 2　　　　　汉口各业男女童工月平均工资④　　　　（单位：元）

地方	工业种类	男女童工每月平均工资数（单位）
上海	纺织业	20.66
	化学工业	19.99
	机器业建筑业	26.40
	粮食生产业	20.21
北平	织造业	11.50
	毛毯制造业	13.50
汉口	各业	11.06

由表 6 - 2 可知，汉口工人每月平均工资是 11.06 元，与上海和北平工人所得相比较少。汉口工人一个月的生活费需要多少呢？有人曾对武汉工人的收支情况进行过比较："在武汉三镇的一般工人，至

---

① 皮明庥：《近代武汉城市史》，第 702 页。
② 同上书，第 703 页。
③ 武汉地方志编纂委员会主编：《武汉市志经济管理志》，武汉大学出版社 1999 年版，第 381 页。
④ 《汉口工人概》，《新汉口市政公报》1929 年第 6 期，第 4 页。

少每月须赚有华币九至十元的工资才能养活自己……设使一个工人的家属有四至七人,那么,每月工资的收入须华币十二元至十五元。"单身劳工每月工资的收入须 3 元—5.5 元,才能维持生活。所谓维持生活就是维持最低的生活,那就是说,生活状况、极为简陋,谈不上教育、卫生、储蓄等人生应有预备的。"这点点微少的工资只够得平民度那粗饭果腹、破衣蔽体,在那阴湿污秽的地面上造一件茅屋罢了。"①

以上只是对工人一般状况而言的,那么,大工厂工人的状况是否会好一些呢?下面是"武汉大规模工厂工人全家每月收入支出比较图":

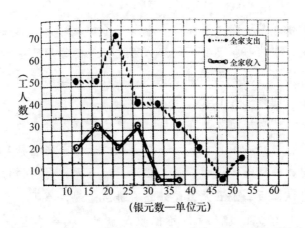

图 6-1 武汉大规模工厂工人全家每月收入支出比较

该图的附注说:"武汉大规模工厂工人生活极苦,大都夫妻及其甫满十岁之儿女,全入工厂做工……就调查所得,总计各工厂工人全家每月收入最多者不过三十八元,而支出最多者达五十二元,就一般观察,多为入不敷出。"② 一般而言,大工厂工人收入往往比小规模工厂工人要高一些,然其收入还多是"入不敷出",那么,可想而知

---

① 《汉口工人概》,《新汉口市政公报》1929 年第 6 期,第 4 页。
② 张研、孙燕京主编:《湖北建设最近概况》,大象出版社 2009 年版,第 294 页。

同时期小工厂工人的收支状况就更差了。其实，那一时期，那些能够进入工厂做工的工人，在当时城市中的生活还算得上较好的，试想还有大量不在工厂做工的人员，如小商小贩，或者是失业者或无业者，他们的生活状况那就无法想象了。

汉口工人工资之低，加之 20 世纪二三十年代汉口物价持续上涨，普通民众生活状况可想而知。早在 1923 年，《汉口中西报》刊登了《日高一日之生活程度》一文，对汉口物价上涨致使民众生活艰难有过呼吁："比年以来，汉口生活程度，受钱贱之影响，感苛税之压迫，只涨不落，一般人民，苦不堪言，然未有如近日之甚者。"该文还对食品、布料等生活必需品的涨价程度有过详细的调查，结果如下：

> 民生食品：除米石涨价一串余文不计外，其余麻油每斤售至四百文，煤炭每担已售至一串六百文，猪肉每斤已售至六百四十文，鲜鱼每斤已售至四百六十文，此外菜蔬土果之类，则无不增加数倍，即最下等日食，每人亦需四百文。
>
> 房租：自房租改易洋码后，住户已极感困难，乃刻下新建筑之里分，月租之昂贵，甚至不可思议。查张美之巷杨某所建筑之坤元里，一间屋之铺面，每月租洋七十五元，尚需预付三个月房租，计洋二百二十五元，此外还有进店陋规，不下四十元，合而计之，非有二百七十元，不能入此金屋。其余各里分，莫不皆然。即至隘之棚户，每月亦租钱数串文，失业之贫民只好露宿而已。
>
> 布料：贫民衣服，大抵以青蓝大布为多，该布价大涨，普通青布每尺已售一百五六十文，蓝布每尺亦售一百三四十文，平均计算，每大布短衣一件，非二串文不可，一苦工之力，一个月不可制衣一套，衣食住三字……市面物价，犹复加涨不已，奈我贫民，何以生存。①

---

① 《日高一日之生活程度》，《汉口中西报》1923 年 10 月 2 日。

一般说来，工资上涨幅度超过物价上涨，民众生活质量不一定就会下降。然而，在现实生活中，物价上涨幅度往往会超过工资上涨幅度，曾经有人对湖北省工人的工资与米价的涨幅有一个对比，见表 6 - 3①：

表 6 - 3 湖北省工人历年来工资米价比较表

时 间	每日工资/角	每石米价/元
民国纪元前七年	1.5	4.5
民国九年	2	5.5
民国二十一年	2.2	10.5

由表 6 - 3 可知，20 世纪上半期，湖北省工人的工资与米价皆在上涨，然米价上涨幅度远远高过工资上涨幅度。"今年以来，武汉一带地方之生活程度，较十年以前已增高数倍，而劳动者工人每月所有工资之收入，仍非常低微，颇不易维持其一家数口之最低限度生活。"② 在城市如此生活状态之下，仍有不少农民涌入汉口。

包惠僧曾在其回忆录中说："在官府苛逼、胥吏勒索之下，农民真是永无喘息之日。健壮的农民便一个一个逃到城市里来，有的在码头上当苦力，有的到武汉、上海、天津、广州拉洋车，有的到工厂旁边做临时工和小工，有的做小贩，还有的成了乞丐。这样，农村里生产力降低，城市的游民增多，工商业地区的劳动预备军扩大。"③ 20 世纪 20—30 年代大量涌进汉口的农民，既无知识又无技术，只有从事繁重的体力劳动。吴至信曾说："离村农民到都市中最可能之出路，

---

① 张研、孙艳京主编：《湖北建设最近概况》，第 82 页。
② 中华全国总工会中国运动史研究室：《武汉工人之生活》，《中国工运史·第二十六期》，工人出版社 1984 年版，第 104 页。
③ 包惠僧：《包惠僧回忆录》，人民出版社 1983 年版，第 52 页。

莫若充作苦力。"① 吴百思也说："农民离村后多半是出卖劳力。"② 湖北武昌县的离村农民，就多在武汉出卖苦力。③

人力车夫与码头工人是城市苦力的两大主要群体，其职业是很多进城农民的首要选择。下面将以人力车夫与码头工人的生计为中心来考察汉口底层民众的生活状况。

一 人力车夫的生计

据统计，1921 年汉口租界 18 家车行，共有人力车 1500 辆，平均 4 个车夫一辆。④"整天在马路上跑来跑去，晴天晒，雨天淋，冬天冒着北风，夏天顶着太阳，缩着腰杆，拼命向前钻"，人力车夫因此很容易患各种职业病，如肺病、胃病、风湿关节炎，"壮年死亡劳动者众"，然除去租费外，每人每天"净落不过三四百文"。对于有家室的人力车夫来说，要维持一家数口生活是极其困难的。⑤ 所以，包惠僧曾在其回忆录中说到，1921 年 11 月底到 12 月初，汉口租界人力车工人为反对老板加租，发动同盟罢工运动。当时汉口租界的人力车，共有二千余辆，人力车工人约有六千人。包惠僧曾找到人力车夫的一个活动分子樊一狗，问他罢工的缘由，后者说："老板如果再加租，就不能生活了。一辆车子分三班，好班不过五个钟点，生意好，一班可以拉得一块多钱，生意不好，不过几角钱。现在每人每日要交五角钱的租钱，老板还要每班加二角租金，这样下去，只好不干!"⑥ 到 1929 年时，车夫人数："华界"6500 人，租界 6000 人，合计 12500 人，失业人数 3000 余人，占全部人数 24%，这一年，"华界"车夫

---

① 吴至信：《中国农民离村问题（续）》，转引谭玉秀《1927—1937 中国城市失业问题研究》，博士学位论文，浙江大学，2006 年，第 36 页。

② 吴百思：《中国农民离村》，《天籁》1936 年第 2 期，第 254 页。

③ 同上书，第 252 页。

④ 湖北省地方志编纂委员会编：《湖北省志·城乡建设（上）》，湖北人民出版社 1999 年版，第 109 页。这里人数与前面包惠僧所说的一样，人力车夫将近 6000 人。

⑤ 刘秋阳：《困顿与迷茫——近代的武汉人力车夫》，《学习月刊》2007 年第 4 期，第 48 页。

⑥ 包惠僧：《包惠僧回忆录》，第 73 页。

所需缴纳的租捐占全部收入的 43% 。① 另外，汉口车夫中向来有包头制，包头强迫车夫借钱，施以重利盘剥，"若车夫稍有不慎，即以停止工作相威吓，而车夫以生计所关，不能不受若干痛苦，其放款之办法：即放款十串文，自放款之日起，按日价还一百二十文，以百日为满期，合计付回十二串文……"②

1931 年之前，汉口经济发展尚好，即使在这种形势下，人力车夫生活还是实为不易。1931 年大水之后汉口工商业凋敝，其生计就更为困难了。

1931 年，湖北省"洪水为患，灾情重大，灾民麇集武昌者，不下十万人，虽经急赈于前，抚辑于后，而灾民繁聚，困苦异常。近闻时有发生卖妻鬻儿之惨剧"③。这只是大水之后灾民逃到城市里的一番情形。还有一些农民逃到城市之后为了生计终日苦苦挣扎着。

1932 年《汉口中西报》上刊登一则《逃难者》新闻："一家三口，父母，一个女儿，为逃匪难……百业萧条的汉口，人地生疏，实在无可效力换钱，饥饿所迫，她们（母女）只好出此下策，沿门告乞……父在码头出力，每日所得血汗钱，不过数百文，千文以上甚稀，而其事极苦，久且不能容身……托人介绍，作全力跑街——拉人力车工作，赚钱稍多，劳苦亦更烈。然终不能养活一家三口。"④

到了 30 年代，人力车工作的竞争更为激烈，靠其谋生更是艰难。汉口市各种人力车辆：1931 年 7541 辆；1932 年 7242 辆；1933 年 10147 辆；1934 年 10241 辆。⑤ 1933 年 2 月，汉口人力车夫的人数高达 40000—50000 人，1933 年 2 月 13 日一则报道："拉一天车只得四五角钱"——"全市共有车九千余乘，车夫约四五万人，因时事影响收入

---

① 雪平：《汉口人力车夫生活状况统计报告》，《社会》1929 年第 1 期，第 11 页。

② 《关于人力车的又一报告》，《新汉口市政公报》1929 年第 4 期，第 130 页。

③ 谭玉秀：《1927—1937 中国城市失业问题研究》，博士学位论文，浙江大学，2006 年，第 82 页。

④ 《逃难者》，《汉口中西报》1932 年 6 月 23 日。

⑤ 涂文学：《城市早期现代化的黄金时代》，中国社会科学出版社 2009 年版，第 270 页。

锐减，幸米贱，尚可维持，在此商业凋敝、困难严重时期，民生问题至感困难，昨（12日）记者于马路侧与一人力车夫闲话得悉：汉口近来街市共有人力车夫九千余乘，较以前增加二倍，靠此营生之车夫，约有四五万人，因每辆车有三四车夫共拉，水灾以后，金钱艰难，乘车者亦减少至结果车多客少，供过于求，而形成车夫互相倾轧的现象，每日每辆车除租金外，反能得工洋一元几角，但此一元几角，需至少须三人合力方可……每人每天值得四五角，幸好米贱……"①

经济下滑，车夫抢客竞争事件常有发生，不惜动武。当时的报纸经常登载数篇这样的报道，让人看后不觉心酸，顿感生活艰辛。

1934年《汉口市民日报》：

> 8月18日《为一个铜板，两车夫扭打成伤》可恨——乘客袖手旁观睨笑，可敬——路人各给一角了事②
> 8月27《两车夫打架，只因拉生意》
> 10月13日《两车夫大战》
> 车夫张炳南，年二十一岁，黄陂人，住本市济生四路，昨日上午在生成南里口，与车夫黄右红，为争夺生意致起冲突，始则口角，继而凶殴，经公安七分局生成里员警孔华龙将其一并带局，据张炳南供称，我讲好的生意，他装去了，与他理论，反将我头脑打伤，复据黄右红供，乘客已上车，他不准我拉，要我接他吃香烟，故互相扭打等语。

还有一些车夫为了养家户口，屈辱地谋生，甚或毙命。
如1934年《汉口市民日报》标题如下：

> 7月26《永兴和山货行，殴伤人力车夫，何必太凶》

---

① 《拉一天车只得四五角钱：全市共有车九千余乘，车夫约四五万人，因时事影响收入锐减，幸米贱，尚可维持》，《汉口中西报》1933年2月13日。
② 《汉口市民日报》1934年8月18日。

1935 年《汉口市民日报》报道:

1 月 12 日《丘八打伤车夫,血流如注,解送医院》

昨日下午二时,有一身着灰色军服兵士,乘人力车至本市民权路,忽因钱价相争,该兵士举拳即挥,可怜苦力车夫,右眼打伤,血流如注,该地岗警将双方一并带局,讯得胡传中,年四十八,沔阳人,住玉皇阁五十一号,以拉车为生,因争铜元二枚,他(指兵)将眼珠打出,复讯郭得胜,年二十八,沔阳人,现充某军兵士,驻扎武昌南湖,他(指胡)问我多要钱,故而相打。①

1 月 13 日《饥寒交迫下之苦力,车夫失足毙命,妻子儿女抱尸痛哭,路人亦为助泪酸鼻》

本市新市场上首,文书巷口,于昨日午后四时许,徒有由硚口至下之人力车夫一辆,车夫罗和尚,年四十九岁湖北江陵县人,住本市观音阁墩子上二十号,向以拉车营生,近来因受市面不景气关系,虽每日卖尽死力,不得一饱,时因冻饿所迫,只得将车子拉至避风处,暂时憩息片刻,不意稍不留神,失足跌于路旁沟内,比经岗警将其搀扶,则已气绝毙命,满口门牙跌落,状甚凄惨,后经该车夫妻子闻风赶至,则只有其五龄之女孩,抱其未及两龄之幼子,伏尸痛哭。记者聆此,大有不知身后如何落局之感慨也。

时局艰难之下,汉口生活之大不易,还可以从《汉口市民日报》上看到其他令人心酸的新闻:《为两串钱,送一条人命》②《当街大比武——只为铜元两串四》③,等等。

---

① 《丘八打伤车夫,血流如注,解送医院》,《汉口市民日报》1935 年 1 月 12 日。
② 《汉口市民日报》1934 年 8 月 7 日。
③ 《汉口市民日报》1935 年 3 月 3 日。

"汉市之工人，以车夫为最贫苦，当为全市市民所公认"，[①] 诚如斯言。

二 码头工人的生计

码头工人是汉口另一个大的苦力群体，其主要工作是为轮船装卸货物，装卸过程主要靠人力肩运背扛完成，"上压肩膀，下磨脚板"，然而收入甚微。据统计，1920 年前后，上海码头工人日收入为200—800 文，武汉码头工人"体力稍强者终日背负，最多时一天可得钱千文，余则数百文或数十文不等"。按当时生活消费水平，"不饮酒200文可度一日"。但是码头工作季节变化较大，收入很不稳定，日收入千文者维持一家生活也存在困难，百十文者，更难糊口。[②] 豆渣、菜皮是码头工人经常的食物，除此以外，就是霉烂生虫的玉米粉、麸皮面，混和着捡来的烂菜叶子煮成糊，一天能吃上两顿就算不错了。有的时候，能够有一些碎米煮粥就是最好的食物了。遇上没有工作的时候，两天吃一顿也是常有的。[③] 码头工人微薄的收入，除了养活家人，还要"孝敬"工头，"本市码头工人之地位，多系由占有争夺而来，当争夺之时，不得不拥护狡黠为领袖……工人所得工资中，按成提取厘头百分之十，乃至百分之十以上……工人明知被其榨取，徒以屈于威势，莫敢抗争"[④]。

即使这样一个收入甚微的行业，在农村凋敝、城市工商业破产之下，加入其中的人员却越来越多，至1934 年汉口市"码头工人登记，共一万六千二百余人"[⑤]，这只是登记在册的，还有很多没有登记的打散工的码头工人，数以千计。长期以来，为争夺这份工作，来自各

---

① 《关于人力车的又一报告》，《新汉口市政公报》1929 年第 1 卷第 4 期，第 130 页。
② 刘秋阳：《民国时期的码头工人与帮会》，《湖北广播电视大学学报》2007 年第 2 期，第 77 页。
③ 黎霞：《负荷人生：民国时期武汉码头工人研究》，博士学位论文，华中师范大学，2007 年，第 55 页。
④ 《取消码头工头制度》，《汉口市政概况·社会》，1934.1—1935.6，第 75 页。
⑤ 《汉口市民日报》1934 年 7 月 19 日。

地的各帮各派的码头工人为争夺汉口的码头纷争不已，武汉话俗称
"打码头"，实则是为谋取一份较为固定的工作岗位。据1923年8月
19日《汉口中西报》载，"柳家巷码头之争潮，本埠蒲圻帮商人，藉
军警势力，在柳家巷安设趸船，并将柳家巷老牌名毁去，另安蒲圻码
头之标牌，大概情形已纪昨报，兹悉此事发生后，当有宁平保安队、
麻夏帮、葵扇帮、府布帮、水土果帮、广货帮、玻璃帮、草纸帮等八
团体，以及当地街邻，开特别联席会议，到者一百余人，咸以柳家巷
为数千年流传之古迹，有前清咸丰七年汉阳府之告示，可以证
明……"① 同年8月29日，又有几个帮派的码头工人为争夺大王庙码
头发生争执，几乎要酿成械斗："本埠大王庙码头向分本帮（阳逻
帮）、跑帮（即江西帮），盖因江西帮要侵占阳逻帮利益……争执
数年。"②

20世纪二三十年代之交，在国内外经济逐渐不景气之下，汉口
民众生存竞争异常激烈，劳资劳工纠纷严重，其中尤以码头业纠纷
为多。

所谓劳资纠纷，是工人与雇主之间的争执，多为"为力价争执"
"工人要求恢复工作""为资方减少力资争执""为争执过磅工资"
"为驳船运价争执"③ 等原因，工人想挣钱、多挣钱，来维持或改善
一家人的生活。

所谓劳工纠纷，是工人与工人之间争执，大多是因"互争工作"
"互争工作界限""互争大王庙码头工作"④ 等原因，实质是争夺工作
权，在有限的生存空间中，争夺生存权，"至于劳工争议案，多属码
头工人争执工作，动辄械斗流血"⑤。1929年、1930年汉口特别市政
府社会局第三科指导股调处劳资劳工纠纷的情形如下。

---

① 《柳家巷码头之争潮》，《汉口中西报》1923年8月19日。
② 《大王庙码头几酿械斗》，《汉口中西报》1923年8月29日。
③ 《汉口市政概况·社会》，1932.10—1933.12，第37页。
④ 《汉口市政概况·社会》，1934.1—1935.6，第84—87页。
⑤ 《汉口市政概况》，1932.10—1933.12，第37页。

　　1929 年 8 月劳资纠纷共 4 起，同月劳工纠纷 8 起，参加人数有 1700 余人。8 月劳工纠纷的业别中，码头业有 6 起。在劳工纠纷的原因中，争工的有 7 起。劳工纠纷参与人数很多，最少是 37 人（双方相加），最多的是 800 人。纠纷时间最少是一个月，最多是 10 个月。械斗有两次，有一次参与人数 800 人。①

　　1929 年 9 月劳资纠纷 6 起，曾有一度的罢工，同月劳工纠纷共 7 起，参加的有 500 余人。在 9 月劳工纠纷的业别中，码头业有 6 起。在劳工纠纷原因中，争工作的有 6 起。参与人数最少一次是 60 多人，最多一次是 210 多人。纠纷时间最短的 1 个月，最长的是 11 个月。械斗一次。②

　　1929 年 10 月劳资纠纷有 10 起，纺织的占 4 起，运输的占 3 起，面粉的与粮食的占 3 起，劳方参与的人数，最多有 1800 余名，最少的 29 名，大多都有 100 名以上。有 4 次罢工。劳工纠纷共 5 起，从业别来看，码头有 3 起，海员 1 起，排字 1 起。纠纷的时间：最少 1 个月，最多 3 个月。③

　　1929 年 11 月，发生劳资纠纷 7 起，劳工纠纷 10 起。劳资纠纷有 2 起是运输船业，面粉业也有 2 起，劳工纠纷 80% 是码头业，因为"码头业的工人智识最浅，生活最不安定，所以最容易起哄"，纠纷的原因，大部分是争工作。有 3 次械斗。④

　　1929 年 12 月劳资纠纷 8 起，比上月多 1 起，以面粉及布店业为多。罢工的有 3 起，其中，有要求复工 1 起（福新面粉厂），有反对停工 2 起（华丰布厂与德太和布厂）。劳工纠纷亦 8 起，比上月少 2 起。码头业 4 起，争工的有 4 起，有 2 次械斗，参与人员很多，多达

---

①　《工人纠纷》，《新汉口市政公报》1929 年第 1 卷第 4 期，第 84 页。
②　同上书，第 84 页。
③　《汉口特别市政府社会局第三科指导股调处劳资纠纷简表》，《汉口特别市政府社会局第三科指导股调处劳工纠纷简表》，《新汉口市政公报》1929 年第 1 卷第 5 期，第 45、46 页。
④　《新汉口市政公报》1929 年第 1 卷第 6 期，第 86 页。

1000 多人。①

1930 年 1 月，劳资纠纷 16 起，发生在布厂、纱厂、布业共有 4 起。劳工纠纷 9 起，其中，发生在码头业的有 6 起，这 6 起全是为了争工。②

1930 年 6 月汉口市社会局调处劳工纠纷事件 5 起，劳资纠纷案件 15 起，劳资案件仍比劳工案件为多，而劳工案件中，仍属码头业为多。③

1934 年"本市劳工案件，多属码头工人互相间之纠纷。二十三年劳工争议，争议原因多为互争工作"④。码头业务管理所办理码头工人纠纷案件共 67 起。⑤

从上面可以看出，在劳资纠纷中有要求复工，也有反对停工，总之，就是要求有"工作权"。而在劳工纠纷中，码头业的纠纷居首，码头工人之间的争夺，主要是争固定的码头，没有固定的码头，就没有较为稳定的工作。例如，汉口大王庙码头原为阳逻帮与江西帮共同作工，后阳逻帮势力将江西帮码头工人挤走，致使江西帮 59 名码头工人从 1923 年起，在长达十余年的时间里没能上码头工作，处于失业状态。⑥ 其他还有因为战乱、经济萧条、厂栈商号经营变迁、汽车运输业发展等原因导致的码头工人失业。根据汉口市政府的统计数字，1929 年职业类工人，包括码头工人和人力车夫，失业者共计 36699 人。⑦ 在恶劣的经济环境之下，码头工人要保住一份虽辛苦但可以养家糊口的工作是多么不易。

这一时期汉口的劳资劳工纠纷，其参与人员之多，其争执时间之

① 《调解劳资劳工纠纷》，《新汉口市政公报》1929 年第 1 卷第 7 期，第 121 页。
② 《处理劳工劳资纠纷》，《新汉口市政公报》1929 年第 1 卷第 8 期，第 154 页。
③ 《六月份调处劳工，劳资纠纷》，《新汉口市政公报》1930 第 2 卷第 1 期，第 175 页。
④ 《汉口市政概况·社会》，1934.1—1935.6，第 85—86 页。
⑤ 同上书，第 87—92 页。
⑥ 黎霞：《负荷人生：民国时期武汉码头工人研究》，博士学位论文，华中师范大学，2007 年，第 58 页。
⑦ 同上。

长前所未有，充满了暴力与血腥。如 1935 年《汉口市民日报》登载一则新闻：

> 《码头工人争工流血，干事组长等因争饭碗竟丢饭碗，夏桂清等持斧行凶送警部惩办》
>
> 本市码头公会第八分所干事余平汉，组长余均启，暨工人夏桂清等共八人，因与工人李文善、刘木生等，争夺公兴存工作，于昨日上午双方纠集多人，相互殴斗，夏桂清等人多势大，致李文善、刘木生均被利斧砍伤，刘木生身中八斧，受伤甚重，命在垂危，当殴斗剧烈时，码头工人管理所，暨公安九分局，均派警到场弹压。[1]

上面所述的有关码头工人之间的斗争，就是汉口俗称的"打码头"，当时有个说法叫"三刀六眼"，为了打下一块码头，帮派双方会派出一名"死士"斗狠，看谁坚持到最后。以这种"打码头"方式来获得生存的出路，"是弱势群体最原始的博弈，很残酷"，[2] 可以说，是拿命换来的工作权或说生存权，充满了浓浓的血腥味。

在时局动荡之下，汉口民众谋生之不易，失业或无业，物价不断上涨等，皆加速芸芸大众走向贫困。同一时期城市贫穷人口数目增多，这是民国汉口又一重大问题。

第三节　贫穷问题

毋庸置疑，近代中国民众大多贫穷，这一点可从柯象峰《中国贫穷问题》一书中看出。近代以来，城市既是人间的天堂，也是人间的

---

① 《码头工人争工流血，干事组长等因争饭碗竟丢饭碗，夏桂清等持斧行凶送警部惩办》，《汉口市民日报》1935 年 1 月 8 日。
② 愿：《董宏猷：汉商，侠商！》，《长江日报》2011 年 3 月 28 日，http：//news. if-eng. com/history/gundong/detail_ 2011_ 03/28/5397771_ 0. shtml。

地狱。汉口虽是十里洋场，但在高楼之外，却有着太多食不果腹、衣不遮体的贫民，在这个城市"勉强地"活着。

早在 1893 年，一位英国人描述了武汉工人的情况："这些工人很可怜，因为他们瘦到只有皮包骨头，50 人里面也找不出一个体格康健的人。"还有一些贫穷无着的市民靠收集大酒店的剩菜和捡地上的烟头加工出售来维持生活，进而形成了汉口特色："收杂菜业"和"捡烟头业"。①

1921 年的《汉口中西报》刊登了不少贫民悲惨的新闻：

1 月 1 日第 3 张《新流民图》

宿雨：刻下后湖所到北方灾民，不下三四万人，尚源源不断而至，均散处于后湖铁路一带，军警恐乱市面，不许入内，兹连日阴雨，灾民无所居止，幕天席地，三五十成群，日则坐于泥途，夜则宿于风雨，啼饥号寒，惨况难观，如不速济，恐将酿瘟疫也。

鬻儿：昨有灾民一妪一夫一妇，携一儿五六岁，抱一儿未及岁，筐内有一女二岁，在半边街哭诉一切，愿鬻其各儿以保命，怜者多以钱云。②

1 月 4 日第 3 张《后马路冻毙灾民》

本埠满春园后马路，有一年五十余乞丐，状以北来灾民，因无楼止，露宿某户檐下，前夜北风凛冽，大雪不止，该乞丐支持不住，竟致冻毙。③

1 月 5 日《灾民冻毙四口》

连日风雪，天气奇寒，后城马路四署管内，冻毙灾民一名。

兹又有一年二十许乞丐，在杏初里侧首沙滩上，东冻身死。

---

① 刘德政：《外来人口与城市化》，硕士学位论文，华中师范大学，2006 年，第 42 页。

② 《新流民图》，《汉口中西报》1921 年 1 月 1 日、1 月 4 日第 3 张。

③ 《后马路冻毙灾民》，《汉口中西报》1921 年 1 月 4 日第 3 张。

又铁路边昨日之冻毙流民王某一名（德州人），又刘家庙附近某姓一家，因外出乞食，无能供其餐饱，兼之又受寒冻，于昨日冻毙二口，闻者怜之。①

1 月 9 日《灾民鬻妻卖子之惨状》

连日天气严寒，滴水成冰，一般北省来汉灾民麇集于此，啼饥号寒之声，时有所闻，昨初七日，有直隶省灾民张有坤等带有一家妻子，共计十余口，因饥寒交迫，不能度日，不得已遂在马路一带鬻卖，妻要钱六十串，子要卖钱十串，有民人胡老四，愿买一妻一子，该灾民人钱两交，痛苦而去，情形诚可惨矣。②

1913 年包括汉口在内的武汉三镇无业及贫户人口估计有 7 万多人。③ 至 20 年代，有关武汉或汉口的贫民状况调查的数据，目前还没有看到。30 年代，汉口政府在每次冬赈之前，都要进行全市贫民调查，这种调查留下了宝贵的数据：1932 年汉口贫民人数是 303965 人。④ 1933 年年初《汉口中西报》说："本市待赈贫民……较之前年确增加一倍以上。"⑤《汉口市二十二冬赈委员会赈务报告》："自二十三年元月十二日着手调查起至二十四日，计查贫民 341924 人，与 1932 年比较，增加了 37959 人，其中，以八局、九局两贫民户口为多，此本会调查之大概情形。"⑥ 1934 年 1 月汉口总人口 771127 人，⑦贫民人口有 341924 人，即贫民占总人口的 44% 之多。

《汉口市二十三冬赈委员会赈务报告》："计自二十四年元月十日开始调查至二十八日止，共查得 268198 人，其中次贫计 263297 人，

---

① 《灾民冻毙四口》，《汉口中西报》1921 年 1 月 5 日第 3 张。

② 《灾民鬻妻卖子之惨状》，《汉口中西报》1921 年 1 月 9 日第 3 张。

③ 石松：《晚清民国武汉基督教慈善事业研究》，硕士学位论文，暨南大学，2013 年，第 87—88 页。

④ 《汉口市政概况》，1932.10—1933.12，第 8 页。

⑤ 《本市待赈贫民，共有二十五万余人》，《汉口中西报》1933 年 1 月 12 日。

⑥ 汉口市政府：《汉口市二十二冬赈委员会赈务报告》，1933 年，第 2 页。

⑦ 汉口市政府秘书处：《汉口市政概况》，1934 年，第 39 页。

极贫计 4901 人，此本会调查贫民户口之大概情形。"① 上面调查结果
还不包括汉口第十局、第十一局的贫民人数调查，所以 1934 年汉口
贫民人数总值应该超过以上的统计数值。即便如此，1935 年 1 月总
人数 816541 人，② 同月贫民人数 268198，此即所统计到的贫穷人数
占总人口的 32% 之多。

上述数据足以说明，汉口城市社会的贫穷相当惊人。这引起了当
时很多有识之士的担忧，在汉口秘书处主编的《汉口市政公报》、汉
口社会局主编的《社会》等政府报告与杂志上可见许多相关文章。
如唐性天在《筹设中之贫民借贷处》说道："中国社会问题的贫的现
象。汉口虽说是重大商埠，华洋杂处，繁华热闹，但是……饿着肚皮
没有饭吃的人，不知有多少——我们只要一到铁路外，后湖边，去看
一看草棚子里的住民，就会感到中国文明的弱点，中国社会问题的所
在。"③ 再如，沈振亚《贫民教养所三年来的统计》，④ 如此等等，这
些文章都反映了当时汉口城市社会的贫穷。《汉口市民日报》对当时
民众生活也多有报道：

> 1934 年 9 月 4 日《岁歉声中，灾民当街卖儿》⑤
> 1935 年 1 月 15 日《饥寒交迫之灾民，鬻妻卖女，善士慷慨
> 解囊，一家重得团聚》
> 徐寿田，沔阳人，现年三十二岁，以受去年水灾原籍不能立
> 足，乃携妻挈子，来汉另谋生活，来汉后，即在后湖一带，业小
> 贸，无如家口浩繁，收入渐薄，数月后，渐不能维持生活，积蓄
> 亦告馨尽，衣物尽典长生库中，日来北风大作，寒气袭人，既感
> 面包恐慌，复赋无衣，乃不得已，于昨日上午十时许，携其弱妻

---

① 汉口市政府：《汉口市二十三冬赈委员会赈务报告》，1934 年，第 2 页。
② 汉口市政府秘书处：《汉口市政概况》，1934 年，第 39 页。
③ 唐性天：《筹设中之贫民借贷处》，《社会》1929 年第 2 期，第 9 页。
④ 沈振亚：《贫民教养所三年来的统计》，《社会》1929 年第 3 期，第 91 页。
⑤ 《汉口市民日报》1934 年 9 月 4 日。

幼子，同在玉皇阁跪地哀求，大呼妻儿出卖，情形凄惨，不忍逼睹，当时有一四十余岁之妇人，以洋五元，将其三岁幼女鬻去，后幸得一善士余春廷，睹情不忍，怎动恻隐之心，复出洋五，代为赎出，寿田叩头谢恩而去，路人见者，无不称赞余氏之盛德云。①

陈敏书在《中国社会病态的重要原因》一文中说："贫穷，是中国社会的普遍病态，已无可疑虑了。主要过细一看，到处都可以找到'贫穷'代表物，这就是乞丐……由失业，而贫穷，由贫穷而为乞丐的，诚为数不少哩。"② 在贫穷人口如此之多的汉口城市中，乞丐亦多。

随着城市人口增加，汉口的乞丐人数也在相应增多。19 世纪中期，叶调元《汉口竹枝词》中说："乞丐盈街半暮年，朝生夕死总由天。可怜枵腹斜阳后，一路哀呼卖小钱。"③ 太平天国之后汉口城市中的乞丐更多了。1872 年，里德医生写道："乞丐已经繁衍到这个城市的每一角落。"19 世纪 80 年代，即使是在英租界，行乞者日益增多。④

后来，政府对乞丐进行了收容。1927 年汉口政府成立乞丐教养委员会（后来名称改变，称之为贫民教养所），"初仅收容五六百人，后逐渐增加，以至千余名，其间每月平均收贫民近二百人"。但是，收容所的环境不容乐观，甚至可以说比较差。据陈敏书 1929 年对汉口贫民教养所第一院调查发现："本所贫民除少数有衣蔽体外，其余

---

① 《汉口市民日报》1935 年 1 月 15 日。
② 《中国社会病态的重要原因》，《新汉口市政公报》1929 年第 4 期，第 118 页。
③ 翻译为：只要稍微注意一下，满街乞丐之中，一般都是白发苍苍的老年人，早晨活着，不知道晚上还活不活着，这些老年乞丐把自己的命运都托付给了老天，听天由命。最令人同情的，是他们每天到了傍晚，还要空着肚子，拿着白天讨来的小铜钱，向人哀求，希望换成大铜钱。
④ ［美］罗威廉：《汉口：一个中国城市的冲突与社区（1796—1895）》，第 45—46 页。

俱赤裸裸无寸棉者，以原有床铺不够分配，大半卧于泥地，其污秽狼藉之状，无异于榛怀之原始人。"① 所以，这一年汉口贫民教养所乞丐死亡数较多：5月乞丐死亡73名、6月死亡54名、7月死亡61名、8月死亡58名，四个月共死亡246名，而当时"贫民教养所收容乞丐总共约一千二三百人，那么，可以推算差不多在一月之中，5人之中要死1人了，尤其是8月份乞丐死亡58名，平均每天要死亡2名"。②

虽然，收容所里乞丐死亡人数不少，然而，能够被收容的乞丐还只是幸运的少数，毕竟当时城市中乞丐太多。1934年9月9日《汉口市民日报》有一文的标题就是《乞丐何其多也》，该文讲到贫民教养所（原名为乞丐收容所）的状况，"扩充收容后，逾额三百余名"。1935年4月20日《汉口市民日报》报道说："市救济会收遣乞丐，新收67名，遣送60名"，因为，"没有能力收容太多的乞丐"；4月25日："查本市救济委员会昨（二十四）日收到一分局送来乞丐八名，三分局一名，四分局三名，五分局一十八名，七分局十名，公安总局二名，特三区二名，总计四十四名，并遣送一百三十名。"③ 这一时期，乞丐太多，无奈汉口相关机构收容能力极为有限，因此，大多数乞丐只能在城市中流浪或自生自灭。

《单洞门内，乞丐叫苦》："本市单洞门内，向系乞丐麋集之所……天气渐泠。"④《汉口卫生谈》一文从汉口卫生状况之差的角度来描写乞丐的生活状况："这条街——河街——好像是一个乞丐收容所，一天到晚，都聚集不少乞丐，有的在那儿烧着破炉子煮饭，有的直条条地躺着鼾睡……再就是江边，又成了一个乞丐的总会。在前些时没有涨水的时候，在岸边都是一群群的乞丐和一批一批的褴褛的夫子，他

---

① 《贫民教养问题》，《新汉口市政公报》1929年第4期，第115页。
② 《新汉口市政公报》1929年第4期，第120页。
③ 《市救济会昨收乞丐四十四，遣送一百三十名》，《汉口市民日报》1935年4月25日第2张第8版。
④ 《汉口市民日报》1934年9月12日。

们吃饭也是在那儿，睡觉也是在那儿，拉屎撒尿，无一不在那儿……"① 如此生活状况，叫人于心不忍。

每年冬天，乞丐丧命亦多，诚如时人所说："尚未收容之乞丐而死在路边者，诚还不知多少哩！"② 下面，汉口一系列命案报告可说明这一问题。

1930 年 1 月命案统计："一月份发生命案 27 起，死 29 人……其致死原因，内有冻毙者 15 人，计占全数之半……发生冻毙命案的所在地：于 15 起案中，有 13 起是发生在公安局第八署地段内。""第八署区域，就是大智门和铁路外一带，为贫民麇集之所在。在这样雨雪兼旬的严冬，一般贫民生活，既难以劳力易图温饱，只得行乞街头，终至辗转毙命，亦云惨矣。"死者的职业：29 名死者中，无名乞丐 15 名，外加无名尸体 6 名。③

1930 年 9 月共发生命案 14 起，发生在第八署有 9 起，死者共 17 人。男 12，女 5 人。其中病死 9 人（全发生在第八署），而这 9 名病死者中，有 7 人为无名乞丐。④

1930 年 11 月命案报告：本月发生命案 9 起，死者 9 人，死者中乞丐有 4 名，有 6 起是发生在第八署，病毙的有 6 起。⑤

1930 年 12 月命案报告：总共 15 名，其中死者无名的有 10 起，发生在大智门铁路边或铁路边的有 5 起，其中 7 名是病毙，全是无名尸体，有 6 名确信为无名的乞丐。从地点上看，有 8 人死在第八署。⑥

无须赘述，从这一时期命案统计来看，汉口人口毙命的原因多为冻死，死者多为乞丐或贫民，地点多发生在第八署，而第八署是汉口贫民集中之地。在贫穷之中，大多数的生命亦如草芥或蜉蝣，在茫茫人海中悄然离世。

---

① 小通：《汉口卫生谈》，《新运导报》1937 年第 10 期，第 93—94 页。
② 《新汉口市政公报》1929 年第 4 期，第 120 页。
③ 《命案统计》，《新汉口市政公报》1929 年第 8 期，第 112 页。
④ 《本市十九年九月份命案报告》，《新汉口》1930 年第 4 期，第 124 页。
⑤ 《本市十九年十一月份命案报告表》，《新汉口》1930 年第 6 期，第 120 页。
⑥ 《本市十九年十二月份命案报告表》，《新汉口》1930 年第 8 期，第 140 页。

因贫穷而死亡，也有人因贫穷而厌世自杀。生计艰难，自杀者之多，已成为当时包括汉口在内的近代中国大城市的重大社会问题。

第四节　住房问题

住房问题，不是当下中国城市社会才有的问题，民国时期汉口住房问题比起当今住房问题更为严重。只是在那个动乱年代中，没有引起较多的关注。汉口住房问题为什么严重呢？

直接原因是城市人口的增多。自开埠通商之后，大量人口涌进汉口，尤其自民国以来，人口增加的速度更是加快。据《湖北人口》统计，汉口人口增加的情形大体如下①：

表 6 - 4　　　　1908 年、1928 年、1935 年汉口人口总量

年份	人口总数	增加人数	平均每年增加人数
1908 年	244893		
1928 年	617909	373011	18651
1935 年	841181	223272	31896

1908 年到 1928 年，汉口人口年平均增加 18000 多人，1928 年至 1935 年"平均每年增加三万多人，要比前二十年每年增加一倍左右"。② 吴百思在谈到农民离村引起城市人口增加时说，汉口"由民 17 年至 22 年（注：1928—1933 年）人口增加了 114742 人"③。

城市人口增多，住房供不应求，导致地价一路上涨。在前近代，房息最高不过五六厘，不及钱庄利息高，所以，商人不愿意投资房产。然而，开埠通商之后，租界建立与不断扩大，近代公共市政不断发展等多种因素，使得汉口土地价格飞涨。"洋人在汉口取得永住

---

① 湖北省政府秘书处统计室：《湖北人口统计》，1936 年版，第 119 页，表 30。
② 鲍家驹：《汉口市住宅问题》，第 50013—50014 页。
③ 吴百思：《中国农民离村》，《天籁》1936 年第 2 期，第 251 页。

权时，每亩不过五六十两（白银），到一九三〇年，最低也为五千两以上。"① 闹市中心的地价，在数年之间，价格一翻再翻，如 1912 年建义成总里时，每平方丈地价 100 两银子，数年后上浮到每平方丈360 两银子。1914 年修建五常里时，该地价每平方丈 50 两，1915 年涨至 200 两，1917 年涨至 1000 两。官商、买办、官僚、军阀、政客在建房中大发横财。② 民国时期房地产市场的火热情形有如当代中国大城市的情形。

在汉口房地产结构中，阶层悬殊：一面是大房地产商——富人拥有几十套甚至是整个街区的房产，而另一面是贫民住房拥挤，甚或无立锥之地，以"地为床，天为被"，睡在马路上的人比比皆是。③

一　大房地产商

城市化之初，大量人口涌入城市，对城市住房需求急剧增多，从而促使了房地产的兴盛。房地产利润极大，遂有很多资力雄厚的商人资本投入到此行业中来。近代汉口房地产有 3847 个大房地产主，其中，"买办刘歆生、刘子敬、周扶九、程沸澜等占有房地产较多"④。其中，刘歆生居首位。

近代中国有三位地产大王，汉口的刘歆生便是其中之一。湖广总督张之洞在湖北兴办洋务，为筹款而出卖公共地产。刘低价购进汉口上自舵落口下至丹水池后湖大片低洼地约 2 万亩，相当于后湖涧出土地的 1/5。⑤ 20 世纪初，刘歆生又收购了城内上至三民路下至江汉路一带及大智门外火车站旁的地皮，对这些收购的地皮，进行平整，装卸土方填干淌地、湖地，待平整的地皮逐渐成为市区以后，刘歆生便以自己的名字取名为歆生路（今江汉路）；与歆生路

---

① 胡莲孙：《旧时武汉房地产》，见 http：//www.cnhubei.com/aa/ca2291.htm。
② 《汉口五百年》，《武汉文史资料》第 1 辑，1996 年版，第 76 页。
③ 吴百思：《中国农民离村》，《天籁》1936 年第 2 期，第 251 页。
④ 刘佛丁：《中国近代经济史》，高等教育出版社 1998 年版，第 203 页。
⑤ 蓝宾亮主编：《武汉房地志》，武汉大学出版社 1996 年版，第 5 页。

相垂直的三条马路相继建成后，定名为歆生一路、歆生二路、歆生三路（今江汉一路、江汉二路、江汉三路），其后又以他儿子的名字命名为伟雄路（今南京路北段）。所以，时人称刘歆生为"地皮大王"。刘歆生在经营地皮之时，还在修整的地皮上建造房屋，先后置有百子里、生成里、义祥里、刘园（今武汉船舶公司）等多处房产。

红安人程沸澜及其弟程栋臣，在武汉共置有房地产约 200 栋，横跨 23 个地段。程氏家族的发迹主要是通过贩卖棉花，发迹之后，大量囤积房产，基本上可称之为"房产家族"。程氏家族在 1921—1930 年间置有鲍家巷、民生路、黄陂街、汉阳双街、汉润里等处约 80 栋房产；在 1931—1938 年置有汉寿里、辅仁里、大和街、中山大道等处约 80 栋房产，并自建宝润里、大孚大楼约 20 栋；1939—1946 年置有车站路、公德里、德明饭店、沿江大道兰陵路口等约 20 栋。①

江西人周扶九，早在清光绪年间，就以"周五常堂"名义，先后在汉口鲍家巷、黄陂街、民生路、汉寿里、五常里、三新横街等处建造房屋，其中较大的里弄为五常里（今永康里），另外还在"英租界"挂旗购置了汉润里房屋。以前黄陂街一带，每走几步就有"周五常堂"的地界碑。②

有"长江流域第一流买办"和"汉口首富"之称的刘子敬，③1912 年修建辅德里，后又陆续修建了辅堂里、辅义里、辅仁里、方正里、景福里等大批里弄。其中辅德里占地约 220 方丈（合 2420 平方米）房屋 20 栋，过街楼 3 间；方正里占地 727 方丈（合 7997 平方米），房屋 55 栋，过街楼 6 间，景福里有房屋 45 栋。刘家每月仅房租收益一项就达 3 万余元。④

汉口商务总会总理李紫云，仅同善里（今积庆里）就有房屋 118

---

① 蓝宾亮主编：《武汉房地志》，武汉大学出版社 1996 年版，第 7—8 页。
② 同上书，第 5—6 页。
③ 其父刘辅堂，故其房产多有"辅"字。
④ 蓝宾亮主编：《武汉房地志》，第 5 页。

栋，另外还有其他不动产几十处。①

刘歆生、程沸澜、周扶九、刘子敬、李紫云是晚清民国时期的武汉五大房地产大亨。除此以外，王琴甫、王柏年、贺衡夫、胡赓堂②等资产雄厚的商人，在汉口也拥有多处房产。

汉口房产集中在少数巨富手中，广大民众只能"望房兴叹"，他们进城后第一问题就是"住在哪里？"

二　平民住房

对于一般平民来说，随着经济能力的提升，他们可能会购买住房，或者租房子居住。即便如此，其住房条件也不容乐观，比较拥挤，不利于身心健康。

1937 年前后鲍家驹曾对汉口住房有一个调查，他认为相对于汉口人口来说，汉口住房供应远远不足。对此他曾有过统计："自 1932年到 1935 年间，（汉口）共有新建住宅 730 所，平均每年只建筑 183所，而人口则快速增加，如 1928 年至 1935 年，汉口每年平均增加人口数为 31896 人。"③ 那么以这个每年平均增加的人口数来说，汉口市自 1932 年至 1935 年，每年增加新屋数为 183 所，即或拆去的旧屋不算，和每年新增加的人口中除去 2/3 是住在商店、棚户，以及公共机关的，那么这 10632 人，只能容纳在 183 所住宅里，平均每所住宅要容纳 59 人。即或旧有的住宅可以容纳一半，那么新建的住宅里，平均每所也要容纳 29 人，所以由这一点观察，可以知道汉口市住宅，在供给的数量，"是大感缺乏了"。④ "人口既如此增加，房屋的供给又如此缺乏，无疑地，房屋拥挤的问题，由此而产生。"

鲍家驹曾从不同角度说明这个问题。在他统计过的 53 所普通住

---

①　彭鲁：《汉口：民国"草根"成汉商"大腕"》，http：//blog. sina. com. cn/s/blog_
49b38e770102e5rj. html。

②　这些商人多为汉口商务总会成员。

③　鲍家驹：《汉口市住宅问题》，第 50013—50014 页。

④　同上书，第 50016 页。

宅中，居住着 193 个家庭，平均每所住 4 家。从家庭方面看，193 家中，只有 8.3% 的家庭是每家住 1 所住宅，其余都是 2 个以上家庭居住在 1 所住宅内。从住宅方面看，53 所住宅中，虽有 30.2% 是只住 1 个家庭的，然而其余的 69.8% 是住着 2 个以上的家庭。有的房子中住有 10—20 家的现象也不在少数。从居住人数来看，在 53 所房子里，每所住宅中居住 5—9 人的，占 30.2%，但是每所住 10 人以上的，也占 66%。①

如此状态之下，房租自然被抬高。1923 年《汉口中西报》中记载："自房租改易洋码后，住户已极感困难，当下新建筑之里分，月租之昂贵，甚至不可思议。查张美之巷杨某所建筑之坤元里，一间屋之铺面，每月租洋七十五元，尚需预付三个月房租，计洋二百二十五元……其余各里分，莫不皆然。"② 1929 年汉口社会局调查："本市人口众多，房屋稀少，房租金多至数十元至百许元，至少亦在十元以上，一般市民因收入甚少，不能负担过巨之房租，大都数家聚住一屋，苦力劳工者，则连数家聚住而不可得……"③ 房租高，几家或数家不得不蜗居一起，以减少房租开支，所以，住房拥挤状况就是一种常态了。

三 贫民住房

不少民众（尤其是进城农民）实在没有地方睡觉，就只有露宿街头。"有时，那些一无所有的人们睡在露天，把城市的街道和市场挤得满满的无法通行。"境况稍好一些的人在路边搭盖茅屋，这就是"芦棚""棚户""棚屋"或"蓬户"。④

棚屋所处环境非常差。一般在路边、荒地、废墟、荒草地、垃圾堆和火场，卫生条件极为糟糕，周遭臭沟密布，浊水横流，春天疫病

---

① 鲍家驹：《汉口市住宅问题》，第 50018 页。
② 《日高一日之生活程度》，《汉口中西报》1923 年 10 月 2 日。
③ 《建筑平民新村》，《社会》1929 年第 2 期，第 17 页。
④ ［美］罗威廉：《汉口：一个中国城市的冲突和社区（1796—1895）》，第 278 页。

流行，夏天蚊蝇成阵。棚屋矮小，所谓"鸭娃城、三尺高，爬出爬进弯着腰"，"纸糊窗户泥巴门，门栓用条草麻绳"，"伸手可摸到棚顶，弯腰才能进门"。①《汉口竹枝词》描述当年汉口棚户："湖地河边人住满，芦棚多似乱坟堆。""试观铁路外后湖边之棚户，蜗交穴居，不舍人间地狱。"②

棚屋内的状况更是糟糕。典型的棚屋，一般由木板、竹竿、芦苇、芦席或者烂布搭成的，低矮阴暗，"高不满五尺"，床是唯一的家具，"因为矮小的缘故，桌椅是与棚户无缘的"。铺位矮小得与地相连，屋内夏炎冬寒，"小房间既没有那样高大窗子，更没有遮蔽烈日的设备，好容易望到太阳落山，天儿慢慢黑了，拿张椅子，坐在门口纳纳凉，脱了衣裳，舒服舒服，这就是穷人唯一的消夏的办法"。地铺过热天倒适宜，"但是遇到雨雪光临那一般居民就不得不日夜浸在泥水中生活了"。"下雨天棚屋漏雨，只好撑着伞蹲在床上度日。小茅屋里，日日夜夜充满了忧愁。"③

有人说，棚屋"像苔藓一样散布在 19 世纪下半叶（汉口）"④。1911 年 6 月 7 日《汉口中西报》曾提及"华景街铁路外蓬户林立"。辛亥革命阳夏之战，冯国璋火烧汉口 3 天 3 夜，大量民众流离失所，"无屋又无钱"的民众，只好到处搭盖茅舍棚屋，以作栖身之所，因而，这一时期汉口的棚屋就更多了。⑤ 民国时期武汉的棚户区集中在长江、汉水沿岸以及粤汉码头铁路线旁边，后湖地区为数众多。⑥ 民国时期罗汉的《汉口竹枝词》云："棚户星罗铁路边，矮如穹幕小如船。无情最怕星星火，长物无多倍可怜。"⑦《夏口县志》载："一九

---

① 蓝宾亮主编：《武汉房地志》，第 13—14 页。

② 《一年来贫民借贷处之概况》，《新汉口》1931 年第 2 卷第 8 期，第 89 页。

③ 胡俊修：《"东方芝加哥"背后的庸常——民国中后期（1927—1949）武汉下层民众日常生活研究》，博士学位论文，华中师范大学，2007 年，第 29 页。

④ 同上书，第 278 页。

⑤ 《蓬户建醮消灾》，《汉口中西报》1911 年 6 月 7 日新闻第 2 页。

⑥ 胡俊修：《"东方芝加哥"背后的庸常——民国中后期（1927—1949）武汉下层民众日常生活研究》，第 28 页。

⑦ 罗汉：《汉口竹枝词》，武昌察院坡益善书局 1933 年版，第 28 页。

一九年旧历四月初三，新街棚户、大智门铁路外棚户失火，共焚去棚户民房数千家。一次寒流袭入市内，室外零下三度，在棚户密集的汉口循礼门铁路外一带，冻死贫民十余人，僵尸陈列道旁，无人收殓。"①

1929 年《汉口特别市工务计划大纲》载："本特别市为我国中部工商之中心，棚房极多，据调查所得汉口汉阳两地共有棚房一万三千所，居民五万六千人。"其中汉口棚户"两倍于汉阳"。武昌也有不少棚户。② 汉口是华中地区最大的转运贸易中心，开埠通商以来，汉口人口增加速度远在汉阳、武昌之上，其人口总量一直居三镇之首。汉口人口的增加主要是外来人口的增加，如前所述这些外来人口主要是周边农民，棚屋可能是大多数进城农民的"首套住房"。所以，汉口棚户之多就不足为怪了。

城市人口猛增，对住房需求旺盛，自然会抬升房价、房租。一般贫民无力租房，只好搭建简易棚屋。汉口"人口众多，房屋稀少，房租金多至数十元至百许元，至少亦在十元以上，一般市民因收入甚少，不能负担过巨之房租，大都数家聚住一屋，苦力劳工者，则连数家聚住而不可得，只好搭棚住宿，状殊可惨"③。据 20 世纪 30 年代出版的《新汉口》说："近年以外县匪乱频仍，纷纷避居汉口，故本市之居民数量，乃较往年陆增。据十九年六月份统计，计汉上居民已达五十五万零一百六十九人。人口激增，居住之需要程度，遂因之越高，供不应求，致租价昂贵，发生居住问题，亟待解决。"④ 如何解决？四乡来汉的农村移民，就只有在都市边缘搭建棚屋。

30 年代汉口棚户分布地点，"本无一定，为府西二路、府西三路、济生巷、辛壬巷、府南巷、东山里、公安街、鸡鸭院、市府路

---

① 蓝宾亮主编：《武汉房地志》，第 13—14 页。

② 同上书，第 13 页。

③ 汉口特别市政府社会局主编：《建筑平民新村》，《社会》1929 年第 1 卷第 2 期，第 17 页。

④ 吉夫：《都市居住问题》，《新汉口市政公报》1930 年第 2 卷第 2 期，第 22 页。

一代均有，因二十三年份内，虽几度大火，且烧延甚广，乃勒令一律迁移于铁路以外一带"。这一时期，汉口"现有棚户数目约12746 所、17865 户、78150 人口。平均每所居住两户，每所居住 6人以上"。①

汉口不少码头工人或是没有房子，"屋檐滩头是我床"，或是在码头附近搭个棚屋容身。1931 年发大水时，汉口码头工人大多数就住在江边和铁路附近一带的草棚中，当单洞门、双洞门、丹水池、皇经堂几处江堤决口时，洪水首先淹没了码头工人棚屋，不少工人被洪水淹死，烂草棚也被洪水冲走或淹没，那些从洪水中逃出来的，两手空空，无家可归。② 1933 年，码头工人仍多居于路边的棚屋里，"本市沿江码头工人甚多，在沿江马路未成以前，均就未成路面搭盖芦棚，以资栖息，现在马路即成以后，该项工人栖息无地，颇多麇集人行道上，露宿通宵，其情至堪怜悯，其状更不亲观"③。

除了码头工人，那些本省及外省来汉口做工的农民，多是孤身一人，做工时间较长的，有的把家眷带来，经济条件稍好了能租间小房子，绝大部分人只能在铁路边、码头外搭个棚户勉强落脚。当时在大智门外的荒地上到处都是工人们搭的茅棚，因其极为矮小，人们将其称作"鸭蛋"。棚屋大都拥挤不堪，卫生条件极差，只算勉强有个容身之所。④ 民国时期汉口硚口一带多为船民、码头工人、人力车夫、马车工人、小贩等贫苦劳动百姓的居住地，住房多为棚户板房，由于卫生条件差，民间就有了"闭着眼睛往上走，闻到臭气是硚口"的民谣。⑤

20 世纪 30 年代，鲍家驹曾对居住着 142 家的 103 所棚户的具体情况有一个深入的调查，以数据来说明当时贫民住宅的困窘。

---

① 鲍家驹：《汉口市住宅问题》，成文出版社 1977 年版，第 50067 页。
② 黎霞：《负荷人生：民国时期武汉码头工人研究》，博士学位论文，华中师范大学，2007 年，第 55 页。
③ 《汉口中西报》1933 年 2 月 20 日。
④ 同上书，第 55 页。
⑤ 许智：《硚口史话》，武汉出版社 2003 年版，第 9 页。

103 所棚户的房间数统计是：只有 1 间房的棚户占 13.6%，有 2 间房的棚户占 46.6%，有 3 间房的棚户占 30.1%，有 4 间房的棚户占 9.7%，可见 2 间房的棚户最多，4 间房的棚户最少。

103 所棚户中：每所棚户只住 2 人的占 2.9%，住 3 人的 13.6%，住 4 人的 25.2%，住 5 人的 15.5%，住 6 人的 10.7%，住 7 人的 15.5%，住 8 人的 1%，住 9 人的 4.9%，住 10 人的 7.8%，住 11—15 人的 2.9%。也就是说，在 103 所棚户中，住 4 人的棚户最多，但是合计起来，每所住 5 人至 15 人的棚户，占 103 所棚户的 58.3%，那么，"每所居住人数也不能不算密了"。[1]

103 所棚户中，每所棚屋居住的家庭数：1 所住 1 家的最多，占 48.6%。可是 142 家中，2 家住 1 所住宅的占 40.8%，3 家住 1 所住宅的占 10.6%。换言之，2 家或 3 家同住在一所棚屋里的占 51.4%。棚户住宅的每所房间数已如前述，非常少，"现在 142 家中，竟有半数是两家以上住一所的，这样的情形，还不严重吗?"[2]

142 家中每个家庭的人数：每家只有 1—3 人的，仅占 35.9%，换言之，即有 64.1% 的是具有 4—8 人以上的家庭，"试问这样多人口的家庭，住在这样小的住宅里，不能不算是拥挤问题"[3]。

表 6—5　　　　　　　142 家占有房间数及人口居住分配

间数		一	二	三	四	总计
住户人口	家数	58	67	16	1	142
	百分比	40.9	47.2	11.3	0.7	100.00
	人数	203	291	80	5	597
	百分比	35.1	50.3	13.8	0.9	100.00
总间数		58	134	48	4	243
每间平均居住人数		3.5	1.4	1.7	1.3	2.4

---

[1]　许智:《硚口史话》，武汉出版社 2003 年版，第 50071—50072 页。

[2]　同上书，第 50073 页。

[3]　同上书，第 50074 页。

　　观表6-5，142家中有40.9%的家庭，是住在同一间房里，平均每间居住人数达3人以上，"这样拥挤情形，对居民身体健康之影响，当然是很大了。假设这些住宅构造稍好些，那么这严重性，还可稍微减轻，但是不是那样呢？"①

　　棚户住宅中，为什么这样拥挤呢？因为，"即至隘之棚户，每月亦租钱数串文"，也就是说，有不少贫民自己没有经济能力搭建棚屋，只好租住棚屋，还有一些更穷的贫民，即使是棚屋也支付不起，如"失业之贫民只好露宿而已"。②

　　103所棚户屋顶建材是草的占多数，为78.3%，瓦的仅占8.7%而已。103所棚户的外墙与内墙的材料，有砖、板、草、席，但是以草筑成者为多数，高达80.6%，外墙用砖者在103所中仅有3所，用板者仅有14所，内墙用砖者仅1所，用板者仅12所，而用草、席或板这样材料来建棚屋，最易燃烧，故棚户住宅区，不发生火灾则已，否则延烧之广，当可想见。103所棚屋中，屋内地面多是泥土，用木板者，"仅1所而已，其屋内潮湿情形，当上可知"。③

　　鲍家驹认为，同一时期汉口因传染病而死亡者多的现象，与底层民众住房问题有着很大的关系。住房拥挤，居住环境恶劣，加剧了传染病的蔓延，从而引发城市公共健康问题。1929年汉口政府对民众死亡病因进行了统计，发现"呼吸系病，实是死亡的半数原因，亦即呼吸系病，为武汉市民的大仇敌"④。呼吸病多属于传染病，与住房卫生环境有较大的关联，鲍家驹曾统计："民二十四年总死亡人数为10615人，其中因传染病而死者，占总数65%，民二十五年总死亡人数8887人，因传染病而死亡人数占总数的57.87%。""这样巨大数字的造成，我们不能不承认住宅的拥挤，为其最大的因素。"⑤ 而且，

---

① 许智：《硚口史话》，武汉出版社2003年版，第50076页。
② 《日高一日之生活程度》，《汉口中西报》1923年10月2日。
③ 同上书，第50077—50079页。
④ 《武汉市民死亡统计与救济方法》，《汉市市政公报》1929年第3期，第12页。
⑤ 鲍家驹：《汉口市住宅问题》，第50057页。

从年龄上看，死亡者多为壮丁，《汉口市政公报》曾做过调查："本年五月份（1929 年），武汉特别市共死亡 654 人，其中 20—54 岁的，死亡 318 人占死亡总数的 49%。又六月份的调查，汉口特别市共死亡 346 人，其中壮丁（20—54 岁的）有 180 人，占死亡数的 52%，壮丁死亡率这样大……一定是反生理与不卫生的原因很多。"①

　　不足为怪，在汉口人口城市化进程中，外来人口多是青壮年，在汉口房价高、房租贵、收入又少的窘况之下，其居住环境可想而知，得呼吸病的多是这些弱势人群，死亡的亦是这些弱势人群。

　　上述所论，只是汉口较为突出的民生问题，除此之外，还有其他民生问题。一般说来，在城市化早期阶段，中外城市都曾有过类似的民生问题，然而，在近代中国这样一个乱世之中，城市民生问题却更多、更严重、更复杂。

---

① 《武汉市民死亡统计与救济方法》，《汉市市政公报》1929 年第 3 期，第 11 页。

第七章 城市社会问题

除了前述重大民生问题之外，汉口城市中还有许多重大的社会问题，如市民自杀、住房失火、公共卫生、疾病等问题。

第一节 自杀问题

任何社会，任何时段，都有自杀之事，自杀之人。人类自杀的历史似乎颇为"源远流长"，而民国中期尤为激烈，令人唏嘘不已。20世纪二三十年代，中国城市自杀之风似乎特别流行，俨然成为南京国民政府执政时期大城市的一种普遍现象，一时间各大报纸杂志皆有所载。1929年张振之《目前中国社会的病态》一书认为自杀是当时"中国社会病态之一"。也许是全国大环境使然，汉口也概莫能外，其自杀问题颇为突出。下面首先以计量的方法来考察民国时期汉口自杀现象。

一 自杀特点分析——计量方法

汉口特别市政府社会局主编《社会》上刊登的《自杀》一文说："近来汉口的自杀潮也渐渐地高涨了起来，虽然我们还无法着手于这自杀的统计，但就报纸所载者而言，几乎天天有自杀的。"① 有关汉口民众自杀的统计，据1929年《新汉口市政公报》第1卷第5期说：

---

① 汉口特别市政府社会局主编：《自杀》，《社会》1929年第1卷第3期，第39页。

"本市自杀统计，自九月份始。"① "都市发达之结果，故使人口集中，但是同时因人口过剩，谋生为艰，致犯罪者亦日益增加。其中最令人担心者厥为自杀者人数之增加，盖自杀者不仅为犯罪之行为，实为一种最显着而又最危险之社会病态也。今汉市于最近数年中，因人口纷纷集中，亦发现种种自杀之事实，此实为目前极应注意之事，而应予以未雨绸缪之补救，兹为引起全市人民对于自杀之注意起见，特自本年度 7 月份起，兹全市之自杀人数，作有系统之说明与统计。"② 也就是说，汉口政府对自杀的统计实际上是从 1930 年 7 月开始的。在逐月的自杀统计过程中，时人逐渐发现，自杀已正在成为一种突出的社会病态。除了《社会》期刊之外，对当时自杀问题关注较多的还有其他官方刊物，如《新汉口市政公报》（后来改为《新汉口》，由汉口市秘书处主编），或《汉口市政概况》（由汉口公安局或警察局主编）等。就报纸而言，对 30 年代中期汉口市民自杀关注较多的主要有《汉口市民日报》，上面刊登了大量的汉口市民因各种原因自杀的新闻报道。总结起来，汉口自杀现象有如下几个特点。

（一）自杀者的籍贯——多为湖北省

以下是 1930 年汉口一些月份中的自杀统计。1930 年 7 月共有 26 名自杀者，其中湖北 15 人占 57.6%，不明 4 人占 15.3%；湖南 2 人占 7.7%，河北 2 人占 7.7%，河南 1 人占 3.9%，江苏 1 人占 3.9%，西人 1 人占 3.9%。"自杀者的籍贯从表面上看来，似无甚关系，然考其事实，关系非浅。他乡游子，偶因金钱缺乏，即流落异乡，既少亲朋，又无门告借，归则川资缺乏，留则逆旅偿付为艰，如湖南落魄军官罗连山，及唐良才红庙砍头自杀。他如北方人等大都因漂泊异乡，生活穷困，迫而出此。此即所谓一钱逼死英雄汉也。"③

1930 年 8 月自杀者共有 27 人，自杀者籍贯统计：湖北 13 人占 48%，不明 8 人占 29.8%，四川 2 人占 7.4%，江西 2 人占 7.4%，

---

① 《自杀统计》，《新汉口市政公报》1929 年第 1 卷第 5 期，第 100 页。
② 《本市之自杀统计》，《新汉口》1930 年第 2 卷第 3 期，第 131 页。
③ 同上书，第 133—134 页。

湖南 1 人占 3.8%，安徽 1 人占 3.8%。1930 年 9 月自杀人数共有 23 人，自杀者籍贯：湖北 12 人占 52.1%，不明 4 人占 17.4%，湖南 2 人占 8.75%，四川 1 人占 4.35%，贵州 1 人占 4.35%，山东 1 人占 4.35%，陕西 1 人占 4.35%，广东 1 人占 4.35%。[①]

1930 年 11 月自杀者共有 14 人，其籍贯统计：湖北 7 人占 50%，河南 2 人占 14.29%，不明 2 人占 14.29%，四川 1 人占 7.14%，山东 1 人占 7.14%，湖南 1 人占 7.14%。[②]

1930 年 12 月、1931 年 1 月至 4 月共 5 个月自杀总人数是 26 人，湖北 17 人占 65.38%，江苏 3 人占 11.54%，湖南 2 人占 7.70%，不明 2 人占 7.70%，北平 1 人占 3.84%，江西 1 人占 3.84%。[③] 1931 年 5 月自杀者籍贯：湖南 2 人（28.58%）；江西、安徽各 1 人，各占 14.28%；不明 3 人，占 42.86%。[④]

汉口自杀者中，为什么湖北人占多数呢？如前所述，汉口是一个移民城市，其民众大多数来自湖北省境内，故其自杀者籍贯多为湖北籍，[⑤] 也就不足为怪了。

（二）自杀者的方式——主要是投水与服毒

这一时期汉口人口自杀的方式主要有投江、自缢、服毒、吞烟自戕、卧车轨等，那么，就其自杀方式来说，哪一个是最为常见的呢？

1929 年下半年至 1930 年上半年这一年里的汉口自杀者中，服毒 84 人，投水 72 人，自缢 35 人。[⑥]

1930 年 8 月自杀者共计 27 人，投江 12 人，吞烟 10 人，自缢 5 人。[⑦]

---

① 《汉市户口之统计报告》，《新汉口》1930 年第 2 卷第 4 期，第 122 页。

② 《本市之自杀统计》，《新汉口》1930 年第 6 期，第 105 页。

③ 《十二月及一二三四等月份之自杀统计》，《新汉口》1930 年第 11 期，第 91 页。

④ 《本市五月份自杀之统计》，《新汉口》1930 年第 12 期，第 2 页。

⑤ 参见罗翠芳、甘昌武《城市化进程中的汉口城市人口结构研究——以二十世纪二三十年代为中心的计量考察》，《江汉大学学报》（社会科学版）2013 年第 6 期。

⑥ 《汉口特别市市政统计年刊民国十八年度》，第 185 页。

⑦ 《本市之自杀统计》，《新汉口》1930 年第 2 卷第 4 期，第 223 页。

　　1930 年 9 月自杀者共计 23 人，投江 16 人，吞烟 5 人，自缢 2 人。①

　　1930 年 10 月汉口自杀者计 24 人，"自杀方式多舍身于长江"。②

　　1930 年 11 月汉口自杀者计 14 人，投江 5 人，吞烟 4 人，吞盐卤 4 人，自缢 2 人，不明 1 人。③

　　从上可以看出汉口自杀者多选择投水这一方式。汉口濒临长江与汉江，同时市内多湖泊，所以自杀方式中多为投水，这一点与同一时期有江有海的——上海不同，后者"服毒自杀的人数为最多"④，也与全国自杀者方式不同，据《社会调查与统计学》附录表 30 "自杀方法表"中显示，服毒占 37.22%，投水占 29.61%，自缢占 25.69%，自戕 5.24%，其他 2.24%。⑤

　　（三）自杀者的职业——多为无职业的人

　　这一时期汉口自杀者多是什么职业呢？看以下有关自杀者职业的统计数据：

　　1930 年 3、4 两月商人 16 人，学生 13 人，工人 9 人，军人 6 人，不明 4 人。⑥

　　1930 年 7 月不明职业者 10 人，失业者 8 人，学生 3 人，军人 2 人，工人 2 人，政界 1 人。

　　1930 年 8 月无职业 10 人，不明 4 人，学生 4 人，工人 4 人，军人 2 人，商人 1 人。

　　1930 年 9 月不明职业者 6 人，无职业 4 人，军界 4 人，学生 2 人，政界 2 人，商界 2 人，工界 2 人，农界 1 人。⑦

---

　　① 《本市之自杀统计》，《新汉口》1930 年第 2 卷第 4 期，第 223 页。
　　② 《本市十月份之自杀统计》，《新汉口》1930 年第 2 卷第 5 期，第 101 页。
　　③ 《本市之自杀统计》，《新汉口》1930 年第 6 期，第 103 页。
　　④ 参见王合群《20 世纪二三十年代上海自杀问题的社会透视》，《史学月刊》2001 年第 5 期，第 76 页。
　　⑤ 陈毅夫：《社会调查与统计学》，上海书店出版社 1947 年版，第 103 页。
　　⑥ 汉口特别市政府社会局主编：《汉口特别市社会病态之一》，《社会》1930 年第 1 卷第 6 期。
　　⑦ 《汉市户口之统计报告》，《新汉口》1930 年第 2 卷第 4 期，第 117 页。

1930 年 11 月无职业者 7 人，学生 3 人，军界 1 人，工人 1 人，商人 1 人，不明 1 人。[①] 据以上推算，无职业人数占 50%。

1930 年 12 月，1931 年 1、2、3、4 合五个月之自杀者计 26 人，从职业上看，无职业人数有 11 人，占 42.30%；学生 5 人，工人 4 人，军界 3 人，商人 2 人，政界 1 人。[②]

上述月份统计数据也许还不能鲜明地说明问题，那么，较长时间的统计结果也许更能说明问题。据载，1931 年下半年总共 6 个月内自杀总人数有 20 人，无业 8 人，人事服务 7 人，未详 3 人，工业 1 人，公务 1 人。1932 年全年自杀总人数 76 人，无业 20 人，人事服务 17 人，工业 15 人，商业 12 人，交通公务 5 人，未详 5 人，运输 2 人。[③]

可以说，在这一时期汉口自杀者中，无职业者自杀最多，从事人事服务与工业的自杀者亦不在少数，这与全国的调查基本一致：1935 年前后全国自杀者中无业者所占比例居首，占 36.78%，人事服务业居第二位，占 15%，第三位是工业占 14.4%。[④]

这个特点说明，自杀与生计有着很大关系。同时，学生自杀现象不容忽视，学生可能年轻气盛，常常会犯"为赋新词强说愁"的"心病"，再加之，当时山河破碎，他们更易感怀国家，感怀自己，易厌世寻短路而轻生。

（四）自杀者的年龄——青壮年居多

1929 年下半年至 1930 年上半年一年之中，汉口因自杀而死亡者 201 人，其中 16—50 岁自杀者有 134 人，占近 67%。[⑤] 汉口 1929 年 10 月自杀人数共有 10 人，18 岁以下有 2 人，不明有 2 人，而 20—40 岁之间有 6 人。[⑥] 再如，1930 年 11 月自杀者共有 14 人，20 岁以下 2

---

① 《本市之自杀统计》，《新汉口》1930 年第 2 卷第 6 期，第 103 页。

② 《本市之自杀统计》，《新汉口》1931 年第 2 卷第 11 期，第 91 页。

③ 国民政府主计处：《中华民国统计提要·二十四年辑》，商务印书馆 1936 年版，第 360 页。

④ 陈毅夫：《社会调查与统计学》，上海书店出版社 1947 年版，第 104 页。

⑤ 《汉口特别市市政统计年刊民国十八年度》，第 181 页。

⑥ 《自杀统计》，《新汉口市政公报》1929 年第 1 卷第 5 期，第 100 页。

人；21 岁至 40 岁有 8 人；41 岁至 50 岁 1 人；不明 3 人，[1] 即 20—40 岁之间的共有 8 人，占一半以上。再看表 7 - 1：

表 7 - 1   汉口自杀者的年龄[2]

民国二十年下半年	民国二十一年
总人数 20 人	总人数 76 人
20 岁以下的 3 人	19 岁以下的 6 人
21 岁—30 岁的 6 人	20 岁—29 岁的 31 人
31—40 岁的 7 人	30—39 岁的 24 人
41—50 岁的 2 人	40—49 岁 12 人
51—60 岁的 1 人	50—59 岁 3 人
61 岁以上的 1 人	60 岁以上
未详	未详

从表 7 - 1 得知，1931 年下半年自杀者共有 20 人，其中 21—40 岁之间的自杀者就有 13 人；而 1932 年一年有 76 人自杀，其中 20—40 岁之间的自杀者有 55 人。

那么，可以得出这样的结论：这一时期汉口自杀者多为青壮年。全国范围内亦是如此。1935 年前后，对全国自杀者年龄统计如下：19 岁以下占 10.66%，20—29 岁占 37.59%，30—39 岁占 22.38%，40—49 岁占 12.41%，50—59 岁占 7.11%，60 岁以上占 5.98%，未详占 3.87%。[3] 所以，20 世纪 30 年代中国城市青壮年自杀者多的这一特点，无不说明一个动荡社会的悲哀。

"自杀为一时思想冲动之结果，故自杀以青年为最多，老幼较少。""盖因青年血气方刚，接受外界之刺激既易，冲突必多，稍不

---

[1] 《本市之自杀统计》，《新汉口》1930 年第 2 卷第 6 期，第 103 页。
[2] 国民政府主计处：《中华民国统计提要·二十四年辑》，商务印书馆 1936 年版，第 360 页。
[3] 陈毅夫：《社会调查与统计学》，上海书店出版社 1947 年版，第 104 页。

如意，即走极端。童年知识未开，老年人则思想迟钝，世故阅历甚深，应付坏境之力亦大，些微刺激不足使其思想冲动。故青年自杀人数多，而老幼少。"[①] 以上只是一种浅层或者说最为直接的解释，深层次的原因还在于担负家庭与国家责任的青壮年对这个国家或社会的绝望。

（五）自杀者的性别——男、女自杀者的人数相差不大

翻阅学术界有关近代中国城市自杀的相关论著，大多数的结论是：城市自杀者中，女性多于男性。[②] 那么，同一时期汉口自杀现象中是否亦是如此呢？下面将通过数据来说明。

1929 年 9 月自杀者男 7 人，女 7 人；10 月自杀者男 1 人，女 9 人。[③] 1930 年 7 月自杀者男 14 人，女 12 人；[④] 8 月自杀者男 13 人，女 14 人；9 月自杀者男 15 人，女 8 人；[⑤] 11 月自杀者男 6 人，女 8 人。[⑥] 1930 年 12 月，1931 年 1、2、3、4 月合 5 个月，自杀者男 15 人，女 11 人。[⑦] 1931 年 5 月自杀者男 5 人，女 2 人。[⑧]

从上面的短时段数据统计，似乎很难得出与其他城市一样的结论，还是看表 7-2：

---

① 《本市之自杀统计》，《新汉口》1930 年第 2 卷第 3 期，第 135 页。

② 参见王合群《20 世纪二三十年代上海自杀问题的社会透视》，《史学月刊》2001 年第 5 期；乔素玲《痛苦诀别：1920 年广州市民自杀透视》，《广东史志》2002 年第 3 期；何楠《20 世纪 30 年代前期中国城市自杀问题剖析》，硕士学位论文，吉林大学，2005；肖美贞《20 世纪 30 年代北方自杀问题研究——以天津〈大公报〉为中心》，《江南社会学院学报》2005 年第 3 期；邵晓芙、池子华《20 世纪二三十年代上海女性自杀现象解读》，《徐州师范大学学报·哲学社会科学版》2006 年第 2 期；鲁克霞《民国前期自杀问题研究之探析（1912—1930）》，硕士学位论文，苏州大学，2008 年；王灿《20 世纪 30 年代前后汉口自杀问题探析——以 1929—1931 年〈新汉口〉杂志为中心的考察》，《南华大学学报·社会科学版》2012 年第 4 期。

③ 《自杀统计》，《新汉口市政公报》1929 年第 1 卷第 5 期，第 100 页。

④ 《新汉口》1930 年第 2 卷第 3 期，第 131 页。

⑤ 《汉市户口之统计报告》，《新汉口》1930 年第 2 卷第 4 期，第 117 页。

⑥ 《新汉口》1930 年第 2 卷第 6 期，第 103 页。

⑦ 《新汉口》1931 年第 2 卷第 11 期，第 89 页。

⑧ 《本市五月份自杀之统计》，《新汉口》1931 年第 2 卷第 12 期，第 1 页。

表 7 - 2   汉口自杀者性别①

时间	男	女
民国十八年	106	95②
民国二十年下半年	3	17
民国二十一年	37	39

资料来源：根据国民政府主计处《中华民国统计提要·二十四年辑》第360、362页的表104 - 1、表104 - 2合制而成的。

从上述看来，不论是短时段的追踪，还是长时间的统计，都说明汉口城市中女性自杀者比男性自杀者稍多一点，也可以说男女自杀者的人数相差不大。

相较于男性，女性在很大程度上是一个更情绪化的群体。看表7 - 2，民国二十年下半年共20人自杀，男3人，女17人，那么，这20人具体是什么原因自杀的呢？因家庭纠纷而自杀者的有8人，全部是女性；生计困难自杀2人：男1人，女1人；婚姻不自由有1人，是1名女性；疾病2人：1名男性，1名女性；因被虐待而自杀的3人，全是女性；其他1人，是女性；不明有3人：1名男性，2名女性。③再如民国二十一年，汉口自杀者有76人，男37人，女39人；家庭纠纷15名：男2人，女13人；生计困难12人：男7人，女5人；失恋5人：男1人，女4人；营业失败2人，全部为男性；失业9人，全部为男性；疾病4名：男3名，女1名；畏罪1人，为男性；被虐待而自杀5人：男性1人，女性4人；其他9人：男3人，女6人；不明共计14人：男8，女6。④

由此可以看出，女性自杀则多为家庭，男性自杀则多为生计，为

---

① 国民政府主计处《中华民国统计提要·二十四年辑》，商务印书馆1936年版，第360、362页。

② 《汉口特别市市政统计年刊民国十八年度》，第180页。

③ 根据国民政府主计处《中华民国统计提要·二十四年辑》，第360—362页表制成的。

④ 同上书，根据第362页表制成的。

事业。

根据一般常理，中国大多数家庭不愿上报死者姓名，因而实际上，这一时期汉口自杀者的人数，应远远超过目前文献的记载。那么，这一时期为什么有那么多人选择自杀呢？

二 自杀的原因

自古以来，自杀的原因有多种，不同自杀者一定有其不同的原因。"自杀是社会病态的一种，与社会兴衰有深切的关系，这是举世公认的……人情莫不好生恶死，却为什么愿意牺牲实在的生命，此中缘由，实更值得我们来研究……自杀的原因，归纳有两点，一由于家庭问题，二由于经济的问题，换句话说，一由于思想上的错误，二由于生活上的压迫。"[1] 以上是1929年8月版的《社会》第1卷第3期《自杀》一文观点。那么，具体说来汉口自杀的原因有哪些呢？

（一）生计苦难引发自杀

表7-3　　　　1930年汉口3、4两月自杀原因统计[2]

自杀原因	人数	百分比（%）
经济压迫	9	18.75
堕落	3	6.25
家庭纠纷	2	4.167
疾病	2	4.167
被虐待	7	14.582
名教问题	5	10.417
恶受问题	9	18.75
压迫	5	10.417

[1] 汉口特别市政府社会局主编：《自杀》，《社会》1929年第1卷第3期，第39页。
[2] 汉口特别市政府社会局主编：《汉口特别市社会病态之一》，《社会》1930年第1卷第6期，第6页。

续表

自杀原因	人数	百分比（%）
畏罪	1	2.083
不明	5	10.417

上表显示，自杀人数合计 48 人，经济压迫与恶受问题所占比例最高。

1930 年 7 月自杀者原因统计见下表：

表 7-4　　　　　1930 年 7 月汉口人口自杀原因统计①

原因	人数	百分比（%）
贫穷	10	38.5
不明	6	23
婚姻	5	19.2
厌世	2	7.7
纠纷	2	7.7
累疾	1	3.9

"贫穷为自杀最大之原因，观乎上表可知矣。" 7 月因贫穷而自杀者约占 40%，"其它原因直接虽不尽为贫穷，间接实因贫困。以婚姻而论，有因男家或女家贫穷，当事人父母不许可者，亦有因夫家贫而妻不安于室与人姘居而夫汗颜自杀者，如李矮子是也。他如纠纷类如王陈氏因家贫与夫争吵而自杀，诸如此类，足证贫困不独为自杀之重要原因，且为自杀之根本原因也。吾人能不注意及之？"古往今来，"贫贱夫妻百事哀"，"哀"的是"贫穷"，贫穷是民众自杀的主要原因。

下面是 1930 年 8、9 月自杀原因统计表，或许更能说明问题。

---

① 《本市之自杀统计》，《新汉口》1930 年第 2 卷第 4 期，第 135 页。

表 7 - 5 　　　　　　　　1930 年 8、9 月自杀原因统计①

8 月份			9 月份		
原因	人数	百分比（%）	原因	人数	百分比（%）
生计困难	15	55.5	生计困难	9	39.03
不明	3	11.2	不明	5	21.70
纠纷	5	18.5	纠纷	4	17.52
私情败露	2	7.4	失恋	2	8.70
婚姻	2	7.4	厌世	1	4.35
			婚姻	1	4.35
			畏罪	1	4.35

　　8 月共有 27 人自杀，其中 15 人，即一半以上的人是因为生计困难而自杀，9 月共有 23 人自杀，其中有 9 人即 40% 左右的人是因生计困难而自杀。生计困难是自杀的第一原因。同年 10 月自杀者计 24人，自杀原因为生计困难的占 41.7%。② 11 月份自杀者为 14 人，较7、8、9、10 月份为减少，自杀的主要原因有生计困难、夫妻口角、婚姻等，其中以生计困难为多数，有 6 人，"失业占多数，自杀者多为青年壮士！"③ 1930 年 12 月，1931 年 1 月、2 月、3 月、4 月计 5个月，共有 26 人自杀，其中自杀原因调查显示生计困难有 7 人，婚姻 5 人，厌世 5 人，夫妻口角 3 人，不明 3 人，其他 3 人。④

　　以上数据足以说明，生计困难或贫穷是当时汉口发生自杀的主要原因。

　　当时报纸频繁地登载，在生计重压之下，各种人群投水、服毒、坠楼的相关新闻：

　　　　1934 年《汉口市民日报》

　　① 《汉市户口之统计报告》，《新汉口》1930 年第 2 卷第 4 期，第 117 页。
　　② 《本市十月份之自杀统计》，《新汉口》1930 年第 2 卷第 5 期，第 101 页。
　　③ 《本市之自杀统计》，《新汉口》1930 年第 2 卷第 6 期，第 103 页。
　　④ 《本市自杀统计》，《新汉口》1931 年第 2 卷第 11 期，第 89 页。

8 月 21 日《生活压迫下之牺牲者——既因减薪更虑停职，神经受制，坠楼自杀》。

李茂汉，36 岁，湖北阳新人，在本市商品检验局任职，近因该局裁员减薪，所得生活费甚微，入不敷出，由晒台跳下。①

8 月 27 日《中年妇女厌世投江》

9 月 1 日《妙龄女之尸，何故投江》

1935 年《汉口市民日报》记载如下：

1 月 14 日《退伍军官无出路，吞烟自尽》——府西一路，昨倒卧一人，奄奄垂毙，据传说此人，曾充某师团长，卸甲来汉……乃开一小杂货店，以维持生活……不料近日受社会不景气之影响，内该外欠，不能了结，遂吞烟自尽，以了残生。②

1935 年 1 月 23 日总标题为《生活压迫下之牺牲者》，下面有三则有关自杀的报道，三则副标题分别如下③：

《李陈氏携女痛苦投江》

《雏妓寻短见高巡长带署救济》

《沈孙氏因夫赋闲久厌世自杀》

据 1935 年 1 月 24 日《上年度武汉市民自杀统计》，内容如下：

男女共百九十余人，迫于生活者占多数。昨据官方统计二十三年度两市人民自杀总数如下：（一）武昌男 17 名，女 28 名，共 45 名；（二）汉口男 53 名，女 54 名，共 107 名，计两市共死

---

① 《汉口市民日报》1934 年 8 月 21 日第 2 张第 8 版。
② 《汉口市民日报》1935 年 1 月 19 日第 2 张第 8 版。
③ 《汉口市民日报》1935 年 1 月 23 日第 2 张第 8 版。

一百五十二人，就中分析自杀原因，以迫于生活者占多数，婚姻次之。①

1月26日第八版《塾师自缢遇救》

1月28日第八版《醉汉挽妻投河》

张本忠，黄陂人，年三十四岁，妻于氏，年三十四岁，张以拉车为业，夫妇两人赁居于本市江岸房屋。

3月3日《生活压迫，秀才投缳自尽》

毛锡卿，年逾知天命，鄂城葛店人……殆至学校兴，欧风东渐，国学之习日微，舌耕者生计日蹙，加之年月灾频仍，农村破产，锡卿因乡间无法立足，乃挈眷来汉卜居玉带门外九号，仍操旧业，但时势巨变绛帐下生徒十一……②

4月20日《汉市旅栈，营业破产纷纷扩大》

工友生活无着，划分店东财产，老板生计断绝，势将难免自杀。③

4月27日《生活压迫下，一商人服毒自杀，抬往医院因毒发殒命，法院勘验着，胞兄收埋》

李明生，年三十一岁，镇江人，住于本市牛皮巷四号，前以经商失败，改作小贸营生，近因市面萧条，所以不能维持生活，当处此境况下，乃萌自杀之念。④

其中，因农村天灾人祸而来汉口不久的民众，因生计困难自杀的人亦不在少数：

《饥寒交迫两灾妇，投江幸遇救》：两灾妇联袂投江……于去年避水灾来汉，求乞谋生……难得一饱以致受饥受寒，求生无

---

① 《汉口市民日报》1935年1月24日第2张第8版
② 《汉口市民日报》1935年1月26日、28日，3月3日第2张第8版。
③ 《汉口市民日报》1935年4月20日第2张第8版。
④ 《汉口市民日报》1935年4月27日第2张第8版。

路，遂萌自杀之念。（《汉口中西报》1932 年 4 月 12 日）

《欲不得归，一死了之》：黄安人程某，少有文名，家中小康，频年匪共纵横，农村不得安居，遂束装来省访友，不料该友早经他适，漂流异乡，举目无亲……囊空如洗，欲卖车归去，则有恐匪见愁，进退两难，遂萌短见。（《汉口中西报》1932 月 6 月 24 日）

《灾民饥寒交迫，夫妇投江，仅遗一子四岁》：本年各县，秋收歉薄，灾民往武汉逃荒者甚多，日来天气寒冷，一般灾民，饥寒交迫，昨（十八日）黄梅人张仁德，妻，子仅三四岁，因无衣无食，遂萌厌世之想，在武昌武胜外投江。（《汉口市民日报》1934 年 9 月 19 日）

《金世荣贫病厌世，解带自缢了此残生，同居解救未致殒命》：金世荣，年近知命，金牛人（家里环境曾比较好，在政局动荡之下变差）……去年春间来汉，寄居铁路外，草庐为舍，聊避风雨，坐食山空，一贫如洗，不得已作小贩为生，只以本小利微，不能糊口…（《汉口市民日报》1935 年 1 月 19 日）

《魏孝勋流落汉皋，囊中金尽服毒自尽》：青年魏孝勋，现年二十岁，沔阳人，现居于本市雷祖殿四十五号……生活陷于绝境，顿生厌世之念，觉世界之大，无彼立足之地，不如早早结束此生。（《汉口市民日报》1935 年 1 月 25 日）

在乱世之中，本地人在汉口谋生已属不易，才来汉口不久的外地人人生地不熟，又没有一技之长，谋生更是不易。于是，自杀往往就成为这些人在汉口的最后归宿。董汝舟在《繁荣都市必先救济农村》中说："未被城市接纳的失业农民为生计所迫，便为匪为盗贼为娼妓为乞丐甚至于自杀，都市中遂充满了悲惨沉闷的空气，潜伏着不易消除的社会危机。"①

---

① 谭玉秀：《1927—1937 中国城市失业问题研究》，博士学位论文，浙江大学，2006 年，第 36 页。

（二）家庭纠纷引发自杀

家庭纠纷也是自杀的主要原因。表 7 - 6 是国民政府主计处对汉
口 1931 年下半年、1932 年一年自杀原因的统计。[1]

表 7 - 6   1931 年至 1932 年汉口人口自杀原因统计

民国二十年下半年	民国二十一年
自杀总人数 20 人	自杀总人数 76 人
家庭纠纷 8 人	家庭纠纷 15 人
生计困难 2 人	生计困难 12 人
婚姻不自由 1 人	失恋 5 人
疾病 2 人	营业失败 2 人
被虐待 3 人	失业 9 人
其他 1 人	疾病 4 人
不明 3 人	畏罪 1 人
	被虐待 5 人
	其他 9 人
	不明 14 人

从表 7 - 6 看来，自杀的直接原因中首先以家庭纠纷为多，其次
是生计困难、失业、被虐待等，总体说来，不外乎经济原因与家庭原
因，正如时人说"统计本月（1930 年 11 月）自杀者 14 人，其中就
因生活困难而自裁者即占 6 人，因性的烦闷（如夫妻口角，失恋等）
而自裁也是 6 人，于此可见'食''色'的不能维持，确易为酿成自
杀的主因"[2]。而家庭原因中，不论是夫妻口角，还是失恋、父母不
同意等，很大程度上源自经济原因。其实，不少家庭纠纷主要也是因
家庭困难而引发的。如前所述，贫穷的主要原因可能源自失业，对于
一般市民而言，一旦失业生活无着，可能就会引起家庭极大震动，家

———————

[1] 国民政府主计处：《中华民国统计提要·二十四年辑》，商务印书馆 1936 年版，第
360 页。
[2] 《本市之自杀统计》，《新汉口》1930 年第 2 卷第 6 期，第 103 页。

庭成员关系紧张而发生口角，甚至大打出手等，这些都有可能会导致家庭成员出现自杀行为。

这一时期，城市自杀者似乎很多，然而，进而推想同一时期的农村，其自杀者应该会更多。因为这一时期农村生活比城市生活更为艰难，可能因农村信息闭塞，各大报纸杂志对当时农民自杀者的报道较少。不论是城市，还是农村，自杀的原因纵然有千种，然最主要的原因还是在于生计困难。古今中外任何社会都有自杀的现象，不过总体看来，在近代中国各大城市某一时段内自杀事件如此之多，这不能不说是城市的一种病态，是近代中国的一种病态。

在常态之下，人性一般是厌恶死亡而向往生存，然在城市中生活的情非得已之下，自杀便成为一种解脱。自杀深层次的原因，还是归因于那个"乱世"。因为自杀问题不仅仅是近代汉口一个城市的问题，同一时期上海、广州等近代中国城市也是如此。有关上海、广州等近代中国城市自杀的情况，可见王合群《20世纪二三十年代上海自杀问题的社会透视》、乔素玲《痛苦诀别：1920年广州市民自杀透视》等论著。① 这些论著对上海、广州等城市自杀者人数、性别、年龄、自杀方式、自杀原因等多个方面进行了详细的考察②，可以看出，上海、广州等近代中国大城市人口自杀所具有的特点与汉口的人口自杀大体一致，也就说，"自杀在近代中国很流行"，同时说明自杀具有时代性，也可以说，是那个时代出了大问题。李大钊曾说："自杀流行的社会，一定是一种苦恼烦闷的社会。自杀现象背后藏着的背景，一定有社会的缺陷存在。"③

---

① 乔素玲：《痛苦诀别：1920年广州市民自杀透视》，《广东史志》2002年第3期；肖美贞：《20世纪30年代北方自杀问题研究——以天津〈大公报〉为中心》，《江南社会学院学报》2005年第3期。

② 王合群：《20世纪二三十年代上海自杀问题的社会透视》，《史学月刊》2001年第5期；乔素玲：《痛苦诀别：1920年广州市民自杀透视》，《广东史志》2002年第3期；肖美贞：《20世纪30年代北方自杀问题研究——以天津〈大公报〉为中心》，《江南社会学院学报》2005年第3期。

③ 鲁克霞：《民国前期自杀问题研究之探析（1912—1930）》，硕士学位论文，苏州大学，2008年，第29页。

"在社会急剧动荡之下，任何打破平衡状态的动荡，即使它带来更多的利益，激起民众的活力，实际上都是使自杀增加的一种因素。一旦社会秩序出现重大更迭，无论是骤降的好运还是意外的灾难，人们自我毁灭的倾向都会格外强烈。"[①] 涂尔干的这种说法，与李大钊的解释是相通的。汉口、上海等近代中国大城市自杀者众的原因也确实如此，李大钊曾说："以我看来，社会上发生了自杀的现象，总是社会制度有些缺陷。我们对于这自杀的事实，只应从社会制度上寻找他的原因……"[②]

在社会急剧动荡之下，民不聊生，自杀弃身，从深层次上看，确实更多是政治上的原因。"山河破碎风飘絮，身世浮沉雨打萍，惶恐滩头说惶恐，零丁洋里叹零丁"，在动荡的大历史背景之下，个人犹如飘絮或浮萍，在几经惶恐之事或多次伶仃之叹中毅然决然了结自己生命。可以说，这是一个时代的悲剧。

第二节　火灾问题

在武汉三镇，一个是水灾，一个是火灾，长期困扰着民众生活。水灾或火灾都会让民众一夜之间一无所有。1850 年，汉口火灾 70 次，烧房 2190 间。[③] 光绪十七年（1891），武昌城外棚户大火，灾情惨重。同年，汉阳鹦鹉洲大火，受灾 1000 余户。光绪二十四年（1898）秋，汉口东岳庙居民火烛失慎，引起大火，延烧 5000 余户，烧死 1000 余人，光绪二十七年（1901）八月，汉口美仁街居民晚饮起火，延烧 1890 家，灾民缺衣缺食又无栖身之处。[④]

近代以来，汉口城市人稠地密，民宅多为"瓦屋竹楼，板房木

---

① ［法］涂尔干：《自杀论》，商务印书馆 1996 年版，第 205 页。
② 鲁克霞：《民国前期自杀问题研究之探析（1912—1930）》，第 29 页。
③ 武汉地方志编纂委员会主编：《武汉市志·民政志》，第 151 页。
④ 同上书，第 150 页。

宇"①，这样的住房极易着火，而且一户着火，焚烧一片。宣统年间《东方杂志》载称汉口"有时天天发火，甚至一天数次"，"火灾之损失，全国以汉口为最大"。② 在失火的民宅中，以棚户为多。因为棚户多是用纸、茅草、木板搭成的，据鲍家驹调查："一半棚户住宅之建筑，都是采取草木一类易于燃烧的贱价材料"，③ 居民点油灯，或点火做饭的时候，稍有不慎，特别容易着火。

1910 年 7 月 29 日下午 3 点，"汉口堤街大东茶楼后吊楼下某棚户因午炊起火。前面从福建庵大巷烧至圣公会堂止，后面烧至南城公所杨千总巷止。又将二爽巷某宅晒台引燃，延烧至 6 点钟，始经救息。综计墙倒压毙人口四名，烧死幼孩五名，焚去市铺、住户、土娼、堂班千余户，亦巨灾也"④。

火灾与水灾此起彼伏。1911 年 6 月 20 日鲢鱼套一带凡被淹之家大小棚户约计不下三百余家。⑤ 同年的 6 月 30 日，汉口的华景街，"数百家茅棚，片刻已烧完了……去年调查户口，听说共烧去三百多家，中等的烧了五十多家，极贫的有 200 多家"。⑥ 同一天的报道：蚕豆助赈……后湖棚户多被水淹。⑦

汉口三新街是棚户集中地，年年火警。1919 年 4 月，汉口三新街火灾，受灾 1000 余家，是夜大智门处棚户区延烧数千家。⑧ 1920 年12 月 27 日《三新街火警》——"二十五号夜半两时，三新街长乐茶园后某姓棚户，不知如何失慎，致肇焚如，天气干燥，顿时火势蔓延，计烧数十家之多，经附近保安会赶往灌就，始得扑灭。"⑨ 这一

① 武汉地方志编纂委员会主编：《武汉市志·民政志》。
② 同上。
③ 鲍家驹：《汉口市住宅问题》，成文出版社 1977 年版，第 50067 页。
④ 《汉口大火详记》，《通问报：耶稣教家庭新闻》1910 年第 416 期，第 6 页。
⑤ 《武汉灾民伤心史》，《汉口中西报》1911 年 6 月 20 日新闻第 1 页。
⑥ 《华景街火灾自话》，《汉口中西报》1911 年 6 月 30 日新闻第 1 页。
⑦ 《汉口中西报》1911 年 6 月 30 日新闻第 2 页。
⑧ 武汉地方志编纂委员会主编：《武汉市志·民政志》，第 151 页。
⑨ 《三新街火警》，《汉口中西报》1920 年 12 月 27 日第 3 张。

次火灾，被焚之棚户，竟达 526 户，烧伤之住民，共计 7 名。① 1923
年 8 月 9 日《连日之火警》——"本镇铁路外日本营房附近之一带民
房，多属竹篱茅舍，其住户则业圃而外，盖尽业农……不知其家陡然
火起……竟至延烧十余家。"② 对 1923 年《汉口中西报》中刊登的火
灾统计，10 处火灾中可能就有 8 处是棚户火灾，或因炊饮，或因点
油灯而引发。棚户起火，一般都会延烧别家，少的延烧数十家，多的
延烧达数百家。

民国中期，随着汉口人口的增多，火灾发生更加频繁。

1928 年 9 月 24 日夜，"又是汉口三新街起火，乘北风延烧，火
场呈曲尺形，长三里余，被焚二千余户，灾民逾万，棚户占十之八，
公安局请汉商借万元临时赈济"③。

1929 年、1930 年的《新汉口市政公报》与《新汉口》曾对这两
年汉口逐月火灾情况有过统计：

> 1929 年 11 月份发生火灾 7 起，烧去 36 家，比上月增加 2
> 次，并多烧了 26 家，火灾发生的所在，大多数是棚户，棚户的
> 居住者，都是一般生活困顿的贫民，他们生活很简单，一间很小
> 面积的草棚，卧床与灶社都放在一起。这是很容易发生火灾的，
> 所以起火的原因多半由于炊饭失慎……本月份火灾统计如下：棚
> 户 3 次，1 次烧棚户 11 家，1 次烧棚户 2 家，1 次烧本户 1 家。④

1929 年 12 月发生火灾 8 起，共烧去 162 家，烧死 1 人，伤 3 人。
被灾户数，比 11 月增多 127 家。直接提及棚户被灾的有 1 起，就这 1
起，延烧茅棚 19 家。⑤

---

① 《慈善会赈济灾民》，《汉口中西报》1921 年 1 月 5 日第 3 张。
② 《连日之火警》，《汉口中西报》1923 年 8 月 9 日第 3 张。
③ 《汉口大火》，《时兆月报》1928 年第 23 卷第 11 期，第 5 页。
④ 《十一月份火灾统计》，《新汉口市政公报》1929 年第 1 卷第 6 期，第 78 页。
⑤ 《火灾统计》，《新汉口市政公报》1929 年第 1 卷第 7 期，第 102—103 页。

1929 年 7 月至 12 月，火灾被灾户数，7 月为 11 户，8 月为 9 户，9 月为 10 户，10 月为 9 户，11 月为 34 户，12 月为 163 户。①

1929 全年度汉口火灾情况如表 7 - 7：

表 7 - 7   汉口特别市火灾焚烧户数及死伤人数比较（十八年度）②

户别	街户	棚户	总计
焚烧户数	979	1920	2899
死伤人数	24（死）	16（伤）	40

由表 7 - 7 看出，1929 年汉口火灾焚烧的户数是 2899 户，其中焚烧棚户是 1920 家，所占比例高达 66.2%。③

1930 年 1 月共发生火灾 7 起，烧去 51 家，烧死妇人 1 人，比上月火灾减少 1 起；被灾户数也比上月减少 112 家。本月发生火灾的原因：有 3 起是住户不慎，1 起是走电，尚有 3 起原因未明。本月灾户财产损失约数 157270 多元。从市民的经济损失来看，"真是不小"。这一次火灾烧棚户 22 户。④

1930 年 6 月份火灾报告表中，发生火灾 5 起，起火原因中不慎的 3 起，走电 1 起，不明 1 起，共烧毁 29 家。其中有棚户 1 家，在中正路 13 号，延烧 5 户，约共值洋 300 元。⑤

1930 年 1—6 月汉口火灾经济损失：1 月火灾 7 起，财产损失 159200 元；2 月火灾 5 起，损失 34100 元；3 月火灾 4 起，损失 10400 元；4 月火灾 1 起，损失 2000 元；5 月火灾 4 起，损失 304000 元；6 月火灾 5 起，损失 29200 元；半年来共发生火灾 26 起，财产损

---

① 《火灾统计》，《新汉口市政公报》1929 年第 1 卷第 7 期，第 102 页。
② 汉口市政府秘书处：《汉口特别市市政统计年刊民国十八年度》，1930 年，第 179 页。
③ 同上书，第 179 页。
④ 《火灾统计》，《新汉口市政公报》1930 年第 1 卷第 8 期，第 114 页。
⑤ 《火灾》，《新汉口市政公报》1930 年第 2 卷第 1 期，第 127 页。

失约计 538900 元。①

1930 年 7 月发生火灾 6 起，共烧毁 287 家，财产损失约值洋 101500 元；较上月火灾增多 1 起；被灾户数增多 258 家，财产损失亦增多 72300 元。"该月火灾发生的原因，全由住户不慎。该月内受灾最激烈者，则为公安局八署段内之陈家湖 117 号棚户烧草鞋一案，该处均系棚户猬聚，最易延烧，一经失慎，则势甚燎原。故被灾户数，达 200 余户（只延烧 1 个小时），财产损失约 4 万元。每户平均约及 200 元。本市棚户，类皆贫困，一旦骤受 200 元损失，不啻完全破产。推而论之，社会上骤增此 200 余户之贫困户口，于社会秩序、经济各方面，不无感受其影响。"②

1930 年 10 月火灾报告表，发生火灾 5 起，其中在公安一区，长堤街棚户五号发生火灾，原因是燃灯不慎。③

1930 年 11 月汉口火灾 7 起，其中棚户 2 家，其中 1 起发生在江汉路棚户区，延烧了 113 户，约值洋 4000 元，并伤 1 人，另一棚户延烧 5 户，约值洋 300 元。④另据《武汉市志·民政志》上记载：1930 年 11 月，韩家巷大火，灾及 400 余户。⑤

1930 年 12 月汉口火灾报告：火灾有 8 起，其中有 4 起为棚户，茅屋起火。⑥

1930 年全年火灾情况，可见 1931 年《新汉口》第 2 卷第 10 期："本市十九年份火灾统计，夫以本市地域之广，人口之众，疏忽火烛之事，自所难免，以前登载各月之火警次数，多则七八次，少则一二次，均指已成灾患而言，为数固不多甚多，然固灌救得力，立即扑灭，未致延烧成灾之火警，每月多者二十余次，较诸已成灾者尚在四

---

① 《火灾》，《新汉口市政公报》1930 年第 2 卷第 1 期，第 127 页。
② 《火灾》，《新汉口市政公报》1930 年第 2 卷第 2 期，第 137 页。
③ 《新汉口》1930 年第 2 卷第 5 期，第 107 页。
④ 《本市十九年十一月份火灾报告表》，《新汉口》1930 年第 2 卷第 6 期，第 112 页。
⑤ 武汉地方志编纂委员会主编：《武汉市志·民政志》，第 151 页。
⑥ 《本市十九年十二月火灾报告表》，《新汉口》1931 第 2 卷第 8 期，第 138 页。

倍以上也。"① 也就是说，实际火灾次数远比已报道的要多得多。

据《武汉市志·民政志》统计，1931 年汉口火灾 18 次，毁房 177 间。② 1932 年，汉口火灾 70 次，烧房 2190 间；1933 年，汉口火灾 65 次，烧房 2190 间。③

仅看上面的数据统计，似乎还不能真切感受汉口火灾之频繁、民众之悲惨。请见下面 1932 年、1933 年《汉口中西报》频繁报道火灾新闻：

1932 年：

6 月 20 日《火警：一餐早饭，损失十余万元》。④

7 月 14 日《汉景街周时顺染衣店火警案：损失甚巨，延续七家》。⑤

7 月 18 日《今晨大火》——本市满春里新汉舞台左首，饭店左侧，突发大火，延烧半小时始熄。⑥

7 月 19 日《中华绒厂被焚》——损失约五六万元，18 日凌晨三时，本市满春里三元路中华绒不慎于火。⑦

12 月 31 日《法租界庆平里大火记》——藤椅店烘竹不慎共计焚毁房屋十二栋，烧死老幼男女十六名。⑧

1933 年：

3 月 6 日《德润里火灾惨剧，烧死三岁幼女老妪小孩三名（汉口第八署）》

3 月 10 日《打扣巷之火警》——吴万泰水果行继续被焚。

---

① 《新汉口》1931 年第 2 卷第 10 期，第 83 页。
② 武汉地方志编纂委员会主编：《武汉市志·民政志》，第 151 页。
③ 同上。
④ 《汉口中西报》1932 年 6 月 20 日。
⑤ 《汉口中西报》1932 年 7 月 14 日。
⑥ 《汉口中西报》1932 年 7 月 18 日。
⑦ 《汉口中西报》1932 年 7 月 19 日。
⑧ 《汉口中西报》1932 年 12 月 31 日。

3 月 11 日《沙家巷火警——敬神肇祸》[1]

3 月 16 日《观音阁附近大火惨剧——延烧二百余户，烧死老少五人》：汉口第二署之荣华里，起火原因，是住有刘家成其人，年 24 岁，在英美烟草公司做苦工，每每回家，例必自炊宵夜，因不慎起火，计烧死五人，一人为某住棚户之人力车夫，其家有不满十岁子女三人，均葬身火海，一为以乞食为生，年七八十岁之瞎妇，其所住之棚户，为火包围……致被烧死，另有一学徒，亦葬身火海。[2]

1934 年，汉口合成里铁路外棚户大火；

1936 年，汉口济生五马路失火，被灾数百家。[3]

上述可见，近代汉口火灾之频发，而其中尤以棚户火灾之猛烈，令人触目惊心。棚户一旦起火，往往形成燎原之势，延烧数百家，贫民顿时变成"难民"，更有甚者，一些贫民葬身火海。有鉴于此，汉口政府多次对棚户进行整顿。

"因二十三年份内，虽几度大火，且烧延甚广"，汉口政府曾勒令汉口市府西二路、府西三路、济生巷、辛壬巷、府南巷、东山里、公安街、鸡鸭院、市府路等地的棚户一律迁移于铁路以外一带，以便减少火灾爆发。[4]

棚屋的建材本是简陋而容易着火的，加之挤住在里面的人员较多，更是加大了着火的概率。30 年代鲍家驹对汉口棚户的调查："现有棚户数目（注：1937 年）约 12746 所，17865 户，78150 人口。平均每所居住两户，每所居住 6 人以上。"[5] "一隅失慎延及间阎棚舍，

———————

① 《汉口中西报》1933 年 3 月 6 日、10 日、11 日。

② 《观音阁附近大火惨剧——延烧二百余户/烧死老少五人》，《汉口中西报》1933 年 3 月 16 日。

③ 武汉地方志编纂委员会主编：《武汉市志·民政志》，第 151 页。

④ 鲍家驹：《汉口市住宅问题》，成文出版社 1977 年版，第 50067 页。

⑤ 同上书，第 50067 页。

被焚者二千余间。"① 棚户本来容易着火，着火之后很难扑灭，然居住其中的人员甚多，所以，葬身在火海之中的人亦多。

引起火灾的原因当然有很多，如天气干燥、有人故意纵火等，但是主要原因还是前述的棚户多，居住密集。

拥挤的住宅，亦是容易着火，鲍家驹总计了汉口市民 1933 年及 1936 年两年的大火次数及损失如表 7－8：

表 7－8　　　　　汉口市民国 1933 年、1936 年度大火统计

年份	二十二年	二十五年
次数	65	190
起火户数	65	190
延烧户数	850	1908
被烧房间数（间）	1888	3291
损失价值（元）	2276433	1828620
死亡人数（人）	7	23
受伤人数（人）	11	29

由表 7－8，延烧户数远远超过起火户数，"考起火原因，多半由于倾翻油灯，或烧饭不慎等因所致，但视观上表，每次大火发生及其延烧户数之广和被烧损失之大，则不得不认为由于居住密度太过之故"②。

除了上述社会问题之外，这一时期汉口城市社会问题还有很多，如娼、赌、毒异常发达，黑社会势力猖獗等。包惠僧曾在其回忆录中说："汉口是一个娼妓众多的地方……娼妓所在之地，即是赌博与鸦片烟发展的场所，烟、赌、娼的糜烂社会，是军人与警察栽培灌溉起来的，所以军警龟头娼妓有血肉相联的关系……武汉的洪门哥老会，非常猖獗，与长江上游的袍哥棒老二，上海的青帮，同属一丘之

---

① 武汉市社会局：《武汉市社会局局务汇刊》1929 年第 1 期，第 30 页。
② 鲍家驹：《汉口市住宅问题》1937 年冬，成文出版社 1977 年版，第 50060 页。

貉……那些帮会人物几乎没有一个不是罪大恶极为反动统治阶级服务的恶徒……汉口是一个中国内地鸦片烟出口的枢纽……吸鸦片烟的人多，不仅各国租界上有鸦片烟馆，中国地界各大小旅馆中也有鸦片烟馆，既是汉口西北一带地区的贫民窟里，也有秘密的鸦片烟馆。鸦片烟的毒害泛滥到各阶层各个角落里，更加深了政治上的黑暗，社会上的腐败，人民的贫困。"①

第三节　公共卫生问题

在西方人笔下，晚清汉口卫生环境是这样的："当地街道上堆着许多垃圾……一位早期的圣公会传教士说，肮脏肆虐于这个繁荣商业城市的贫穷角落。"② 近代，尤其是民国时期，城市人口迅猛增长，城市卫生建设或市政建设远远没有跟上人口增长速度，城市环境极是糟糕，请看下面有关20世纪初武汉或汉口卫生状况的文章或新闻报道。

包惠僧曾这样描述武汉："一九一九年的夏天，武汉热得透不过气来。大街小巷都是屎尿淋漓，垃圾成堆，经过太阳的蒸发，就是臭气熏天，遇着一场大雨，变成屎尿河流，泥泞满地；地下的狐鼠与空中的蚊蝇，非常活跃，连达官贵人的楼台庭院也受到它们的光顾了。"③ 其中，包惠僧对那一时期汉口市容印象至深："武汉三镇的人口总共不过百余万人，武昌约在十万人左右，汉阳约在五万人左右，汉口约在百万人左右，武昌汉阳是地大人稀，汉口是人稠地密，汉口租界上的卫生设备和社会秩序是另外一个天地，中国地界从江汉路到硚口，比武昌汉阳还要落后，河街黄陂街是商务最繁盛的地区，垃圾满地，乞丐成群，尤其是残废的乞丐，有没有脚的，有没有手的，有瞎子，有瘫子，有五官不正耳鼻脱落的麻风病患者，在街头巷尾滚来滚去，叫嚣喧嚷，象蛆虫一般蠕动，使行人却步，不敢向迩。在后成

① 包惠僧：《包惠僧回忆录》，人民出版社1983年版，第56—58页。
② 路彩霞：《辛亥前后汉口的公共卫生管理》，《城市史研究》2011年，第30页。
③ 包惠僧：《包惠僧回忆录》，第41页。

马路的人行道上，无论是春夏秋冬，都有无家可归的老少男女睡在那里。那些饥寒交迫的穷人，有的是失业工人，有的是破产农民，有的是无依无靠的孤老，有的是无父无母的弃儿，风餐露宿，日晒雨淋，每到春天有春瘟，夏秋有霍乱，瘟疫爆发，死亡枕藉。武汉的瘟疫流行，一年不止一次，每次的死亡率很高。"①

从包惠僧回忆录来看，20 世纪初期的武汉或汉口，是一个污浊不堪、让人焦虑的城市。

1923 年 8 月 4 日《汉口中西报》中刊登一篇文章《六度桥之臭气》批评了当时的卫生状况："六度横马路，为行人辐辏之区，汉口警察厅，前因当地民人，设有土窖②三处，过其地者莫不掩鼻而行，曾示令该窖业户，限期取消，该业户，贪图蝇利，阳奉阴违……勒令该业户取消，以免日长臭多。"③ 同年 8 月 9 日该报纸另一篇文章《慈善会收埋露棺》揭露了另一种社会现象："汉口后湖铁路内外一带，现时当夏令，每有无主尸棺，任意停放，慈善会蔡会长，天气炎热，秽气熏蒸，有碍卫生，连日派熊某督查夫役在各处收埋。兹据该员赴会报告，汉上除有力自行埋棺不计外，每日所收露棺数目，共计有三十具，可见症疫盛行，死亡甚众，诚可畏也。"④ 这一时期的汉口，厕所随处建造、棺材随处停放，在夏天高温酷暑之下，臭气、腐尸、公共卫生之差可见一斑。

即使是到了 1937 年，汉口卫生状况依然如故："沿着江边的'河街'……弥漫着一种异样的怪气，这里恕我说不出来究竟是一股什么气味，原因是天地间气味很多，从来没有这样臭……要是用科学的方法把它分析一下，那么这种臭是由屎臭、尿臭、死人臭……各种混合而成。我想，走过那儿过一下的人，他的身上至少要留下余臭三天。同时，这条街——河街——好像是一个乞丐收容所，一天到晚，都聚

① 包惠僧：《包惠僧回忆录》，第 58 页。
② "土窖"即私人厕所。
③ 《六度桥之臭气》，《汉口中西报》1923 年 8 月 4 日新闻第 3 张。
④ 《慈善会收埋露棺》，《汉口中西报》1923 年 8 月 9 日新闻第 3 张。

集不少乞丐，有的在那儿烧着破炉子煮饭，有的直条条地躺着鼾睡，本来街道上的臭味已经就使人够受了，再加上这一群不讲'卫生'的乞丐，其气味更是蒸熏难耐。"① 再就是"江边，自招商码头到江海关前，看来很可以值得留念，有茵绿的草坪，有青葱的树叶，在夏天时一个最好摇扇纳凉的胜地，但是这又成了一个乞丐的总会。在前些时没有涨水的时候，在岸边都是一群群的乞丐和一批一批的褴褛的夫子，他们吃饭也是在那儿，睡觉也是在那儿，拉屎撒尿，无一不在那儿，故这里的臭不亚于上面那个地方。甚至一阵河风，把这种臭气送到一整齐壮观的马路上去。现在那些乞丐随着大水的升涨而迁移到堤边来了。至于挑凉面的，买臭豆腐的……一担担的停着，苍蝇好像黄绦似的飞腾，像这样，谁也曾感到不大'卫生'啊"②。可见，汉口城市市容确实糟糕。

较差的市容环境，是容易看得见的，还有一些不容易看见的，如同一时期汉口普通贫民居住的环境，其卫生状况着实令人担忧。大多数贫民居住的棚户，其卫生环境借用一个调查者的话说，"谈到棚户里面的卫生，恐怕连卫生学家都无能为力"，"鸽子笼都不如的房子，一家大大小小、老老少少，吃、睡、厕都在里面，卫生健康无从保障"③。棚户外面"粪坑到处都掘得有，更谈不上什么便池和厕所的分别。春天的天花，秋天的虎列拉，倒是每年都要特别光顾"。"凡是在棚户聚集的地方走过的人，大都可以尝试到一种很特别的味道。要是接连去过两三次的话，保管你会三天不想吃饭。假如你是一个体质瘦弱之人，那么，病魔马上就要跑到你身上来，尤其是与棚户居民谈过两次话的人，更容易感到这种毛病的。"④

棚户所处的卫生环境本是极差，再加之居住其中的人口很多，更

---

① 小通：《汉口卫生谈》，《新运导报》1937 年第 10 期，第 93 页。

② 同上书，第 93—94 页。

③ 胡俊修：《"东方芝加哥"背后的庸常——民国中后期（1927—1949）武汉下层民众日常生活研究》，博士学位论文，华中师范大学，2007 年，第 29 页。

④ 黎霞：《负荷人生：民国时期武汉码头工人研究》，博士学位论文，华中师范大学，2007 年，第 55 页。

是加重了不卫生状况。如前所述，20 世纪 30 年代，鲍家驹曾对 103 所棚户进行了调查，大多棚户只有两三间房，所住人数一般有 5 人至 15 人，不仅拥挤，内部问题也多。如"蜗居茅舍麇集洼隅，积土为垣，敷薪作盖，敝风雨则无殊异处，通日光又竟似穴居，号称斗室辄容多人，抵足连席，肩摩踵接，非谓人间地狱，史无可形容。又复滋长病菌传染时疫……"①

公共卫生状况如此糟糕，引起了城市很多急性传染疾病的暴发，如天花、霍乱等，这些疾病或是通过污浊空气传播，或是通过污水传播。20 世纪 20—30 年代之交，汉口市民死亡率很高，其病因多是因不卫生而引起的。

第四节　疾病问题

近代汉口城市就像一个致命传染病的储藏库，天花、霍乱、伤寒以及其他流行病在此不断反复地暴发。

清末，汉口瘟疫多次肆虐。据《汉报》记载，光绪二十六年七月汉口瘟疫流行，二十八年汉口霍乱流行，三十二年春夏又有天花流行。同一时期的海关十年报告说："这一带的恶性地方病很少。瘟疫（注此特指鼠疫）未曾听说。霍乱每年都有发生……结核病和发烧在中国人中间是十分普遍的。"宣统元年，"汉口有鼠疫"②。同年，"秋夏汉口霍乱，冬季鼠疫、白喉时有发生，警局谕令本市牛皮、羊皮以及灵柩并各项杂粮、麦粉等暂勿出口"。是年汉口因霍乱而死者"弥目皆是"，此外，天花也曾流行，"十岁以下儿童被传染者，大多不治"。③ 1909 年，汉口患霍乱、天花，"身亡者甚多"。④

---

① 武汉市社会局：《武汉市社会局局务汇刊》1929 年第 1 期，第 30 页。
② 张云：《1840—1937 年间两湖地区瘟疫初探》，硕士学位论文，武汉大学，2005 年，第 19 页。
③ 路彩霞：《辛亥前后汉口的公共卫生管理》，《城市史研究》2011 年，第 33 页。
④ 皮明庥：《近代武汉城市史》，第 375 页。

如第一章所述，20 世纪 20—30 年代之交，在城市人口快速增长之下，汉口人口死亡数往往超过出生数。汉口有关部门曾对这一时期死亡者的病因、年龄等进行过逐月的调查、统计或分析，虽有些烦琐，然而，从中可以总结出一些令人心惊的结论。

1929 年 5 月，武汉市死亡者的病因统计显示："肺痨 64 人、其它痨症 191 人、呼吸病 76 人、天花 91 人。"同年 6 月，汉口特别市人口死亡者的病症统计："肺痨 14 人、其它痨症 123 人、呼吸系病 34 人"。据此看来，呼吸器病（其中包括肺痨、呼吸系病及其它痨症三项），5 月为 331 人，占人口死亡数的 50.61%；又 6 月呼吸器病为171 人，占死亡数的 49.4%，"那么呼吸系病，实是死亡的半数原因，亦即呼吸系病，为武汉市民的大仇敌"。"呼吸器病，对于各职业者死亡病症的比数，非常之大，最大的百分之百，最低的 20%，平均数位 55.97%。"① 也就是说，呼吸病是武汉市民死亡的第一大原因。

令人奇怪的是，在因呼吸病死亡的人数中，壮丁所占比例很大。1929 年 5 月武汉市的壮丁，死于呼吸系病的有 226 人，占此病全数（331 人）的 68.3%，又 6 月份汉口市壮丁，死于呼吸系病的有 110人，占此病全数（171 人）的 64.33%，"这可以见到呼吸系病，在武汉市中严重了"。② 一般说来，壮丁抵抗能力应该是很强的，而死于呼吸病的壮丁居然有这么多。

除呼吸病之外，武汉市民第二大死亡原因就是天花。"死于天花的，未成年人居多数，死于天花病的，在 5 月份占武汉全市的死亡数中 13.91%；又 6 月份，占汉口人口死亡数是 7.51%……5 月份武汉市未成年人，共死亡 189 人，而死于天花的为 81 人，占 42.86%；又六月份汉口市未成年人，共死亡 85 人，而死于天花的，共 23 人，即占 27.06%，那么，天花对于未成年人，是一个严重的问题。"③

---

① 《武汉市民死亡统计与救济方法》，《汉市市政公报》1929 年第 1 卷第 3 期，第 12页。

② 同上。

③ 同上。

1929 年 5 月死亡者的年龄统计显示：武汉特别市共死亡 654 人，其中 20—54 岁的死亡，共 318 人，占死亡数的 49%。6 月汉口特别市共死亡 346 人，其中壮丁（20—54 岁）有 180 人，占死亡数的 52%，"壮丁死亡率这样大，即是短寿的表征，即在 54 岁以前死亡的，占半数（其中一岁至十九岁的夭亡，尚不计算在内）"。"寿命短少，是众人所恶的，而壮丁死亡的多，也是社会的大损失。现在武汉壮丁死亡率这样大，一定是反生理与不卫生的原因很多，是壮丁不该死而不得不死。不寒而栗的是死的多是壮丁。"①

天花是一种烈性传染病，而呼吸道吸入是其主要的传播途径，可以说，这一时期城市市民主要死亡原因都是呼吸性的疾病，这说明什么问题呢？如前所述，主要是城市公共卫生状况极差。

1929 年 8 月，市民死亡总数为 462 人，死亡者的病因，"多是痨症"，因该疾病死亡人数共有 167 人，占总死亡人数的 36%。在总死亡人数中，20—54 岁的死者有 239 人，占 50%，即壮年死亡者又占多数。在壮年死亡者中，最多是 40—49 岁的，计 76 人，其次是 30—39 岁的，计 75 人，合计 30 岁到 49 岁的死亡人数，占死亡总数的 32%！而在这 151 个死亡者之中，"有过半数（77 人）是因痨病而死的，呜呼，汉口的痨病！"②

上述汉口的死亡人数、死亡病因等方面的统计或许是保守的数字。"因全市医院总调查，还没有完备，和中医不设医院的关系，所以，每月全市到底有多少人害病，实在没有正确的答案……"③ 也就是说，这一时期，汉口因传染病死亡的人数实际上可能比以上统计人数要多。

1929 年 9 月汉口死亡人数 425 人，10 月 396 人，两月平均起来，男子死亡人数多于女子。就年龄比较以及死亡之病因调查：在 9 月死

---

① 《武汉市民死亡统计与救济方法》，《汉市市政公报》1929 年第 1 卷第 3 期，第 9—11 页。

② 《新汉口市政公报》1929 年第 1 卷第 4 期，第 37 页。

③ 《病人概况》，《新汉口市政公报》1929 年第 1 卷第 4 期，第 47 页。

亡的 425 人中，壮丁（20—54 岁）死亡共有 222 人，占 50%。其中
"因吸器病（其中包括肺痨、呼吸系病及其他痨症三项）共死亡人数
171 人，占全体死亡人数的 40%。足见肺痨之危险较之以前各月，曾
无少变"①。

此外，"最足惊人者，惟霍乱症之猖獗，九月份死于此症者竟达
68 人之多"②。

1929 年 10 月汉口死亡人数共 398 人，其致死原因，以痨症为最
厉害，此病而死亡的人数共 164 人；其次为肠泻及肠炎等。"因肺痨
的厉害，我们市民应该知道卫生的严重性了。"③

1929 年 12 月汉口市民死亡人数共有 447 人，其死因，"以夭死
为最多，此为本市之不良现象"。细察致死病因仍以肺痨及呼吸系病
为多，其余要算老衰与中风及天花等。④

综合 1929 年 5 月至 12 月的市民死亡情形观之，死亡者总数为
3607 人，其中男 1881 人，女 1726 人。考察死因，"仍以痨症为最
多"。⑤ 另外，死亡者年龄值得进一步关注。

表 7-9　　　　　　1929 年汉口人口死亡年龄构成统计⑥

	构成（%）	30—39 岁	构成（%）
1—5 岁	14.44	40—49 岁	30.86
6—10 岁	5.77	50—59 岁	
11—20 岁	4.10	60—65 岁	18.17
21—29 岁	26.66	66 岁以上	

① 《九月份病人概况》，《新汉口市政公报》1929 年第 1 卷第 5 期，第 94—95 页。
② 同上书，第 94—95 页。
③ 《十月份病人概况》，《新汉口市政公报》1929 年第 1 卷第 6 期，第 97 页。
④ 《汉市人口问题》，《新汉口市政公报》1929 年第 1 卷第 7 期，第 115、117 页。
⑤ 《汉市人口问题》，《新汉口市政公报》1929 年第 1 卷第 8 期，第 128 页。
⑥ 武汉地方编纂委员会主编：《武汉市志·总类志》，武汉大学出版社 1998 年版，第
216 页。

由表 7 - 9 看出，1929 年 21—49 岁之间死亡者占总死亡人数的
57.52%，即青壮年死亡人数居多，这不能不说是汉口劳动力的损失。
按常理，这个年龄阶段的人群身体较健康，死亡人数应该是比较少
的，然而事实却相反。

1930 年 1 月汉口死亡人数有 430 人，考察其致死的原因，仍以
痨症及衰老中风病为多："本月内死于痨症者达 190 人；死于衰老中
风者 75 人"。"际兹时行春令，正是百病潜发时期，深望市民注意
卫生。"①

1930 年 7 月死亡人数 233 人，比上月增加 30 人。致死原因，以
痨病、暴症及肠胃病为多。而老衰中风病及霍乱两症，亦较他种病因
为烈。"去年同月份死亡总数 510 人，由致死原因和死者人数两方面
可以看出，同月间以痨病为最烈，而死者人数亦较多。"②

1930 年 8 月份死亡人数 458 人，因痨病而死亡者为最多，③ 由此
可知，"汉市死亡率之增加，仍由于都市生活之不健康也"。8 月死亡
者的年龄分类之统计，"亦甚足令人玩味，除 60 岁以上之死亡，占最
多数以外，其次就要算 20—39 岁之死亡者，计 98 人；较 40 岁至 59
岁之死亡者尤多 2 人，此种事实，确尤足供负责卫生行政之责者之注
意也。因为就生理方面来讲，自 20—39 岁时是一生之中最健康时期，
即所谓壮年时期，极不易遭遇死亡之危运的。而今结果恰得其反，宁
非奇事！"④

1930 年 9 月死亡 587 人，因痨病而死亡者占第一。⑤ 1930 年 11
月死亡 747 人，致死原因以肺病为最多。⑥

1930 年 12 月、1931 年 1 月、2 月总计死亡 3184 人，男 1688 人，

---

① 《汉口人口问题》，《新汉口市政公报》1929 年第 1 卷第 8 期，第 127 页。
② 《新汉口市政公报》1930 年第 2 卷第 2 期，第 142 页。
③ 《八月份全市死亡率又超过出生率》，《新汉口》1930 年第 2 卷第 3 期，第 143 页。
④ 同上书，第 145 页。
⑤ 《九月份出生死亡之统计》，《新汉口》1930 年第 2 卷第 4 期，第 131 页。
⑥ 《十一月份汉口市人口出生死亡之统计》，《新汉口》1930 年第 2 卷第 6 期，第 129
页。

女 1496 人，男性多出女性 192 人。死亡原因中仍以肺痨及其他痨症为最多，有 774 人。各月死亡原因，除去肺病以外，其次的病因，各月有所不同。12 月，以天花为次多，计 202 人；1 月，以老衰中风为次多，计 199 人；2 月份，亦以老衰中风为次多，计 133 人。

死亡者年龄与病因有关。就前述各月统计看来："其死亡病因为天花者，多属 5 岁以内之婴孩。其死亡病因为肺痨者，多属 16 岁之 25 岁之青年。至因老衰中风而死者，则多属 60 岁以上之老年人了。"①

1931 年 3 月共死亡 2016 人，致死原因以天花麻疹为最多。3 月死亡者之原因及其年龄："本月死亡之情形，与以往不同，即死亡之原因以天花麻疹为最，而死亡之年龄则以 1 岁内及 4 岁者为最多是也。此项情形为本月所独有，于此可知本市在三月份内曾流行天花麻疹等传染病，计本月患天花而死的为 1042 人，患麻疹而死的 98 人，此外患有伤寒而死亡者 99 人，患肺病而死的 144 人，患其它痨症者 170 人，中风 108 人。"②

1932 年 7 月 19 日汉口市发生霍乱，政府令公安局调查："自六月二十五日至本月十五日止，二十天内死九十人，以此计算，三个月内在四百人以上。"③

综上可以总结：这一时期汉口死亡者的病因多是肺痨以及天花、霍乱等烈性传染病。也可以说，汉口民众死亡病因多是传染病，多是通过空气传播的疾病。"一般居民，倘能更改其传统的恶劣习惯，如随地吐痰、便溺，及增加卫生常识，为传染病事先之如何预防，事先如何之措施，则至少对于住宅卫生问题，可解决一半。"④

从死亡者年龄来看，中壮年死亡者多，从性别来看，男子死亡

---

① 《本市最近三月人口出生死亡之统计》，《新汉口》1931 年第 2 卷第 11 期，第 60 页。
② 《汉口市二十年四月户口变动统计表》，《新汉口》1931 年第 2 卷第 12 期，第 1 页。
③ 《霍乱已死四百人》，《汉口中西报》1932 年 7 月 19 日。
④ 鲍家驹：《汉口市住宅问题》，成文出版社 1977 年版，第 50057 页。

者多。为什么呢？这可能与汉口壮年人数在总人口中比重较大，以及男女比例中男子比女子多有一定关系，如第二章"年龄结构""性别构成"中所述，汉口 16—50 岁的人口占总人口的 61%，① 男子比女子人数多。另外，这也可能与死亡者生前本身营养不良，多从事一些脏、乱、差、重等方面的工作有关，没有多少卫生防护措施，或者因承担养家糊口的重担而劳动强度过大，致使其身体抵抗能力差，容易染上那些呼吸性疾病。目前还没有那一时期死亡者的职业统计数据，在此仅仅是猜测而已。不过，有人在解释 19 世纪 60 年代英国劳动者死亡较多的原因时也说过类似的话："由于食物匮乏而使健康状况受到损害的劳动者特别容易遭受传染病感染。"② 这也可以用来解释为什么近代汉口死亡者多是壮年，或者说多是壮丁的原因。

呼吸性的疾病，不仅是汉口民众死亡的主要病因，也是武汉三镇（汉口、汉阳、武昌）的市民死亡的主要原因，请见表 7 - 10：

表 7 - 10　　　　　 1929 年、1935 年汉口地区居民主要死因
构成比较统计③　　　　　　（单位：%）

	1929 年	1935 年
其他痨病	32.13	13.66
其他原因	10.89	
老衰及中风	10.32	11.92
肺病	7.69	13.10
呼吸系统病	7.30	
天花		25.04

---

① 汉口市政府秘书处编：《汉口市政概况·公安》，1932.10—1933.12，第 39 页。
② 马丽敏：《19 世纪城市化与人口迁移》，硕士学位论文，内蒙古大学，2007 年，第 26 页。
③ 武汉地方编纂委员会主编：《武汉市志·总类志》，武汉大学出版社 1998 年版，第 200 页，表 102。

表7-11　　　1932—1936年武汉居民主要死因构成比较统计① 　　（单位:%）

	1932 年	1933 年	1934 年	1935 年	1936 年
天花	13.05		10.66	20.22	8.66
其他痨病	10.69	18.53	16.62	9.40	19.69
肺痨	8.90	12.81	9.52	17.25	14.11
老衰及中风	8.34	14.30	12.25	13.99	18.80
抽风症			13.09		

　　由上述两表可以看出，无论是汉口，还是武汉三镇，在主要死因中，肺痨与其他痨病加起来所占的比重都很大，再加上天花，这说明呼吸系统的疾病对汉口或武汉居民的危害很大。为什么会如此呢？因为，"市民对于卫生，不甚讲求"②。

　　如前所述，民国时期，汉口人口的死亡率是一直超过出生率的，直到1932年10月之后，出生率才超过死亡率。时人在解释为什么会有如此状况时说，主要是因为"都市人口密居会产生诸多的不卫生"③。的确，汉口民众死亡问题大多源于不卫生。为什么会有这样或那样的不卫生问题呢？主要是因同一时期城市公共卫生建设、市政建设等才刚刚起步，远远滞后于城市人口增长速度。而且，在近代转型时期，城市公共卫生建设、市政建设等现代化进程中的重要内容，都是在摸索中前行的，加之政局动荡，很多问题不能尽快解决，也不是一个部门所能解决的，需要一定甚或较长的时间，需要民众与政府等多方面的共同进步。所以，近代汉口因"不卫生"而引发人口疾病或死亡，或许是现代化过程中所谓的逃不掉的一种"代价"。

　　汉口的状况如此，同一时期上海、广州、天津等城市无不如此。总体说来，半殖民地半封建社会大背景之下，近代中国城市的社会秩

---

　　① 武汉地方编纂委员会主编：《武汉市志·总类志》，武汉大学出版社1998年版，第198—199页。

　　② 《汉市人口问题》，《新汉口市政公报》1929年第1卷第7期，第118页。

　　③ 《八月份全市死亡率又超过出生率》，《新汉口》1930年第2卷第3期，第143页。

序极度失控，社会问题之多，社会问题之重，已无法言说。

余 论

大量失业或无业、极端贫穷、充塞街头的乞丐，比比皆是的棚户，横流的污水，肆虐的疾病等是近代汉口的一幅幅图景，这一幅幅图景在同一时期中国其他城市中并不陌生，在近代欧洲城市中也是似曾相识。

19 世纪中期英国工业革命基本完成，在经济快速发展的同时，其社会问题逐渐严重化，失业和贫困问题不断加剧。1842 年 5 月，曼彻斯特有 116 家工厂停工，同年 7 月，斯托博尔特的失业工人已经达到 1 万人。在失业增加的同时，工人工资还在下降，1842 年春，英国大部分工厂工资减少 10%，有些地方甚至减少 20% — 30%。但是，粮食价格却快速提高。经济危机、失业增加、工资下降和物价上涨使得普通民众生活贫困。当时有一句话形容英国普通民众的生活条件："面包价昂，血汗便宜。"这与民国时期汉口劳动力市场上，人力车夫、码头工人劳动力便宜，还需头破血流地争抢工作等窘况如此相似。

同一时期英国城市居民住房拥挤。如伦敦塔东边某一教区有 1400 幢房子，里面住着个 2795 个家庭，共约 12000 人。安插了这么多人口的空间，总共只有不到 400 码（1200 英尺）见方的一片地方，由于这样拥挤，往往是丈夫、妻子、4—5 个孩子，有时还有祖母和祖父，住在仅有的一间 10—12 英尺的见方的屋子里，在这里工作、吃饭、睡觉。有人发出这样的感叹："让最坏的出生地——拥挤不堪的房间或多少人家同住的房间——从此不再成为英国大部分人口的出生地吧。"①

---

① 马丽敏：《19 世纪英国城市化与人口迁移》，硕士学位论文，内蒙古大学，2007 年，第 24 页。

住房拥挤之下，英国普通民众居住环境可想而知："在仅有的一个房间中，整个家庭不管有多少成员、不分男女性别、不论有无病患而挤睡在一起，污水从墙下流过，微光穿过屋顶，甚至在冬天也没有火炉。""在这个世界上最富裕的国家里，差不多20个人中有1个人就是乞丐……社会上1/5的人衣不蔽体……农业工人和城镇中的大批劳动者食不果腹，乃至患上众所周知的饥饿症而命丧黄泉。"①

同一时期英国城市卫生状况也是极为糟糕。（英国）城市卫生协会对主要城市是这样概括的："博尔顿市——实在糟；布里斯托尔市——糟极了，死亡率很高，赫尔市——有些部门坏得不堪设想，许多地区非常污秽，镇上和沿海排水系统除少数例外，都极坏；严重拥挤和普遍缺乏通风设施。"1842年，英国上院关于格里诺克市的一个报告中写道："在街的一边有个粪堆，这里有100立方码的污物，它是掏粪人的存货；一车一车地零售出卖。这一堆正对着公共街道，前面有一堵墙围着；墙高约12英尺，粪堆高过它，臭水渗透过墙，漫遍了人行道。"② 城市改革家埃德温·查德威克在发表于1842年的《英国劳动居民卫生状况报告书》中写道："不敢想象，在我国仍然有很多城市极度缺乏管理，城市内卫生状况极差，脏乱不堪，整个城市就像一个游牧民族的部落和没有纪律的军队。"另外，城市的排水也是严重的一个问题。城市里到处都是阴沟，污水顺着阴沟流进。恶劣的卫生状况使当时英国城市居民的健康大受影响。工业城市的市民的平均寿命仅为30多岁。③

19世纪中期英国城市的情形与近代汉口的窘况是如此相似。这一时期，英国工业革命已是基本完成了，其城市状况尚且如此，而近代中国城市工业才刚刚起步，汉口城市也出现了如此情形。为什么

① 丁建定：《英国新济贫法制度的实施及其评价——19世纪中期英国的济贫法制度》，《华中师范大学》（人文社会科学版）2011年第4期，第32页。
② ［英］K. J. 巴顿：《城市经济学理论与政策》，商务印书馆1984年版，第104页。
③ 齐爽：《英国城市化发展研究》，博士学位论文，吉林大学，2014年，第44—45页。

呢？其原因在于人口的增加。虽然汉口的工业与 19 世纪中期英国城市的工业，不能相提并论，但是两者都有人口急促增加，而城市中社会保障体系、市政建设、公共卫生建设、住房建设等多个方面却出现"招架不住"的现象，处处出现逼仄，处处显出"窘态"。

可以说，在社会经济出现重大转型且快速发展的时期，或者说"过渡时期"，中西方城市化都曾出现如此相似的诸多社会问题。一般说来，在经济发展的早期阶段，城市环境恶劣，随着经济继续发展，城市环境会逐渐得到改善，英国的发展就是如此。然而，近代中国城市发展出现多次断裂，没有连续性因而需另当别论。现在看来，城市诸多社会问题似乎是中外城市化早期阶段的共性问题。这似乎不关乎所谓"先发型"国家与"后发型"国家，也不关乎所谓的"同步城市化"与"过度城市化"，在不同城市化动力机制、不同城市化类型中，或多或少都会出现上述问题，只不过"先发型城市化"或"同步城市化"的国家，因政治环境的允许，在解决上述问题时，或许能更为从容一些，或解决得更为彻底一些。

例如，英国政府为解决城市社会问题，不断地出台并完善济贫法，或加强城市市政建设，所以在此过程中英国逐渐成为世界上济贫法最为完善的国家，也是最先完成现代化的国家。客观地说，汉口市政府为解决当时城市社会问题，在恶劣的政治环境之中，或者说在夹缝之中也曾做过不少努力，这些努力也许就是近代中国城市社会保障体系、市政体系、住房体系、公共卫生体系等建设的开始，也许就是城市现代性建设的开始。

第八章 政府救济与城市建设

城市诸多民生问题与社会问题，是汉口社会动乱不安之源，也可能是未来潜在的社会威胁。为了缓解或解决这些问题，近代汉口历届政府制定了相应的政策措施，或创设相应的一些机构。

不同时期的政府设有不同的救济管理机构。晚清时期，汉阳县（辖汉口）县衙的户房执掌荒政赈济事项。1912年，夏口（由夏口厅改县）设有内务课，管理各自赈恤行政。1926年10月至1927年2月，汉口设市初期，育幼、养老、济贫、救灾等公益事业由财政局、事务部、总务处分别管理。1929年7月，汉口特别市政府设立社会局，管理救济事务。1931年7月，汉口市政府第一处第二科管理赈济公益事务。翌年10月10日，改由市政府第一科管理育幼养老、济贫救灾、劳工行政等事项。1935年，由市政府第一科第二股管理公益、救济等事务。①

第一节 失业救济

面对众多的失业或无业者，汉口城市政府也曾有过一些努力。例如，对受过一定教育的失业者，汉口政府通过自己机关直接聘用其中的优秀者。汉口政府对那些受过一定教育的失业人员优先进行登记，但是对登记的人员有如下要求：一，国内外专门学校毕业者或甲种实

---

① 武汉地方志编纂委员会主编：《武汉市志·民政志》，第4页。

业学校毕业办理社会事业五年以上者；二，确无不良嗜好及残疾、痨病、精神等病者；三，确无违反本党之言论及行为者。对于，"凡登记合格人员由本局酌为录用或介绍之。凡经录用及介绍之人员须有二人以上之切实保证"。① 一般说来，那些外来的进城农民似乎没有资格进行登记，因为这些农民大多没有进过学堂，哪来的文凭呢？

在失业如此严重的 20 世纪二三十年代，汉口社会局成立了职业介绍所："查本市失业工人为数不下十万人，此值汉口市的最重大的问题，若不速谋解决，将来何堪设想。故本局施政，极力以谋此问题之有相当的解决。除努力采取工商保护政策，提倡工商业，以便收用失业工人外，并积极恢复，市有工厂，惟期失业工人之减少。但此犹未完全解决此失业问题，故又成立职业介绍所，分尽解决失业问题的责任。最近已将组织章程呈请，市府核准，并由局长委任李科长直夫为所长，克正从事宣传，不日即行成立，以备求工求职者前来登记，分别介绍工作，涓滴成流，当知数年以后此种职业介绍所的影响，诚未可限量也。"② 虽然一直以来，汉口城市中有很多良莠不齐的民间职业介绍所，但是政府部门的职业介绍所却少有。面对城市中诸多失业者，汉口政府不得不想办法减少失业问题，所以说，职业介绍所的设立，是汉口政府一种应对措施，至于其怎样具体实施，实际效果如何，非常遗憾的是，目前还没有找到相关资料。

除此之外，汉口政府还曾为码头失业工人介绍工作，如《抽派失业工人担任新开码头工作》："此为维护工人生活，减少劳工纠纷。如光华火油公司，在本市丹水池下首设置油厂，建筑码头，新添码头工作，应需工人百余名，本府即依前项办法，令据码头工会将合于救济条件之失业码头工人，造册呈府，复经斟酌该码头之需要，依册列五百七十名以抽签法抽出一百一十四名，由本府发给工作执照，派该

---

① 《汉口特别市社会局失业专门人才登记暂行条例》，《社会》1929 年第 2 期，第 2 页。

② 《业务报告之七——成立职业介绍所》，《社会》1929 年第 3 期，第 46 页。

码头担任工作。"①

除此以外，在这失业严重的非常时期，汉口政府还筹办、督办或直接管理一些职业学校或补习学校，借此大力促进民众谋生技能的提高。

汉口特别市政府教育局曾筹办过商人学校："汉口是一个商业城市，商人的教育水平比较低，本市为我国商业中心，交通极为便利，人口稠密，以汉口、汉阳两镇人口共计，据十八年度公安局的调查，共为六十二万九千九百三十七人，其中文盲，约占百分之六十以上，共为四十万左右，而此四十万文盲，商人又居绝大多数，商人补习教育之重要。"② 诚如斯言，商业是汉口经济的主导，商人所受教育水平的低下，会直接影响汉口的经济，所以汉口政府特别重视商人的教育。

汉口还有不少由民间开办的工商人学校或补习学校。如汉口市贸易人力车第一工人学校、汉口市贸易人力车第二工人学校、汉口市粮食业工人学校、汉口市茶业工人学校、汉口市理发业工人学校、汉口市轮船售票业工人学校、汉口市粮食业工人学校、汉口市印刷业工人学校等十多所工人学校。③ 商人补习学校有：汉口市钱业商人补习学校、汉口市纱业商人补习学校、汉口市机器业商人补习学校、汉口市码头业商人补习学校、汉口市黄帮棉业商人补习学校等。④ 正如汉口职业介绍所一样，汉口职业教育起初也多是由民间创办的，但是在南京国民政府时期汉口政府曾加以有效管理。

比如汉口政府要求全市所有职业学校进行登记，并制定了管理章程，取缔了一些非法或违法的学校等，与此同时，有鉴于一些职业学校经费管理混乱或难以为继，汉口政府进行了有力的整顿，以

---

① 《汉口市政概况·社会》，1932.10—1933.12，第40—41页。
② 汉口特别市政府教育局编：《商人学校》，1929年，第1页。
③ 湖北省教育厅编审委员会：《民国二十二年湖北教育概况统计》，汉口新昌印书馆1934年版，第59—60页。这里的商人可能包括小商小贩。
④ 同上书，第60—61页。

保证经费准时发放，维护正常的教学秩序。"整顿工商人学校并订立章程，查本市工商人学校，以前每因经费，迭起纠纷，本府为整顿工商人学校会计，革除弊端……固学校经费起见，曾于二十一年十二月二十二日订定汉口市工商人学校经费监理处规程、办理细则，及会计整理办法、组织汉口市工商人学校经费监理处，计汉口市贸易人力车业第一第二两工人学校，汉口市粮食业工人学校，汉口市印刷业工人学校等，四校之经费，由本市府监收，汉口煤炭工人学校，汉口市理发业工人学校，汉口市茶叶商人补习学校等三校之经费，由本市直接征收，按月转发……其由本府监收及直接征收之工商人学校，以前每月经费，多有拖欠，现时除偿清积欠外，大致均能按月发给，且自扩充班次，增加经费后，尚有结余者，又本府以过去经费委员会，职责不清，易滋流弊，特于二十三年五月三日，订定汉口工人学校及商人学校章程……先后呈奉，湖北省政府核准备案，以资监督管理……"①

在20世纪30年代诸多失业或无业的窘况之下，能在短时间内让民众获得一技之长的职业教育显得尤为重要。所以，这一时期汉口职业教育不全是由民间开设了，汉口政府也直接开办了一些补习学校或短期培训班，如码头工人补习教育班或民众教育馆等。②

第二节　贫民救济

政府对无家可归、无处谋生贫民的救济有多种形式，大体可划分"院内救助"与"院外救助"。何谓"院内救助"与"院外救助"呢？简单地说，在救济机构内进行的救助就是院内救助，在救助机构外进行的救助，就是院外救助。政府创设机构，收遣或收容无家可归的贫民，这就是院内救助。

---

① 《汉口市政概况·教育》，1934.1—1935.6，第19页。
② 同上书，第32页。

一　收遣或收容

道光年间"汉市殷盛，惰民流丐于此滋多"。在 19 世纪的最后几十年中，这些留下来的人数越来越多，同治、光绪年间三镇设立收容流丐的救济堂院，然游荡街头者未见减少。[①]

每当难民涌入汉口之后，其中总是有一些人不愿接受劝说返回自己的家乡，而留在汉口。"在 19 世纪六七十年代，遣送事务进展的差强人意，可到了 80 年代就越发难以维持了。救济机构关闭的日期逐步押后。例如，1884 年春，粥厂直到 3 月 26 日关闭，就是因为发现还有大量难民停留在城中，所以被迫又另外开放了两周。1890 年，直到 4 月底粥厂仍然开放着，以致当时粥厂的管理人员强烈抱怨资金短缺已经到了绝望的境地。地方官府越来越把给予遣返资助与威胁将惩罚滞留者两种手段结合起来。省府官员明确表示担心，难民拿到遣返费后，并不回乡，而是用来资助更加漫无目的的流浪——换言之，就是变成真正的流浪者。"[②] 19 世纪下半期，不少难民来到城市后就不愿离开了，于是城市人口增加了，问题也增多了。

清光绪三十三年（1907），汉口创立劝工院，收容安置贫民乞丐。宣统二年（1910），汉口开设游民习艺所，收容游民 200 人以授工艺。1915 年，政府又成立贫民工厂，1927 年 2 月，汉口设乞丐教养委员会。1928—1935 年，汉口乞丐教养委员会先后改名乞丐教养所、贫民教养所、乞丐收容委员会、乞丐所等，属市政府社会局或一科领导。[③] 近代收容安置场所对流浪人员的收容，多由警察协助。[④]

汉口贫民教养所，"系民国十六年二月间，由前汉口特别市政委员会令饬公安局召集汉口总商会等十五团体协商组成，当时定名为乞

---

① 武汉地方志编纂委员会主编：《武汉市志·民政志》，第 171 页。
② ［美］罗威廉：《汉口：一个中国城市的冲突和社区（1796—1895）》，第 277—278 页。
③ 武汉地方志编纂委员会主编：《武汉市志·民政志》，第 159— 160 页。
④ 同上书，第 160 页。

丐教养委员会，隶属公安局。至十七年十月，武汉市市政委员会成立，经市政会议议决，划归社会局接管，改名为乞丐教养所，更委员会制为所长制。十八年，武汉特别市改为汉口特别市，该所为改良平民生活，使其得相当之技能计，呈准市府改名贫民教养所，以副其实，此汉市贫民教养所成立经过之大概也。"①

1929 年 8 月贫民教养所"收容贫民已达数百人，而流浪乞讨于市上者，仍复不少，虽经本所严厉派员搜收，无如幅员辽阔，人烟稠密，每有顾此失彼之虞。兹定收容办法如下，以致无少遗漏。而汉阳乞丐前此从未收容，兹亦一例收受"。贫民教养所收受办法："一、由岗警随时拘送；二、由本所巡视员收送；三、由人民自动投送；四、由各商店送所。"遣出办法："本所之设，为贫民暂时之救济，有机遇时，仍当为之介绍工作，其遣出分：1. 函请各机关团体工厂商号收用；2. 分派贫民大工厂习艺；3. 介绍各手工业场学徒；4. 给大宗需用。"②

当时贫民教养所分两个院，第一院所用场地是"魏联芳逆产"，第二院是借用商民住所，两院住院生千余名。③贫民教养所"所收贫民，多系年幼失学及无技能，由于无技能而失业，由失业而堕落人格，不能自援，故根本救济，在技术之教授，品格之提高，关于前者，为技术教育，关于后者，为文字教育，及演讲会话，其细目如下：1. 技术教育，即如何制造：一编炮、二编绳（各商店用以扎货物者）、三陶器、四木器、五肥皂、六牙粉牙刷、七梳篦、八理发、九机械、十藤器、十一雨具、十二竹器、十三鞋帽、十四缝衣、十五织布；2. 文字教育或演讲会话：一扩大原有贫童学校、二创办夜校、三举办农晚会、四举行演讲会、五举办讨论会"④。

贫民教养所开办之初的设想很好，但在现实中是："经费支绌，

---

① 《新汉口》1931 年第 2 卷第 10 期，第 75 页。
② 《汉口特别市贫民教养所整理计划大纲》，《社会》1929 年第 1 期，第 82 页。
③ 同上书，第 81—82 页。
④ 同上书，第 83 页。

设备不善，房屋破败，栋折垣颓……"而且，"房间过少，拥挤异常，且历久失修墙壁倒塌，屋瓦洞穿，一经风雨，则泥泞不堪……"所以，"数千贫民，因住期间，不啻泥犁地狱，疾病死亡日数千"①。贫民教养所在开办过程中，经费往往捉襟见肘，或时常不继，因此，其生活条件比较糟糕。正如1929年陈敏书在汉口贫民教养所第一院所看到的："本所贫民除少数有衣蔽体外，其余俱赤裸裸无寸棉者，以原有床铺不够分配，大半卧于泥地，其污秽狼籍之状，无异于榛怀之原始人……因而贫民教养所第一院，5月份乞丐死亡73名、6月份死亡54名、7月份死亡61名、8月份死亡58名，四个月共死亡246名，贫民教养所收容乞丐总共不到一千二三百人，那么，可以推算差不多在一月之中，5人之中要死1人了，尤其是8月份乞丐死亡58名，平均每天要死亡2名。"② 贫民教养所的贫民死亡之多，引起政府的重视，所以同年汉口市政府对贫民教养所进行了整顿："贫民教养所即为以前之乞丐收容所。今特加整顿，使乞丐有所归。惜因经费困难，设备未克完善，致日有因病而死者。据该所死者统计，知死者多为传染病或胃病。余深为乞丐收容所之整顿，实已刻不容缓，市库无论如何困难，对于此多数生命寄托之所在，必应尽量加以辅助才是。"③

观察一年来办理教养贫民之印象："收养贫民湖北省最多791人，河南居次251人，再次是湖南人，四川各64人。"④ "汉市衢通九省……水路舟车，四通八达，故时局不靖，天灾发生，各处难民，麇集汉皋，如十九年贫民教养所收容贫民，每月均在千余，大概多因讨逆战争印象，与夫共匪骚扰逃难而来者，虽该所收容之人，如此之巨，然市上穷黎，仍举目皆是，穷困之徒，衣食交迫，将无所不为，市治前途，殊堪殷忧，时至今日，救济事业，已脱慈善领域，而为社

① 《汉口特别市贫民教养所整理计划大纲》，《社会》1929年第1期，第81—82页。
② 《新汉口市政公报》1929年第1卷第4期，第120页。
③ 陈敏书：《三月来社会行政述评》，《社会》1929年第3期，第28—29页。
④ 《新汉口》1930年第2卷第10期，第81页。

会事业之要政。在各省县政府固应以救济为行政之一，免以邻为壑，而吾市政府，责任所在，似宜统筹全局，扩充贫民习艺工厂，以为根本救济，汉市前途，庶有豸乎？"①

1929 年的贫民教养所，内设贫童职业传习班、习艺工厂各一所，分织工、袜工、木工、竹工、鞋工、缝工、理发等 8 部，作为安置处所。起初收容安置 300 余人，1934 年增至 1000 余名。② 所收容的乞丐或贫民，授以手艺，让他们出去之后能有谋生的一技之长。

除了贫民教养所，汉口政府还创办了妇女与儿童的收容院。

汉口特别市妇孺救济院，创院之初，定名为济良所，1928 年 4 月成立，由武汉市公安局主办，起初因经费少而规模很小，收容院生有限，后来随着投所院生日益增加，同时筹有局票捐作为固定经费，1928 年 5 月，仿照南京特别市办法，改济良所为妇女救济院。同年 11 月，公安局奉汉口市政府命令，将妇女救济院移归社会局接管。此后虽多次扩充，然而，"设备多不齐全，内部所收容的仅仅是痛苦无告之妇女。至社会上一班流落无依之男孩，仍无所归依，社会局有鉴于此，故于 1929 年 8 月，将妇女救济院扩大组织并改今名而称为妇孺救济院"③。

主要收容对象："被压迫之婢女、被压迫之姬妾、被压迫之妓女、被压迫之童养媳、六岁以上残废及无人抚养之孩童（男孩以十岁为下限）、其他流落无依之妇孺。这些弱势人群主要由法院、公安局、慈善团体移送或公正街邻两家以上之请求收容之。当然，如因情势所迫，自己来投院者，妇孺救济院也会暂时收留。但是收遣原则是：凡收入本院之妇孺，以一年以上至二年为遣放期。"④ 也就是说，如贫民教养所一样，妇孺救济院不是永久收留处所，只是一个暂时收留

---

① 《新汉口》1930 年第 2 卷第 10 期，第 82 页。
② 武汉地方志编纂委员会主编：《武汉市志·民政志》，第 168 页。
③ 汪华贞：《汉口特别市妇孺救济院的过去现在和将来》，《新汉口市政公报》1929 年第 4 期，第 155 页。
④ 同上书，第 158、160 页。

地，院生在此度过一段时间后，需要出去独自谋生。

妇孺救济院组织结构：教导科主任、职工指导员、训导员、教员，设小学部与职工部，院生一般是半日学习，半日学艺，[1] 目的是让这些院生出院之后有独立的谋生能力。有关 1929 年妇孺救济院 6—9 月共 4 个月院生统计显示：院生来源主要是娼妓、婢妾等，还有一些来汉流落街头的、童养媳潜逃的、不堪亲夫虐待的等，她们的年龄主要集中在 11—30 岁之间。

在经办过程中，妇孺救济院各种章程制度，也在逐渐完善起来。如院生择配制度，为院生寻找婆家，比较实在。该机构在还未曾改名为妇孺救济院时，就曾为 7 名院生牵线搭桥，寻觅夫婿，虽然后来她们多是为他人的续弦，然其配偶的职业都很不错，有民众俱乐部票务股股长、有武汉卫戍医院的医官、民众俱乐部经理科科长、武昌地方法院检察处统计科主任书记官、香烟兑换商等，[2] 可以说，她们出去之后的生活基本上能有保障。这种院生择配制度，确是功德无量的善事。

当时汉口需要收留的妇女太多，所以，1929 年就有人呼吁《扩充妇孺救济院》。[3] 汉口妇孺救济院确实一直在扩收院生。1932 年 7 月 17 日《汉口中西报》登载了《妇女救济院调查记》一文："院生调查，原定数额 250 名，现超过 6 名，有妓妾婢流落无依者四种，规定男孩十岁以下，亦可收容。256 名院生中，有男孩 2 名，其余都是妇女，其中以妓女为多，占十分之五，流落者占十分之三，其他婢妾估占十分之二，年龄最高者为 50 余，仅一人，系上年水灾难民，其次为二十二至三十五，几近十人，最多者为 15 至 22 岁，占十分之七。"[4] 1932 年 10 月至 1933 年 12 月底，"除旧有院生二百余人外，

---

① 汪华贞：《汉口特别市妇孺救济院的过去现在和将来》，《新汉口市政公报》1929 年第 4 期，第 156 页。

② 《汉口特别市社会局汉口妇女救济院续收院生一览表》，《社会》1929 年第 1 期，第 1—6 页。

③ 陈敏书：《三月来社会行政述评》，《社会》1929 年第 3 期，第 28 页。

④ 《汉口中西报》1932 年 7 月 17 日。

总计新收院生三百之十七口，内收妓女一百二十口，婢女六十二口，童养媳十九口，流落无依者一百六十四口，又共遣放院生三百四十口，内计择配一百七十二口，领为养女二十四口……"①

1932 年水灾委员会拨救济灾区经费 4 万元，华北义赈会拨款 1 万元及湖北水灾急赈会拨款 2 万元，三方共同出款成立了汉口孤儿院。②它也是当时汉口市政府救济贫民的重要机构。

一般说来，在贫民教养所、妇孺救济院、孤儿院等收容机构中，都附设有手工工场。然在这些机构之外，政府有时还设有专门的习艺工厂或贫民工厂。如前所述，1907 年湖广总督创建劝工院，吸收贫民参加简易生产，供其食宿。1915 年汉口把劝工院改名为贫民工厂，并且继续扩大，收容安置贫民多达 2000 多人，后来因经费困难虽时有停办，③然这样的工厂，确是救济了不少贫民，正如《汉口竹枝词》那样赞许："欲拯穷黎愧未能，各饥寒多半是无恒，诸君组就贫工厂，胜造浮屠十二层。"④

贫民教养所、妇孺救济院、孤儿院，贫民工厂等都是把贫民收容进政府所创办的机构中进行救助，都属于"院内救助"，1937 年，大量战争难民来到汉口，政府对妇女、乞丐、儿童等继续进行院内救助。

1937 年《湖北省政府公报》公布了《汉口市救济委员会妇女所收遣规则》："本所收容妇女：一、婢女姬妾及妓女；二、受虐待之妇女及童养媳；三、流落及无依之妇女；四、迷路或被拐未满五岁之婴孩。上列各类妇女及婴孩由法院警察局保安公益会及慈善团体移送本所收容，但因受虐者依两家公正街邻之请求收容之。"⑤

① 《汉口市政概况》，1932.10—1933.12，第 9 页。
② 孟嘉：《汉口孤儿院参观后之印象》，《每周评论》1933 年第 63 期，第 29 页。
③ 武汉地方志编撰委员会：《武汉市志·民政志》，武汉大学出版社 1990 年版，第 12 页。
④ 罗汉：《汉口竹枝词》，武昌察院坡益善书局 1933 年版，第 14 页。
⑤ 《汉口市救济委员会育婴所收遣规则》，《湖北省政府公报》1937 年第 276 期，第 7 页。

同时颁布了《汉口市救济委员会乞丐所收遣规则》："第二条，本
所专收流落无依沿门乞讨之乞丐；第三条，乞丐之捕送机关团体为警
察各分局及保安公益会各分会；第四条，乞丐随时收容随时遣置为
原则。"①

《汉口市救济委员会育婴所收遣规则》："第二条，本所专收养贫
苦被遗弃及确无父母乏人照管之男女婴儿；第三条，婴儿之收送机关
团体为警察各分局及保安公益会各分会。"②

除了政府对贫民的救助之外，汉口还有不少民间慈善团体，如汉
口慈善院。在实际的救济过程中，往往是政府与多个民间团体之间的
共同协作，例如冬赈中的商会、慈善会等，不过以政府为主体。除了
院内救助之外，政府还进行院外救助，如冬赈活动。

二 冬赈

晚清，每到冬天就有不少难民涌入汉口，政府例行救济。"随着
难民在汉口度过冬季月份越来越成为规律时，汉口在'冬防'中的
协调能力越来越强，于是，向难民提供帮助的阶段固定在每年 3 月中
旬左右结束。到了 3 月底，食物供应完全停止了，于是，最后一批满
怀希望的难民也就离开了汉口。典型的做法是向每一位难民提供一份
重新安置费（川资），足够他们回家之用。"③

北洋政府时期，汉口城市冬赈活动仍在继续。

1920 年 12 月 27 日《汉口中西报》之《汉口冬赈请款之呈文》：

> 冬赈事务所吴干廷等，近因筹办冬赈，款项支出……今年以
> 来，时事多艰，失业贫民，几于无处无之，兼之年年水旱偏灾，
> 各处饥民，越境离乡，求食来汉者，亦接踵而至，今年北省奇

---

① 《汉口市救济委员会育婴所收遣规则》，《湖北省政府公报》1937 年第 276 期，第 9
页。
② 同上书，第 11 页。
③ ［美］罗威廉：《汉口：一个中国城市的商业和社会》，第 277 页。

灾，素所罕见，来汉灾民，由秋而今，络绎不绝。而本省荒歉……亦较上年更多，现麇集于此，毫无所依，往岁生活稍低，倘可投身劳动，迩来生活日高，米珠薪桂，计口授食，终日难获一饱，观察武汉棚户林立，啼饥号寒之声，惨不忍闻，平昔尚不能温饱，年关实无以度岁，值此冬届……以待赈济，惟是本年赈济不似往年之易于进行，囊者放赈，灾民少而米价廉，市面活动，筹款较易，仅则五方杂处，灾民倍增，穷黎多而米价高，募款维艰。①

1921 年 1 月 3 日《冬赈事务所成立》——"冬赈事务所三十日下午一时，开职员会，计到会者：王森甫、马刚侯、蔡辅卿、张木阶、周亚芬、王维周、吴干廷、王民仆，万泽生，徐荣廷，侯小汀……陈际三共数十人……"②

1921 年 1 月 4 日《大昌拟办施粥厂》——"本埠大昌香烟公司经理黄楚九，近见时届隆冬，武汉穷黎，嗷嗷待哺，不觉恻然动念，特拟由该公司拨款，在汉口适要地方，开设施粥厂，以资拯济。"③

1921 年 1 月 9 日《汉口冬赈事务所调查灾民记（一）》——"官商冬赈事务会议，由警察厅慈善会汉口各团联合会分途调查……调查之手续，分客籍本籍两种，客籍是新来之灾民，本籍即久住本地之贫民，调查簿由警察局与调查员各执一份，共同填写，灾民贫民则发给两种券，以示区别，但灾民贫民中具有下列资格之一者，则不发券入册。（一）棚户中铺设整齐者。（二）妇女戴金银首饰者。（三）穿皮袄者。（四）牧猪者，以上四者，均不以贫民视之，调查时不给券……分调查本籍外籍贫民共七百余口。"④

---

① 《汉口中西报》1920 年 12 月 27 日新闻第 3 张。
② 《汉口中西报》1921 年 1 月 3 日新闻第 3 张。
③ 《大昌拟办施粥厂》，《汉口中西报》1921 年 1 月 4 日新闻第 3 张。
④ 《汉口冬赈事务所调查灾民记（一）》，《汉口中西报》1921 年 1 月 9 日新闻第 3张。

1921 年 1 月 10 日《冬赈事务所调查灾民记（二）》记载：

> 第一署段内，实查得本地贫民三百三十户，外来灾民二十户；
> 第二署段内，实查得本地灾民八百九十八户；
> 第三署段内，实查得本地贫民七百十三户，外来灾民十户。①

南京国民政府时期，汉口市政府每年都会主办冬赈活动。在每年冬赈之前，冬赈委员会都会对全市民众实际情况进行调查，以便准备所需发放的钱粮。客观地说，在天灾人祸频仍的年代中，冬赈是很有必要的，赈济苍生黎民，无异于雪中送炭，恩泽众人。

1929 年《筹办冬赈》："天寒日暮，时届三冬……贫者无衣无食，呼号饥寒，兼之今年乡村匪患跌见，民不聊生，四野困苦之穷黎，咸麇集于本市，其颠沛流离之苦，实不忍言……"②

1932—1933 年期间冬赈："本市素称繁庶，惟自水灾及各地匪祸之后，失业日多，流亡载道，时际寒冬，情形尤惨。本府召集汉口市商会、银钱业两公会、善堂、保安两联合、武汉警备司令部、公安局等机关团体，于二十一年十二月八日在本府成立冬赈委员会，拟定章程，推举委员会分组负责，仍照十九年成案，假市商会为会址，积极办理，承本市党、政、军、警、工、商、各界，广为劝募，暨各大善长热心赞助，计共收捐洋四万二千一百七十四元，米六十石零二斗，寒衣一千七百零三件，由善堂、保安两会暨各代表组织调查队二十三组，协同军警分途调查，计查得本市贫民三十万三千九百六十五口，每口发米二升，共发赈米六千零七十九石三斗，共支用洋四万二千零八十六元八角七分，尚余洋八十七元余，移交下届冬赈应用，此二十一年筹办冬赈之大概之情形也。至二十二年冬赈会，其发起组织、调

---

① 《冬赈事务所调查灾民记（二）》,《汉口中西报》1921 年 1 月 10 日新闻第 3 张。
② 《筹办冬赈》,《社会》1929 年第 5 期，第 87 页。

查、劝募等项，悉防二十一年冬赈会办法，并另组审核股，以期周密。计查得贫民三十四万一千九百二十四口，内因赈款尚足，所有一、八、九等区贫民未经调查，经准派原调查人补查一次，每口一律发米一升，计共发赈米六千六百余石，至收付款项，计收各机关及私人捐款洋四万零八百三十二八角五分。"①

1934—1935 年期间的冬赈："本市地当街要，贫民猬集，时届严冬，饥寒交迫，情殊可悯，本府每年冬间均照例召集各机关团体，筹办冬赈，从事救济，历经呈报省府在案。本届值旱荒之后，失业者加多，拯济尤不容缓。遂于二十三年十一月二十二日，在本府召集市党部、武汉警备司令部、市公安局、市商会、善堂联合会、保安公益会、银行业公会、钱业公会、业主集会办事处、万国慈善会、红字会等十三个机关团体，援案成立二十三年冬赈委员会……共查得贫民二十六万八千余口，并为贫民多得实惠起见，经来回公决，本届改发现金，次贫每口发洋一角五分，极贫每口发洋三角。"②

与此同时，政府还曾多次发起全市劝募寒衣运动。"本市救济委员会乞丐所收容男女老弱病残贫民，每月随遣随收，其数恒在一千四百名左右，按名给以口食，虽无露宿号腹之虞，但时届隆冬，衣袴单敝，不足御寒。本府拟设法救济……"当时汉口市各中小学积极响应，"热心募集衣帽袜鞋等项共九千六百余件"。③ 分发给贫民，以解燃眉之急。

南京国民政府执政之前，冬赈主要是由商人团体与政府联合举办的，但是商人的作用突出，如前述 1921 年的"冬赈事务所成立"时的到会者，如蔡辅卿、王维周、吴干廷、万泽生、徐荣廷等，都是大商人，可以说商人是这一时期冬赈的主要发起者与执行者。至南京国民政府时期，冬赈也主要是由政府与商人团体联合举办的，如前述1932—1933 年间"本府召集汉口市商会、银钱业两公会、善堂、保

① 《举办冬赈》，《汉口市政概况·社会》，1932.10—1933.12，第7—8页。
② 《汉口市政概况·社会》，1934.1—1935.6，第10页。
③ 同上书，第10页。

安两联合、武汉警备司令部、公安局等机关团体"。① 不过，这一时期冬赈事务已经是以政府为主体的救济活动了，也就是说，冬赈逐渐从以前的民间慈善活动成为政府的重要行政工作。

政府对于一般贫民的生计也给予一定的帮助，如创设贫民借贷处，打击民间高利贷，帮助一般贫民更好地营生。

三 贫民借贷处

1929 年汉口市政府开始筹备贫民借贷处，唐性天在《筹设中之贫民借贷处》中对此有过论述。② "贫民借本处之筹设：借小本经营是贫民的一条生路，所以有时候一般贫民，穷得无路可走时，只好以重利向放印子钱的去借本，以解燃眉的困难，可知实施借本处于贫民，是中国病态社会里的一个最好的救济政策，所以本局于第四次会议席上，通过筹设贫民借本处案。徒因市库支绌，至于一时间还未克如愿成立，这不能不认为社会局努力之一遗憾了。不过社会局对于这一般嗷嗷待哺的贫民，是不能忍视走向绝望的路上去的，所以还得设法于最短期内，促其实现的。"③

贫民借贷处试办经过："查贫民借贷，为救济事业之一，前特别市时代，社会局会发款五千元，交由本市各善堂举办十三处，因成绩不佳，遂致停办。现值市面萧条，贫民无本营业谋生者，较前增多，此项事业，实不容缓。惟惩前毖后，拟由本府拨款二十千元，暂定市立实验民众教育馆，于该馆加所属公安第二分局界内，先行试办一处，俟结果良好，再行推广，并在本府扩充教育经费下，每月支银十元，连同借款利息，一并发作该馆兼办该项事务经费，业经拟具贫民借贷暂行办法，提经本府市政会议议决，呈奉省府核准案。"④ 为保证借出去的款项能够收回，贫民借贷处是有条件的："以户为单位借款，每户不超过十

① 《举办冬赈》，《汉口市政概况·社会》，1932.10—1933.12，第 7 页。
② 汉口特别市政府社会局主编：《社会》1929 年第 2 期，第 9 页。
③ 陈敏书：《三月来社会行政述评》，《社会》1929 年第 3 期，第 28—29 页。
④ 《汉口市政概况·社会》，1934.1—1935.6，第 8 页。

元，借款的市民要有住所，身体健康，没有不良嗜好，借款是为了做小贸资本，利息是每月6厘，借款期限是3个月，之后，可继续借。"①

贫民向政府借钱，能否如政府所愿拿去营生，目前还不得而知。具体效果如何，也因资料缺乏，还无从知晓，但是，贫民借贷处的创立，在一定程度上取代民间借贷机构，减少高利贷的盘剥，确是有利于普通民众。

第三节　火灾救济与住房建设

一　火灾救济

如前所述，近代汉口容易发生火灾。"火灾之损失，全国以汉口为最大"。汉口火灾之后赈济，主要由慈善团体承担，当然政府一直参与其中。②

光绪二十四年秋，汉口东岳庙居民火烛失慎，引起大火，延烧5000余户，死1000余人，官商合办粥厂施赈。不久，因财力不继粥厂停办，灾民蜂集，只得筹募捐款延长施粥期，并办工赈。光绪二十七年八月，汉口美仁街居民晚饮起火，延烧1890家，灾民缺衣缺食又无栖身之处，当局拨款5000两，地方商绅捐银1000两施赈。③

辛亥首义中，清军纵火汉口，大火延烧3天3夜，繁华之地顿成一片废墟。灾民数万，夜无宿处，义愤难平，有一触即发之势，汉口地方政府无力应对，汉口商会等团体乃出面向清军要求赈济，清廷拨银40万两以平民忿。④

1921年阴历冬月十七夕，"三新街棚户失慎……被焚之棚户，竟达五百二十六户，烧伤之住民，共计七名……经该会会长（注：慈善

---

① 《汉口市政概况·社会》，1934.1—1935.6，第9页。
② 武汉地方志编纂委员会主编：《武汉市志·民政志》，第150页。
③ 同上。
④ 胡启杨：《汉口火灾与城市消防（1927—1937）》，博士学位论文，华中师范大学，2012年，第135页。

会）蔡氏再三磋商，准定每一棚户发钱两串。"①

有时大火发生后，汉口地方政府反应迟钝或不作为，善堂也力不从心，这时社会各界民众便自发前去救助。如 1935 年汉口府北一路仁厚里一带突起大火，"被害棚户，约计千余户，灾民不下两千"，时人感叹"此次火灾，波及面积之广，烧毁住户之多，为本市近年来，未有之惨劫"。然而，火灾发生两日之后，"地方政府对无家可归的灾民未有任何安排，民间团体也一时哑然，任由灾民自生自灭"，② 这时汉口普通民众自发起来救助灾民，其中有学生，甚至有流浪汉，大家有钱捐钱，有物捐物，在普通民众轰轰烈烈救助活动的推动之下，汉口市政府、各慈善团体才开始介入救助之中。

尽管在火灾救济方面，汉口市政府反应迟钝或不作为，但是在防火以未然以及自救宣传方面，地方政府还是做了一些工作。20 世纪二三十年代汉口市政府以学校教育和民众演讲等方式对社会民众进行防火与自救教育。如在公立学校中开设防火课程，并组织各学校联合实施防火演习，给学生讲授防火知识，此外，市政府还要求学校每年设 1 天为防火节，防火节当天消防机构会派专人赴各校讲授消防意义及防火事项，并要求学生也给家人讲授消防知识，以提高大众对消防的认知水平。③ 另外，定期举办有关消防知识的大众演讲，1934 年至 1935 年汉口市公安局前后 7 次派员赴民众教育馆宣讲防火常识与消防责任，见表 8 - 1：④

表 8 - 1 　　1934 年至 1935 年汉口市公安局赴民众教育馆演讲情况统计

年份	月日	演讲题目	听众人数
1934	9 月 8 日	应如何克尽消防责任	654 人
	12 月 22 日	民众应有的消防知识	455 人

① 《慈善会赈济灾民》，《汉口中西报》1921 年 1 月 5 日第 3 张。
② 胡启杨：《汉口火灾与城市消防（1927—1937）》，第 137 页。
③ 同上书，第 99 页。
④ 《汉口市政概况·公安》，1934.1—1935.6，第 9—11 页。

续表

年份	月日	演讲题目	听众人数
1935	1月19日	火险法之意义	619人
	2月9日	义务消防与公安消防之解释	347人
	3月30日	防空期间之消防常识与准备	443人
	4月13日	关于预防火灾的常识	655人
	5月18日	民众对于消防机关与投保火险应当分别的认识	654人
备注	自1934年11月10日起至12月15日止因民众教育馆修理房屋故演讲临时暂停		共计：3827人

相较于民间团体的努力而言，这一时期汉口市政府在消除火灾方面做得不多。这可能与当时政局动荡、财政短拙等有很大关系。

二 创建平民新村与贫民宿舍

简易棚屋既影响市容，又传染疾病，还特别容易发生火灾。20世纪二三十年代汉口市政府多次取缔棚屋，拆除棚屋。为此，汉口市政府专门对棚屋有一个界定：指覆盖或周围编订之茅草席、破铁皮竹壁、芦柴、篾格子及其他类似材料而言。[1] 政府取缔棚屋或拆除棚屋，里面的居民到哪儿住呢？早在1929年汉口市政府就曾提出建设"平民新村"[2]，其初衷就是为棚屋里面的贫穷人家提供住房，然而，"本市发起建筑平民新村，于今有年许了，徒因经费困难卒未举办，致取缔茅棚子，也就难以着手，此次社会局继续前议，卒能于最短期间，觅定地址，从事会同工务局实行计划建筑，岂仅贫民之佳音，实也为社会局足以自慰之社会行政也"[3]。平民新村的选址："查本市玉带门车站北有其地106公尺半，约占面积一万一千三百四十二平方公尺，适合本市平民新村之用，工务局因即利用之，拟在该处建筑住宅平方一百四十四间，分十二栋，每栋十二间，菜场一个，便所一个，每间

---

① 《汉口市取缔棚屋暂行办法》，《湖北省政府公报》第344期，第23页。
② 《建筑平民新村》，《社会》1929年第1卷第2期，第17页。
③ 陈敏书：《三月来社会行政述评》，《社会》1929年第1卷第3期，第29页。

平方计有堂屋厨房天井一个，卧室二个，建筑面积为三十四点九平方公尺。"①

但直到 1933 年，汉口平民新村还只是一个计划，汉口市政府要"迁移棚户"："经公安局令饬各该管署妥觅空旷区域，令饬该棚户一律迁移完成竣矣。"②

1933 年 11 月汉口临时参议会第十一次讨论，创建汉口贫民宿舍，1934 年汉口政府准备修建贫民宿舍："查本市乞丐，设所收容资遣，尚获救济，惟多数贫民，白日在外谋生，晚无归宿之所，每露宿于铁路两旁，情形尤惨。曾经本市临时参议会，先后议决在本府二十二年度市库应发补助建筑校舍费之款，暂挪一万五千元，作建筑贫民宿舍之用，下年度列入工程费内，如数发还，并择定玉带门铁路外空地为建筑地基。议定管理辨法，经常预算等项。刻已建筑完成，约可寄宿贫民七百人。暂交由本市救济委员会兼辨，以节开支，并由该会拟定寄宿规则呈经核准施行其规则及每月收支预算。"③

1934 年 11 月汉口市政府动工修建贫民宿舍，1935 年 5 月竣工，该宿舍占地 2936 平方公尺，确是容纳 700 人。④ 然该贫民宿舍与平民新村不一样，它犹如贫民旅店，需要贫民自己掏钱住店，可寄宿于此。这一点从《汉口市贫民宿舍寄宿规则》可以看出："凡贫民寄宿时每日应向管理员室购买号牌每块计铜元十六，凭号牌对号寄宿。贫民因故不能离舍时应继续购本日号牌，否则无效。寄宿入舍时间自每日下午五时至十二时止，出舍时间次晨八时以前。"⑤

1935 年，汉口市公安局继续发布《取缔繁盛区棚户》的命令："繁盛区内，向来不准搭盖棚屋，其已经搭盖者，勒令搬迁，盖棚户不独妨碍市容，且易引起火灾，经公安局拟订取缔棚户暂行规则呈府

---

① 《筹建玉带门平民新村之施工法》，《新汉口》1931 年第 2 卷第 10 期，第 134 页。
② 《汉口市政概况·公用》，1932.10—1933.12，第 8 页。
③ 《汉口市政概况·社会》，1934.1—1935.6，第 6—7 页。
④ 《汉口市政概况·公务》，1934 年 1 月至 1935 年 6 月，第 24—25 页。
⑤ 《汉口市政概况·社会》，1934.1—1935.6，第 8 页。

核准施行。"其规则规定"各棚户如遇火灾，其它变故，住舍被毁时，不得再原地重建，或其它地点另行搭盖"，及"在必要时，得支配其住址，或另迁他处"。"历年以来，均需遵章办理，在二十三年份一年内，棚户之发生火灾，延烧较广者，有府西二路、府西三路、济生巷、辛壬巷、府南巷、东山里等处；已焚后多复行搭盖棚屋者，均令该管分局勒令迁移铁路以外，其未发生火灾，而与住户接近有发生火灾之虞，需加以取缔者，有公安街、鸡鸭院、市府路第十小学侧等处，均分别饬该管分局照章取缔，或将棚屋拆除。"①

棚户拆除了，那些没有钱租房的贫民，住到哪里去呢？政府的设想就是让这些棚户住到"平民新村"去。

1937 年，平民新村建设有了进展："案查本府前为遵令取缔棚户，整饬市容，便利民居起见，特选定本市适当地点唐家巷附近，建筑平民住宅二百八十八栋，定名为唐家巷平民新村；及苗圃内建筑平民住宅五百一十二栋，定名为苗圃平民新村，供其租赁居住。期将本市棚户，逐渐肃清，以安民居。所有工程计划，经费暨登记规则，均先后呈奉湖北省政府核准，并规定每栋每月租金国币一元二角各在案。现查唐家巷平民新村，业已竣工；苗圃一处，亦将不日完成。经派员前往中山路、府东二路、府东四路、府南一路、中正路等交通要道，先将应行迁入唐家巷平民新村之各棚户，实地勘察绘图册报前来，应该按照图册，限令各该棚户，于本年五月十五日以前，前经该新村管理该处租赁登记，并预缴一月租金，迁入居住，其原有各棚户房屋，限期五月底以前一律拆除，嗣后一律不准再搭棚户，以肃市容，至苗圃平民新村应俟之后，续行派员查报，另定日期勒迁，除令行本市警察局督饬办理，并呈报湖北省鉴核外，合将本市平民住宅管理规则，布告周知，此布。"② 也就是说，汉口市政府着手建设两个平民新村：一个是唐家巷平民新村，一个是苗圃平民新村。

---

① 《汉口市政概况·公安》，1934 年 1 月至 1935 年 6 月，第 55 页。
② 《唐家巷平民新村业已完成限期拆迁中山路五处棚户，并将平民住宅管理办法布告统治》，《湖北省政府公报》1937 年第 301 期，第 16 页。

同年，汉口进一步发出布告："凡在本市区土地区划之第一区第二区及第三区第三、四、五、六、十一、十二、十三……第四区第三、四、八、九、十、十一各图地段内嗣后一律不准再搭棚屋，违则由警察勒令拆毁。凡在前条各区图内原搭各棚屋领有棚户门牌者由警察局造册报府备案。"让棚户迁入"平民新村"，如果不愿迁入"平民新村"的，政府勒令拆除或改修上盖瓦片，周围砌砖墙或订板壁之临时房屋。① 也就是说，汉口政府划定了区域，在划定区域内不准再有棚屋存在。

可是，一方面无奈城市有太多贫民，政府所建平民新村太少；另一方面民众太穷，尽管相对而言，平民新村租金比较低，相当于今天的经济适用房或廉租房，然交不起房租的大有人在，所以，即使汉口市政府认为"棚户有碍市容，容易起火"等缘由，一而再、再而三地取缔棚屋，但是棚屋却越来越多。

时人唐性天早在 1929 年就对此提出质疑，在《社会》期刊上发表《论病态社会下的取缔政策》怀疑取缔政策："汉口几项著名取缔政策，当是否可用在病态很深的社会里，而能收效呢？这就成了问题了。""取缔茅棚子，最大原因，是为防止火灾……就汉口火灾原因统计而论，就是那茅棚子。""取缔效果却是等于'零'，汉口的茅棚子依旧这样遍野的多……取缔只注本身，而没有注重事实产生的原因。"②

第四节　公共卫生建设与疫苗注射

一　公共卫生建设

汉口公共卫生由政府管理开始于 20 世纪初。这一时期，从事街道清洁卫生的人员被称为"清道夫"，主要靠手工作业。据 1911 年统

① 《汉口市取缔棚屋暂行办法》，《湖北省政府公报》1937 年第 344 期，第 23—24 页。
② 唐性天：《论病态社会下的取缔政策》，《社会》1929 年第 2 期，第 36—37 页。

计，夏口厅（汉口）清道夫有 254 名。1929 年 4 月，卫生局接管了城市卫生业务，从此公共卫生有了专门的管理机构，城市卫生也成为市政当局的重要工作之一。① 此后，卫生局增加了城市里清道夫的人数，同年 10 月，汉口有清道夫 520 名。②

1930 年，汉口有洒水汽车 4 辆，分段洒水，路线约 30 里，每日洒水 3 次。1934 年洒水汽车增至 5 辆，一般马路每日洒水 2 次，上午 11 点到下午 2 点，下午 4 点到 7 点，重要干道每日洒水 4 次。③ 在社会局的努力之下，清道夫与车辆逐渐增多，汉口主要街道的市容卫生有所改观。

清末时，汉口城市垃圾主要在张公堤外填埋与后城马路两旁低洼地掩埋。民国初期，主要在江边与河边倾卸。1929 年以前，仅汉口就有 38 处倾卸地点。1930 年汉口市政府决定将城市垃圾用于填高污水塘之用。④ 1934 年，市政当局指定自肖家烷，以及自中山路、满春路以上两旁水淌为渣滓消纳场所。⑤

清末到民国初期，除租界区有管道将粪便直接排入长江外，城区没有公共厕所，主要靠下河女工、粪夫、客户经营清除粪便业务。20 世纪初，汉口有 418 名粪夫。1929 年 8 月汉口厕窖调查，有厕窖的客户 38 个。所谓的"客户"是一种以经营粪便为业的私营企业，客户雇请粪夫挑粪。挑粪的时间与路线，都是有规定的。

1930 年汉口市政当局直接管理公共厕所。随着城市人口增多，政府在汉口三民路、民族路、熊家台、模范村、造纸街、球场正街、公安第八分局派出所背面各建一所公厕。⑥ 卫生局制定了"管理公共厕所暂行规则"，规定男女厕所分别雇请男女工役，随时扫除，保持清洁，并维护好建筑及设备。市卫生局每日派纠察一人，随时考察纠

① 《汉口五百年》，《武汉文史资料》第 1 辑，1996 年版，第 86 页。
② 同上书，第 86 页。
③ 《汉口市政概况·卫生》，1934.1—1935.6，第 19—21 页。
④ 《汉口五百年》，第 87 页。
⑤ 《汉口市政概况·卫生》，1934.1—1935.6，第 17 页。
⑥ 《汉口市政概况·公务》，1934.1—1935.6，第 25 页。

正。自此以后，形成公厕由政府专门机构维护和打扫清洁卫生，私厕
由客户负责清扫，里巷厕所则由管巷人清扫的格局。①

　　汉口的群众性清扫运动，最早始于北伐军初抵汉口。民国中期，
开创了由政府号召、组织群众参与的全市清洁运动。1928年，武汉
市政委员会指令公安局和卫生局，按公布的污物扫除条例的规定，于
当年12月15日在武汉市举行清洁运动大会。② 1934年，3月15日、
5月15日，9月15日、12月15日为污物大扫除日。③ 此后，规定每
年3月15日、4月15日、5月15日、6月15日、9月15日、12月
15日举行全市污物大扫除。④

　　30年代，汉口市政府还曾多次对公共卫生重灾区进行整顿。如
汉水和长江之滨，有不少乱搭乱盖的吊脚楼，居民乱倒垃圾，污染
江水，水面上还常常漂浮着死猪死狗，发出难闻的气味，对此，政
府进行了拆楼、清理水中污物的大行动。汉口平汉铁路线玉带门、
大智门一带，常年垃圾遍地，污浊不堪，尤其是单洞门、双洞门外，
水漰多；垃圾多之外，且还有不少棺木长期停放于此，炎炎夏日，
气味难闻。1929年11月至1930年6月共8个月，汉口特别市政府
卫生局对该地脏、乱、差进行了整治，共处理浮棺4453具。⑤ 然而，
贫民棺材随意停放的陋习屡禁不止，后来，汉口市政府特别组织了
浮棺收葬委员会："本市浮尸向由善堂联合会，在外募捐，负责办
理，自二十年大水之后，市面萧条，募款不易，由本市府随时协办，
并派员督饬，陆续收运，赴汉阳掩埋，惟市区繁庶，死亡率甚大，
虽经本府指定停棺地点，而居民仍多随地抛弃，以致随收随有，目
不暇给，本府鉴于此次浮露，不独有玷市容，亦且妨碍卫生，于二
十四年四月，组织汉口浮棺收葬委员会，内设委员七人，其经费除

---

① 《汉口五百年》，第86—88页。
② 胡承运：《武汉卫生之最》，《武汉文史资料》1994年第2期，第145页。
③ 《汉口市政概况·卫生》，1934.1—1935.6，第18页。
④ 皮明庥：《近代武汉城市史》，第378页。
⑤ 《汉口特别市市政统计年刊民国十八年度》，第96页。

由市府每月津贴五十元外，余由义务赛马收入从之。"①

对于市内生活污水或雨水等，汉口市政府也曾尝试进行疏导。"本市下水，向无系统，且均流入江汉两水，夏令水面高涨，不能流出，传染病发生，饮此水均受其害，为弊滋多，故全市下水，现已决定导入东北方向，经戴家山旁入江，在府北一路及中正路各设一干线下水渠集流，现全市下水，汇储于查家墩湖内，再用抽水机送入现有小运河内至大赛湖，经净化后，抽送入长江。"② 这种疏导，既可以减少影响市容的路面污水，又可以减少生活用水的污染，进而减少传染病的发生。

针对民众长期以来的一些陋习，汉口市公安局还曾多次派员赴民众教育馆讲演与宣传，演讲题目如"卫生常识""市容与整个民族之关系""为什么要提倡新生活运动"③ 等，以此来增加民众的卫生知识。

在汉口市政府公共卫生建设的努力之下，汉口的市容市貌有所改善。除此以外，这一时期的汉口市政府已开始注重疫苗防疫工作了。

二　疫苗注射

1910 年，北方鼠疫流行，汉口各警察局组织居民捕鼠，打扫街道卫生，同时又在汉口火车站设立防疫公所。④

20 世纪 20 年代，汉口天花、霍乱等传染性疾病多次肆虐。南京国民政府时期，汉口成立了卫生防疫组织，在市卫生局下设有防疫保健科，专管卫生防疫事宜，科内配备有 10 名卫生稽查，处理具体日常事务。同时在各区公所内设立卫生专员，管理各区的卫生防疫事务。另外在警察局下属的分局内还配有一名卫生巡官、两名卫生警察。防疫工作的开展，主要由卫生局直接安排，由区卫生专员、警察

---

① 《汉口市政概况·社会》，1934.1—1935.6，第 2 页。
② 《新汉口》1931 年第 2 卷第 10 期，第 46 页。
③ 《汉口市政概况·公安》，1934.1—1935.6，第 8 页。
④ 皮明庥：《近代武汉城市史》，第 375 页。

局卫生巡官、卫生警察和保甲长等一起配合工作。[1] 1929 年，汉口特别市卫生局，为预防天花、霍乱等烈性传染病，开始给汉口民众注射疫苗。[2]

（一）种痘预防天花

1929 年汉口特别市卫生局预防天花给市民种痘情况如下：

表 8 - 2　　　　汉口特别市政府卫生局男女种痘人数百分比比较
（十八年度）[3]

年龄	性别				合计	
	男		女			
	人数	百分数	人数	百分数	人数	百分数
五岁以上	12046	30.2%	6962	17.4%	19008	47.6%
五岁以下	15497	38.7%	5452	13.7%	20909	52.4%
总计	27503	68.9%	12414	31.1%	39917	100%

观表 8 - 2，虽说 1929 年汉口种痘预防所惠及的人数相较于当时几十万汉口市民来说，实在是太少。然而应该看到，这是一个非常可贵的开始，它是近代中国城市公共卫生建设具有现代性的开始。

此后，汉口种痘情况："本市自十八年以来，每届春季举行种痘一次，以资备防，日期为四十日。但自二十年秋季水灾以后，政府经费，倍感苦难，遂未奉准施行。"1932 年，这一年汉口因经费问题，也没有实施天花种痘注射预防，然而，"是年疾病统计，天花病人最居多数，而死亡率亦最大，死亡之数竟达 2088 人之多"。因此，"种痘为预防天花之绝对方法，故二十二年春季种痘，有扩大实施之必要"。

----

① 胡承运：《武汉卫生之最》，第 144、145 页。
② 《令汉口特别市卫生局，据报预防霍乱注射人数》，《卫生公报》1929 年第 1 卷第 11 期，第 25 页。
③ 《汉口特别市市政统计年刊民国十八年度》，第 97 页。

1933 年春季种痘具体实施如下：

（1）委托普爱医院、市立医院、求是医院、回生医院、江汉医院、湖广医院、仁济医院、汉口医院、平安医院十处为临时代办种痘处，点种一般市民。疫苗材料由市政府供给。

（2）组织种痘队十队，每队置种痘员及助手各一人，分赴各机关、团体、学校、工厂点种。所有工作人员均是临时聘用人才。

（3）定期举行施种四十日，自四月一日起，至五月十日止。市民点种，完全免费。

（4）通令本市各善堂及红十字会汉口分会义务施种，以期普及。

（5）禁止旧法义务种痘。

（6）二十年度种痘预算原为 2193.7 元，实支 1623.5 元，此次因范围扩大，材料增加，工作人员又须全部聘用，故开支预算较多，原定为 2929 元，实支 2883 元。

（7）原定计划，点种 6 万人，因办理普及，市民踊跃就种，结果点种 66393 人。以与历年点种人数比较，均超过三万人以上。

（8）二十一年度市民因天花死亡的共为 2088 人。二十二年春季种痘以后，截至十一月底止，只死 241 人。①

下面是 1933 年至 1935 年汉口市春季种痘情况一览表：

表 8-3 　　　　　　　　1933——1935 年汉口市春季种痘②

年份	日期	经费（元）		点种人数
		预算经费	实支数	
二十二年	四十日 （自四月一日至五月十日）	2929	2883	66393

---

① 《汉口市政概况·卫生》，1932.10—1933.12，第 8 页。
② 《汉口市政概况·卫生》，1934.1—1935.6，第 6 页。

| 年份 | 日期 | 经费（元） | | 点种人数 |
		预算经费	实支数	
二十三年	两个月 （自三月十一日自五月十日止）	2929	2848	78468
二十四年	两个月 （自二月二十日自四月二十日止）	3549	3483	84335

（二）种痘预防霍乱

表 8-4　1929 年汉口特别市政府卫生局预防霍乱注射男女人数①

性别	人数	百分数
男	13964	96.9%
女	441	3.1%
合计	14405	100%

1932 年 10 月 10 日《汉口中西报》登载《汉市防疗霍乱之成绩》："注射 146236 人，发生霍乱者 1162 人，因病致死者仅 489 人。"②

汉口市政府霍乱预防注射始末："系之十八年夏季肇其端，历年均经举行一次。二十年全国流行霍乱、死亡枕藉，本市适当水灾之后，疫势反较各地为减，发厥原因，未始预防之得力。本府鉴于二十一年各地疫势太烈，本市居全国中心，交通四达，唯恐菌毒未清，传染为患。二十二年夏季霍乱预防工作，特将日期延长，定为两个月，自六月十一日起，迄八月十日止，注射预算由 1989.52 元增至 3973.6 元。其实施办法与种痘相仿，一面委托普爱医院、市立医院、求是医院、回生医院、江汉医院、湖广医院、仁济医院、汉口医院、平安医院十处为临时代办注射处，注射一般市民。另一面组织注射队十队，先赴

---

① 《汉口特别市市政统计年刊民国十八年度》，第 96 页。
② 《汉市防疗霍乱之成绩》，《汉口中西报》1932 年 10 月 10 日。

各机关、团体、学校、工厂注射。注射完毕后，再由本府指定地点，注射市民。每队设注射员及助手各一人，均系医师工会市立医院负责介绍专门人才，由本府审查合格聘用之，结果注射者 70054 人。"①

表 8-5　　　　　1933—1935 年汉口霍乱预防注射②

年别	日期	经费（元）		点种人数
		预算经费	实支数	
二十二年	两个月 （自六月十一日起至八月十日止）	3973.6	3940.20	70054
二十三年	两个月 （自六月十一日起七月三十一日止）	3723.6	3546.75	88067
二十四年	两个月 （自六月十一日起七月三十一日止）	3903.6	3903.40	82091

由上述表 8-3 与表 8-5 得知，汉口预防天花、霍乱，而种痘人数是逐年增加的，这或许是同一时期汉口死亡人数逐渐小于出生人数的重要原因。

在近代汉口公共卫生与医疗建设方面，除了政府努力之外，民间力量一直参与其中。

为解决身边民众实际病痛，不少商人集资创建医院。1909 年，广东商人在铁路外创建广东医院，1913 年开诊，分男女二部，并设分院于花楼街。③再如"旅汉安徽帮，不下万余人，该帮同乡会余德馨，以同乡人数过多，每遇疾病，无处诊治，稍一不慎，顿遭毙命。特开会议决，在六水分源，购就地皮，拟建筑一病院，如遇有皖患病之人，即行送入其中，拨医疗治，以保生命而免危险。刻正在购买材料，一俟妥帖完善，不久即行开工。"④

---

①　《汉口市政概况·卫生》，1932.10—1933.12，第 9 页。
②　《汉口市政概况·卫生》，1934.1—1935.6，第 7 页。
③　皮明庥：《近代武汉城市史》，第 375 页。
④　《徽帮建筑病院》，《汉口中西报》1923 年 8 月 2 日第 3 张。

除此之外，还有一些善堂从事送诊、施药、种痘、防痘等活动的。① 如光绪三十四年（1908 年），汉口有善堂 46 家，其中 18 家主办夏令及瘟疫流行时施药送诊活动。②

尽管政局一直动荡，但随着南京国民政府对社会控制能力的增强，城市政府在城市社会救济中的作用越来越大。如上述 30 年代汉口市政府每年对市民进行传染病预防注射，确实在很大程度上降低了同一时期汉口市民的死亡率。

小　结

在政府与民间的努力下，汉口城市的社会问题，有了不同程度的缓解，然而，由于国家长期动荡不安，经费筹集困难，使得城市政府救济与建设活动具有很大的不稳定性，实际效果大打折扣，有不少工作可能只是纸上的计划，或因经费困难，或政府的人事变动，而没有得到具体实施。总体说来，时局动荡不安，城市建设时常被打断。

不过，应该看到，在解决汉口城市问题的过程之中，汉口具有现代性的城市建设逐渐发展起来。在诸多问题上，城市政府逐渐取代以前善堂、商会等地方团体在城市中的社会职能，从后台走上了前台，成为重要的组织者或主持者。这一点从前述职业介绍所、冬赈、贫民借贷处、公共卫生等发展历程可看出，起初主要是民间的善堂，或地方商人团体等在组织，或在管理，但是随着城市人口的增多，民间组织的相关活动越来越难以为继，在如此背景之下，20 世纪二三十年代，汉口当地政府开始变成直接管理者，或者是直接承担者，也就是在解决或应对这些城市问题的过程中，近代中国城市的现代社会保障体系、公共卫生医疗体系、住房体系等逐渐发展起来，借此，也可以看到"现代中国"于此开始形成。

---

① 石松：《晚清民国武汉基督教慈善事业研究》，硕士学位论文，暨南大学，2013 年，第 88—89 页。

② 路彩霞：《辛亥前后汉口的公共卫生管理》，《城市史研究》，2011 年，第 38 页。

结语　国际视野下的汉口人口城市化

　　近代汉口人口城市化，是人口城市化的初级阶段，存在着或这样或那样的问题。其原因何在？目前学术界的一般解释是因这一时期有大量农民进城而导致的。的确，在近代中国人口城市化过程中，城市人口增长速度远远超过城市经济发展速度，城市没有能力容纳如此之多的人口，故就会有或这样或那样的问题。

　　然而，进一步追问就会发现，城市问题产生的深沉原因主要源自近代中国人口城市化动力机制问题。一方面，如同现代化进程一样，近代中国城市化动力机制主要源自国际外力，在"现代世界体系"下，国际外力的确给予沿海沿江"条约口岸"人口城市化发展的契机与动力，但是，这个"体系"在给予一定动力的同时也带来了极大的阻碍，因为沿海沿江城市的发展主要是为"现代世界体系"的"核心"地区服务的，是世界体系发展链条中一个个小点，处于世界体系的"边缘"，只能仰发达国家经济的"鼻息"而发展，是一种依附关系，上海、广州、天津、汉口、青岛等城市，它们或为殖民城市，或为租界城市，它们不可能获得长足的发展后劲，属于"先天不足"，因此，近代中国城市现代工商业只能说是在外力之下起步，后在迂回之中发展；另一方面，在半殖民半封建社会之下，近代中国农村经济不能支持城市经济发展，两者之间没能形成良性互动，反而，20年代、30年代因战乱、天灾，中国农村破产、萧条，使得大量农民离乡进城谋生，城市经济本就羸弱不堪，故城市问题就更为严重了。

因此，在这样一个动荡不安的时期，大量外来人口的涌入，城市完全是"招架不住"。涌进的人口越多，城市问题就越多：自杀流行，饿殍遍地，城市中黄、赌、毒异常发达，帮会、黑道与政府争雄。尽管如此，对于大多数想进入城市的人来说，城市就是天堂，然而，事实上大多数时候它可能就是与乡村无异的另一个地狱。

当然，近代中国城市政府也曾为解决民生问题作出了一些努力。如前所述，汉口市政当局针对失业或无业者众多的问题，设立了职业介绍所，帮助民众介绍工作；每年岁末年初来临，天寒地冻，面对众多嗷嗷待哺的贫民或赤贫民众，市政当局尽力举办冬赈，发放钱粮，使更多的人能够得到安置；成立乞丐收容所、妇孺救济院、贫民教养所，收容那些无家可归的人，或帮助他们习得一门或多门手艺，使之以后能够在社会中自食其力；减少棚户，建筑平民新村，解决贫民住房问题，等等。然而可惜的是，政府的救济措施，因这个或那个原因，不是杯水车薪，就是半途而废，最终没有多大成效，民众的生活没有得到根本的改变。

在政局动荡之下，政府或无能或无力解决这些问题，人口城市化更是加重了城市问题，对于城市来说，增添了无数的人间悲剧，但是应该肯定：当时的城市政府还是在试图解决这些问题，在此过程中，近代中国城市中的社会保障体系、公共卫生建设与医疗体系、住房保障体系等诸多方面正在形成，仅这些方面就足以让人振奋，毕竟在近代内忧外困的中国出现了一些微弱的现代化。

从人口城市化发展历史来看，近代汉口人口城市化出现的诸多问题，并不是其特有的，近代中国其他城市的人口城市化也出现过相似的问题，西欧早期城市化也有过类似的问题。也就是说，不论中国还是西方国家，在人口城市化初级阶段，都出现过一些共性的问题。①

诸如住宅紧张、环境污染、经济衰退、政治腐败、社会骚乱以及失业、贫困、各种犯罪等问题，所有发达国家的城市化过程，几乎无

---

① 高佩义：《中外城市化比较研究》，南开大学出版社1991年版，第16页。

一例外地遭受这些问题的长期袭击和折磨。直到现在，上述问题依然存在，但是与以往相比，各发达国家已有不同程度的减轻，情况有所好转。这主要与城市化的生命周期有关。①

因为，在近代早期社会重大转型时期，有诸多因素混杂在一起，造成了一些问题一时无法解决，需要一些时间，需要一定的过程来解决，这就是现代化进程中的"化"的含义。

相较而言，可能因为有较多相似的背景，近代中国人口城市化与欠发达国家，或者说发展中国家的人口城市化，有着更多相似之处。

高佩义曾论及发展中国家城市化动力时说：发展中国家的城市化经济动力不足，而政治动力过度。从政府的角度看，允不允许农村居民进城，首先要考虑的是是否有利于权力的巩固和政局的稳定。② 南京国民政府时期，汉口城市政府对农民进城的态度就是如此，他们对进城农民的管控一方面出于对城市治安的维护，另一方面是防范共产党对城市的渗透，后者尤为重要。

不可否认，近代汉口，或者说近代中国城市对农民的吸引力越来越大，但城市工商业的发展并非需要那么多的农村劳动力，更多的情况下，"并非城市的经济发展需要他们，而是他们需要城市。他们进城的第一目标是求生存，而不是图享受，因为农村与城市相比实在是太穷太落后了，'对于潜在的移民来说，问题就不在于城市公共服务便宜，不在于农村这些服务昂贵，而在于城市中可以得到这些服务，在农村则一无所有'"③。农民之所以涌进近代汉口就是如此，如前所述，城市比农村有更多的社会保障体系、更丰富的社会生活等。

在欠发达或发展中国家的城市化中，也许时段、国家主权等发展背景方面有些许不同，近代中国城市化与20世纪的拉美地区城市化，无论是其问题，还是其特点都有着颇多相似之处。

首先，两者都是农村推力大于城市拉力的结果；其次，前者属于

---

① 高佩义：《中外城市化比较研究》，南开大学出版社1991年版，第37页。
② 同上书，第54页。
③ 同上书，第55页。

半殖民地下城市化，后者是带有前殖民地历史烙印的城市化，两者的大城市大多都集中在各自的沿江沿海地带；再次，前者有过度城市化现象，城市首位度居高，后者是现代世界城市化研究中的"过度城市化"的典型代表——城市首位度奇高；最后，在资本主义自由放任下，外加列强租界林立的背景下，近代，尤其是 20 世纪上半期中国城市化，有着与 20 世纪拉美城市化类似的"城市病"，诸如黑社会猖獗，住房紧张，城市中棚户区成片（"东方式的贫民窟"），娼赌毒异常发达，所不同的是，前者的城市病比后者的更为严重一些。从现代化观点来看，这两者都是"不完全"的城市化，它们的发生、发展与工业化的发生、发展相关，但又往往错位。

在西方发达国家——"内生性现代化"国家的早期城市化过程中，因工业化的发展吸引了大量农民进城做工而使城市人口增加，即城市的拉力大于农村的推力，它属于"内生性城市化"。而在欠发达国家——"外源性现代化"国家中，在外力的冲击下，工业化不发达甚或刚刚起步，农民因农村恶劣生存环境而大量进城，长时间在城市谋生，这种现象也是一种城市化，只不过是"外源性城市化"，不可否认，后一种城市化与工业化是有关联的，但关联度却是有大有小的。相较而言，在发达国家城市化过程中，城市化与工业化的关联度比较大，其发展大体同步；而在欠发达国家城市化过程中，因诸多原因往往造成城市化与工业化的关联度较小，其发展往往并不同步，常常错位，而且一般说来，其城市化速度往往要超前于工业化的速度。于是，有些学者在评价一些欠发达国家早期城市化时，往往会说它是一种"无工业化的城市化"，其意并非指那些地区没有工业化，而是指相较于城市化而言，工业化看起来非常渺小，甚或可以忽略不计。在世界城市化进程中，有不少"外源性现代化"国家的早期城市化就是"无工业化下的城市化"，这种城市化属于"外源性城市化"，带有"外力推动"的特点，从而出现过度城市化，或城市首位度过高等现象，大多数亚非拉地区就是如此。

正是因为近代中国，与 20 世纪其他亚拉非国家有着一些共同的历史遭遇，所以，其城市化才会有诸多的共同点，其中最为显著的一个共同点就是：在各自国家的城乡人口流动的"推拉力"模式中，都一度曾出现过农村推力大于城市拉力的现象。换句话说就是：大多数第三世界国家城市化的发展与各自农村中大多数农民的日益贫穷是紧密相连的。①

例如，20世纪以来，尤其是第二次世界大战之后，拉美城市化进程大大加快，其主要原因中除了工业化、国民经济发展之外，还有一个就是农村贫困化。② 它是导致当时拉美部分国家的城市化过快、过高的一个重要原因。拉美地区少地或无地的农民，在资本主义大地产制自由的兼并下，或因其他原因日益破产，于是在农村无法谋生而大量涌入城市，在城市边缘区自搭自建窝棚或板房，这就是拉美城市大量贫民窟出现的由来。因此可以说，拉美城市是在农村无法谋生的贫民或难民的集中之地，是穷人主要集聚地。这种城市化在很大程度上主要是农村推力大于城市拉力的结果，属于"生计型城市化"。对于拉美的这种城市化，国际主流城市化学派，从来就没有因它的移民是否是贫民或难民而否认它。不仅如此，还把这种城市化列为世界上三大城市化模式之一——过度型城市化，不过对此批评说：这是一种畸形的城市化。中国工业化，虽然没有20世纪拉美工业化发展程度高，但在20世纪上半期的确已经发生与发展了，同样有着大量农民因农村的恶劣生存环境而被抛向沿海沿江城市的现象，换句话说，近代中国城市的这种人口的增加，同样也主要是因农村推力大于城市拉力而促成的。因此，20世纪上半期中国沿海沿江地区的城乡人口流动，带有很明显的城市化现象，只不过它也是一种畸形的城市化罢了。有些学者曾说，这种城市化带有很重的"难民"的色彩，其实，

---

① 可参见舒运国《非洲城市化剖析》，《西亚非洲》1994年第1期；林玉国《战后拉丁美洲城市化进程》，《拉丁美洲研究》1987年第2期；费昭珣《东南亚国家的城市化进程及其特征》，《东南亚研究》1999年第4期等文章。诸如此类的文章数不胜数，从中都可以看出：第三世界国家（或者说欠发达国家）的城市化与农民日益的贫穷（不论是相对的贫穷，还是绝对的贫穷）是紧密相连的。

② 周厚勋：《拉美城市化的发展与演变》，《拉丁美洲研究》1991年第3期，第40页。

拉美城市化也有较重的"贫民"或"难民"的色彩。两者都是与农村中大量农民的日益贫穷有着极大关系，只不过是贫穷的程度有所不同而已。

现代世界资本主义体系之下，农村贫穷与城市工业化的不发达，是近代中国与拉美人口城市化发展的大背景。在这种大背景之下，汉口人口城市化，出现了这样或那样的问题，如前所述，这些问题不只是汉口一个城市所特有的，是近代中国其他大城市都曾有过的问题，正如张振之所说的是"目前中国社会的病态"①，换句话说，近代中国城市都出现了问题。这是因为，中国人口城市化的动力，主要源自西方发达国家经济，准确地说是通过所谓的现代世界体系传送带"传过来的动力"，这种动力是在"无论中国是否愿意"的背景下自觉或不自觉地推动着中国人口城市化的发展，所以，有如汉口这个通商大埠的人口城市化问题，有时或是其自身能解决的，但大多数时候是其自身不能解决的，需要外界大环境的变化才能解决，这种大环境中有地区因素，也有国家因素，更有国际因素，主要问题还在于国家因素这个大环境：时局动荡，山河破碎，农村崩溃，可以说，这是一个时代的"困局"。如果国家政治不曾改变，人口城市化模式便无法改变，人口城市化问题便是一个没有出路的死局。

借用萧公权的话来说："污浊混乱的政治状态不先改革，任何经济改革或建设不是利归私门便是扰及大众。即使收效于一时，也难维功于长久。我们要医治中国的经济病，必须先医治中国的政治病。"②这个话同样适用于近代中国人口城市化的问题，要想医治近代中国的"城市病"，必先解决政治问题，否则，便是不了了之。

---

① 张振之：《目前中国社会的病态》，上海民智书局1929年版。
② 萧公权：《萧公权文集》，中国人民大学出版社2014年版，http：//book. ifeng. com/special/2014nianducangshu/#page2。

参考文献

基础文献:

1.《汉口小志》(1915);

2.《民国夏口县志》(1920);

3.《汉口特别市市政统计年刊民国十八年度》;

4.《社会》(1929.8—1930.4);

5.《新汉口》(1928—1931);

6.《汉口市政府建设概况》(1930);

7.《汉口市政概况》(1932—1936);

8.《汉口市公安局业务纪要》(1932.10—1934.12);

9.《汉口市户口统计》(第三卷第八期1934年);

10.《民国二十三年度市政调查》;

11.《汉口市二十二冬赈委员会赈务报告》;

12.《汉口市二十三冬赈委员会赈务报告》;

13.《汉口市警察局业务纪要》(1935.1—1936.12);

14.《汉口中西报》(1916—1937);

15.《汉口市民日报》(1934);

16.《汉口商业月刊》(1934—1938);

17.《调查与统计》(1934—1935);

18.《湖北县政概况》(1934);

19.《湖北人口统计》(1936);

20.《湖北省农村调查报告》（全册 1937）；

21.《海关十年报告——汉口江汉关》（1882—1931）；

22.《湖北省年鉴·第一回》（1937）；

23.《武汉市志》（全套）；

24.《城市史研究》；

25.《申报》（日报，年鉴，月刊，本埠专刊等）；

26.《武汉文史资料》。

论文：

黄既明：《汉口之泥瓦工》，《市声周报》1926 年第 26 期。

黄既明：《汉口之理发工》，《市声周报》1926 年第 27 期。

黄既明：《汉口缝工之生活状况》，《市声周报》1926 年第 46 期。

黄既明：《钱业店员之生活状况（调查）》，《市声周报》1927 年第
　　5 期。

卫南：《民国十八年度之汉口劳工界》，《钱业月报》1929 年第 1 期。

武汉市社会局：《武汉市社会局局务汇刊》，1929 年第 1 期。

衡南：《民国十八年度之汉口劳工界》，《钱业月报》1930 年第 2 期。

金陵大学农业院：《中华民国二十年水灾区域之经济调查》，《金陵学
　　报》1932 年第 1 期。

吴熙元：《二十一年份汉口各业之概况》，《实业统计》1933 年第
　　2 期。

宜夫：《汉口市十九个同业公会二十二年营业报告》，《汉口商业月
　　刊》1934 年第 3 期。

陈嘉猷：《汉口商业一瞥》，《国立上海商学院院务半月刊》1934 年第
　　18 期。

鲍幼申：《最近一年来汉口工商业至回顾》，《汉口商业月刊》1934 年
　　第 3 期。

骆耕漠：《最近中国劳工失业问题》，《中国经济论文集》（第一集），
　　1935 年。

蔡斌咸：《从农村破产所挤出来的人力车夫》，《东方杂志》1935 年第
16 期。

吴熙元：《民国二十三年汉口市各业概况》，《实业统计》1935 年第
3 期。

吴熙元：《汉口之工业》，《实业部月刊》1936 年第 1 期。

吴熙元：《民国二十四年汉口市各业概况》，《实业部月刊》1936 年第
2 期。

吴百思：《中国农民离村》，《天籁》1936 年第 2 期。

左泽生：《湖北农民离村问题》，《湖北农村合作社》1936 年第 2 期。

实业部中央农业试验所：《农民离村调查统计》，《农情报告》1936 年
第 7 期。

吴至信：《中国农民离村问题》，《东方杂志》1937 年第 15、第 22—
24 期。

孔赐安：《中国六大都市的人口及其增减》，《科学》1937 年第 4 期。

小通：《汉口卫生谈》，《新运导报》1937 年第 10 期。

中华全国总工会中国运动史研究室：《武汉工人之生活·中国工运
史》1984 年第 26 期。

王永年：《论晚清汉口城市的发展和演变》，《江汉论坛》1988 年第
4 期。

行龙：《略论中国近代的人口城市化问题》，《近代史研究》1989 年第
1 期。

宫玉松：《中国近代人口城市化研究》，《中国人口科学》1989 年第
6 期。

周凯来：《现代化论、城市偏向论和经济依赖论——当代西方的三种
人口城市化与经济发展理论》，《人口与经济》1990 年第 5 期。

周厚勋：《拉美城市化的发展与演变》，《拉丁美洲研究》1991 年第
3 期。

樊卫国：《晚清移民与上海近代城市经济的兴起》，《上海经济研究》
1992 年第 2 期。

皮明麻：《近代武汉城市人口发展轨迹》，《江汉论坛》1995 年第
    4 期。

徐柳凡：《试论辛亥革命后私人实业投资热潮的兴起》，《安徽史学》
    1998 年第 3 期。

行龙：《近代中国城市化特征》，《清史研究》1999 第 4 期。

彭南生：《近代农民离村与城市社会问题》，《史学月刊》1999 年第
    6 期。

王合群：《20 世纪二三十年代上海自杀问题的社会透视》，《史学月
    刊》2001 年第 5 期。

李瑊：《移民：上海城市的崛起》，《档案与史学》2001 年第 1 期。

周锡瑞：《华北城市的近代化——对近年来国外研究的思考》，《城市
    史研究》第 21 辑。

张云：《1840—1937 年间两湖地区瘟疫初探》，硕士学位论文，武汉
    大学，2005 年。

刘德政：《外来人口与汉口城市化（1851—1911）》，硕士学位论文，
    华中师范大学，2006 年。

谭玉秀：《1927—1937 中国城市失业问题研究》，博士学位论文，浙
    江大学，2006 年。

刘秋阳：《困顿与迷茫——近代的武汉人力车夫》，《学习月刊》2007
    年第 4 期。

马丽敏：《19 世纪城市化与人口迁移》，硕士学位论文，内蒙古大学，
    2007 年。

黎霞：《负荷人生：民国时期武汉码头工人研究》，博士学位论文，
    华中师范大学，2007 年。

胡俊修：《"东方芝加哥"背后的庸常——民国中后期（1927—1949）
    武汉下层民众日常生活研究》，博士学位论文，华中师范大学，
    2007 年。

马丽敏：《19 世纪英国城市化与人口迁移》，硕士学位论文，内蒙古
    大学，2007 年。

张珊珊：《近代汉口港与其腹地经济关系变迁（1862—1936）——以主要出口商品为中心》，博士学位论文，复旦大学，2007 年。

刘大武：《二十世纪二三十年代江苏农民离村研究》，硕士学位论文，扬州大学，2007 年。

鲁克霞：《民国前期自杀问题研究之探析（1912—1930）》，硕士学位论文，苏州大学，2008 年。

董玉梅：《说不尽的武汉码头文化》，《世纪行》2009 年第 3 期。

丁建定：《英国新济贫法制度的实施及其评价——19 世纪中期英国的济贫法制度》，《华中师范大学学报》（人文社会科学版）2011 年第 4 期。

路彩霞：《辛亥前后汉口的公共卫生管理》，《城市史研究》2011 年第 27 辑。

林承园：《清至民国时期徽商与汉口市镇的发展》，《江汉大学学报》（社会科学版）2012 年第 4 期。

胡启杨：《汉口火灾与城市消防（1927—1937）》，博士学位论文，华中师范大学，2012 年。

石松：《晚清民国武汉基督教慈善事业研究》，硕士学位论文，暨南大学，2013 年。

万生鼎：《回忆汉口总商会会长万泽生》，《武汉文史资料》2013 年第 1 期。

但瑞华：《近代武汉与长江中游城镇的互动发展》，《学习与实践》2013 年第 7 期。

齐爽：《英国城市化发展研究》，博士学位论文，吉林大学，2014 年。

著作：

［日］水野幸吉：《汉口——中央支那事情》，上海昌明公司 1908 年版。

湖北汉口警察厅编制：《中华民国五年湖北汉口警务一览表》，1916 年石印本。

汉口市政府秘书处：《汉口特别市市政统计年刊》，1929 年版。

张振之：《目前中国社会的病态》，民智书局 1929 年版。

汉口市政府社会局：《社会汇刊》，1930 年版。

许世廉：《中国人口问题》，世界书局 1932 年版。

金陵大学农业经济系：《中华民国二十年水灾区域之经济调查》，
　　1932 年版。

湖北省政府统计委员会：《调查与统计》，1933 年版。

罗汉：《汉口竹枝词》，武昌察院坡益善书局 1933 年版。

湖北省教育厅编审委员会：《民国二十二年湖北教育概况统计》，汉
　　口新昌印书馆 1934 年版。

湖北省教育学院：《湖北省武昌县青山实验区户口暨经济调查报告》，
　　1936 年版。

国民政府主计处：《中华民国统计提要·二十四年辑》，商务印书馆
　　1936 年版。

陈毅夫：《社会调查与统计学》，上海书店出版社 1947 年版。

巫宝山：《中国国民所得，1933》（上册），中华书局 1947 年版。

章有义：《中国近代农业史资料》第一、二、三辑，生活·读书·新
　　知三联书店 1957 年版。

汪敬虞：《中国近代工业史资料第二辑（1895—1914 年）》（下册），
　　科学出版社 1957 年版。

鲍家驹：《汉口市住宅问题》（二十六年冬），成文出版社 1977 年版。

邹依仁：《旧上海人口的变迁研究》，上海人民出版社 1980 年版。

皮明麻主编：《武汉近代（辛亥革命前）经济史料》，武汉地方志编
　　纂办公室 1981 年印行。

包惠僧：《包惠僧回忆录》，人民出版社 1983 年版。

中华全国总工会中国运动史研究室：《武汉工人之生活》，《中国工运
　　史·第二十六期》，工人出版社 1984 年版。

［英］K. J. 巴顿：《城市经济学理论与政策》，商务印书馆 1984
　　年版。

［美］德·希·铂金斯：《中国农业的发展（1368—1968）》，上海译
　　文出版社 1984 年版。

［美］罗兹·墨菲：《上海——现代中国的钥匙》，上海人民出版社
　　1986 年版。

苏云峰：《中国现代化的区域研究：湖北省（1860—1916）》，台北
　　"中央研究院"近代史所 1987 年版。

郝延平：《十九世纪的中国买办——东西间桥梁》，上海社会科学院出
　　版社 1988 年版。

陈钧、任放：《世纪末的兴衰》，中国文史出版社 1991 年版。

高佩义：《中外城市化比较研究》，南开大学出版社 1991 年版。

方明：《武汉旧日风情》，长江文艺出版社 1992 年版。

［英］穆和德：《近代武汉经济与社会——海关十年报告——汉口江
　　汉关（1882—1931）》，（香港）天马图书有限公司 1993 年版。

皮明庥：《近代武汉城市史》，中国社会科学出版社 1993 年版。

姜涛：《中国近代人口史》，浙江人民出版社 1993 年版。

［法］布罗代尔：《15 至 18 世纪的物质文明、经济和资本主义》三卷
　　本，生活·读书·新知三联书店 1996 年版。

蓝宾亮：《武汉房地志》，武汉大学出版社 1996 年版。

［法］涂尔干：《自杀论》，商务印书馆 1996 年版。

刘佛丁：《中国近代经济史》，高等教育出版社 1998 年版。

徐明庭：《武汉竹枝词》，湖北人民出版社 1999 年版。

田子渝：《湖北通史·民国卷》，华中师范大学出版社 1999 年版。

湖北省地方志编纂委员会：《湖北省志·城乡建设》（上），湖北人民
　　出版社 1999 年版。

［美］伊曼纽尔·沃勒斯坦：《现代世界体系》（1—4 卷），高等教育
　　出版社 1998 年、2000 年版。

［美］裴宜理：《上海罢工——中国工人政治研究》，江苏人民出版社
　　2001 版。

向德平：《城市社会学》，武汉大学出版社 2002 年版。

刘明逵、唐玉良：《中国近代工人阶级和工人运动》（第 2 册），中共
　中央党校出版社 2002 年版。

［澳］布赖恩·马丁：《上海青帮》，上海三联书店 2002 年版。

许智：《硚口史话》，武汉出版社 2003 年版。

［美］顾德曼：《家乡、城市和国家——上海的地缘网络与认同，
　1853—1937》，上海古籍出版社 2004 年版。

［美］韩起澜：《苏北人在上海，1850—1980》，上海古籍出版社 2004
　年版。

何一民：《近代中国城市发展与社会变迁》，科学出版社 2004 年版。

［美］罗威廉：《汉口：一个中国城市的商业和社会（1796—1889）》，
　中国人民大学出版社 2005 年版。

徐明庭：《湖北竹枝词》，湖北人民出版社 2007 年版。

［美］罗威廉：《汉口：一个中国城市的冲突与社区（1796—1895）》，
　中国人民大学出版社 2008 版。

朱英、魏文享：《话说汉商》，中华工商联合出版社 2008 年版。

宁波市委员会：《汉口宁波帮》，中国文史出版社 2009 年版。

［美］保罗·诺克斯、琳达·迈克卡西：《城市化》，科学出版社 2009
　年版。

张研、孙燕京：《湖北建设最近概况》，大象出版社 2009 年版。

涂文学：《城市早期现代化的黄金时代》，中国社会科学出版社 2009
　年版。

汤黎：《人口、空间与汉口的城市发展（1460—1930）》，中国社会科
　学出版社 2010 年版。

武汉市硚口区政协：《硚口之最》，武汉出版社 2010 年版。

彭小华：《品读武汉工商名人》，武汉出版社 2011 年版。

刘富道：《汉口徽商》，武汉出版社 2015 年版。

英文文献：

Boris P. Torgasheff, "Town Population in China", *China Critic*, III,

1930.

Glenn T. Trewartha, "Chinese Cities: Numbers and Distribution", *Annals of the Association of American Geographers*, Vol. 41, No. 4, 1951.

Fenton Keyes, "Urbanism and Population Distribution in China," *The American Journal of Sociology*, Vol. 56, No. 6, 1951.

H. Van Der Wee: *The Growth of the Antwerp Market and the European Economy*, Springer-science business Media, B. V. 1963.

Mark Elvin, Willam Skinner, *The Chinese City Between Two Worlds*, Stanford University Press, 1974.

Rhoads Murphey, *The Outsiders: The Western Experience in Indian and China*, The University of Michigan Press, 1977.

Jan de Vries, *European Urbanization*, 1500 – 1800, Harvard University Press, 1984.

F. L. van Zanden, *The Rise and Decline of Holland's Economy*, Manchester University Press, 1993.

Patrick O'Brien, Derek Keene, Marjolein't Hart, Herman van der Wee, *Urban Achievement in Early Modern Europe: Golden Ages in Antwerp, Amsterdam and London*, Cambridge University Press, 2001.

Donald J. Harreld, *High Germans in the Low Coutries—German Merchant and Commerce in Golden Age Antwerp*, Brill Leiden. Boston, 2004.

致　　谢

　　本书写作，花费了七年的心血。七年时光，弹指一挥间。在本书即将出版之前，我心中充满感激之情。感谢华南师范大学谢放老师。从本书选题，写作框架到初稿完后的修改，谢老师一直以来都非常耐心地、不厌其烦地对我进行指导，并且还多次帮我修改书稿。正是谢老师的指导与帮助，我才能较好地从世界史研究进入中国史研究，并在该领域中有了一些进步。

　　感谢武汉市图书馆历史文献部王钢老师、杜宏英老师。近几年来，一到暑假我就会到武汉市图书馆历史文献部查阅资料，在此期间，王钢老师与杜宏英老师教我如何使用缩微机阅读资料，或者帮我查找资料，并且还耐心地帮我解答一些疑惑。与此同时，还应感谢武汉市档案馆宋晓丹老师，我曾就本书相关问题多次向他请教，而且每次到武汉市档案馆查阅资料时，总能得到宋老师的帮助。

　　感谢华中师范大学朱英教授、江汉大学涂文学副校长。朱英教授是我2013—2014年度在华中师范大学做访问学者时的导师，他曾对本书的选题与框架提出了一些宝贵的建议。涂文学副校长也曾对本书给过宝贵的意见。

　　感谢江汉大学人文学院邓正兵院长，谭晓曙书记，彭松乔副院长，庄桂成副院长，程洪主任、方秋梅主任、罗飞霞老师等人，感谢他们一直以来的支持。

　　感谢美国亚利桑那州立大学麦金农教授（Stephen R. MacKinnon）。麦金农教授，是我在美国亚利桑那州立大学做访问学者时的导师，他像父亲一样慈爱，除了在生活上给了我不少帮助外，还在学术研究方面不断地鼓励我、帮助我，让我获益匪浅。

最后，感谢我的家人，感谢他们一直以来的理解与包容。

正因为一路上有他们，我的人生充满了力量，一路前行。